THE TEN DAY MBA

1997年/2001年/2002年**中国优秀畅销书奖**

MBA十日读

美国著名商学院最受欢迎的MBA课程精华

[第四版]

[美]史蒂文·西尔比格◎著
(Steven Silbiger)
郑伏虎 等◎译

中信出版集团 · CHINACITICPRESS · 北京

图书在版编目（CIP）数据

MBA 十日读·第四版/（美）西尔比格著；郑伏虎等译．—4 版．—北京：中信出版社，2015.5（2024.5重印）
书名原文：The Ten-day MBA 4th Ed.
ISBN 978-7-5086-5125-5
Ⅰ.M… Ⅱ.①西…②郑… Ⅲ.工商行政管理—研究生—课程—介绍—美国 Ⅳ.F203.9
中国版本图书馆 CIP 数据核字（2015）第 078017 号

MBA 十日读（第四版）

著　　者：（美）史蒂文·西尔比格
译　　者：郑伏虎　曹建海　杨兰伏
策划推广：中信出版社（China CITIC Press）
出版发行：中信出版集团股份有限公司
（北京市朝阳区东三环北路27号嘉铭中心　邮编　100020）
（CITIC Publishing Group）
承 印 者：北京通州皇家印刷厂

开　　本：787mm×1092mm　1/16　　印　　张：27　　字　　数：350 千字
版　　次：2015 年 5 月第 4 版　　印　　次：2024 年 5 月第 21 次印刷
京权图字：01-2015-0663
书　　号：ISBN 978-7-5086-5125-5/F·3365
定　　价：62.00 元

服务热线：010-84849555　　服务传真：010-84849000
投稿邮箱：author@citicpub.com

The Ten-day MBA

目录

序

全球经济一体化进程的深化，对我国的许多领域都产生了深远的影响，迫切要求从业者不断地学习，以适应新形势的要求。我们需要广泛借鉴国外工商管理的先进经验，积极地参与全球竞争。

中信出版社近几年陆续出版了一批工商管理方面的著作，为我国工商管理水平的提高起到了促进作用。

本书的出版是我公司同仁又一次鼎力合作的结果，相信它能使更多读者受益。

第四版译者序

吾等从事译、著多年，极虑专精，时逾一纪有余。同类书籍，本书深入浅出为最，更得读者厚爱，跨世纪畅销至今。翻译本书闲暇之余温《古文观止》，仰名家翰墨，瞻法海壁画。味先祖之馀烈，挹大师之前规，悟古今相通之道。春华秋实，可也！

感谢德意志交易所（Deutsche Borse）JianHong Wu 先生和中信公司张极井先生的鼎力支持。感谢中信出版社编辑许志的辛勤付出，以及金烨、张喆、程欣、吴聿衡、万峰、田瑶、高筱苏博士、杜铮和诸位朋友们的关心和帮助。

望大家人手一册，以顺中西互补之势，诸梦共享，学以致用，共勉！

郑伏虎

2015 年 4 月北京

第三版译者序

秉承本书的一贯风格，作者在第三版中新增了《萨班斯-奥克斯利法案》的简明内容，补充了地产投资、理财规划、领导力培训等微型课程，更新了案例。

自中信出版社于1997年出版第一版中文版以来，本书所涉及的相关英文术语，业界已经形成了更为通用的专业中文对应名称，对此，本版均做了相应修改和完善。在此特别感谢中信出版社给予的支持和本书责任编辑许志提出的建议、修改和付出的辛勤汗水。

相信读者仍会和我们一样厚爱此书，并对本书新版的出版给予一如既往的支持。

特别感谢德意志证券交易所 Jianhong Wu 先生的鼎力支持。感谢吴聿衡、邓吉牛、陈强、耿海涛、王锦华、赵进华、程欣、金晔、张喆、万峰、李国成、黄蔚信、熊怡中、张晋阳、贺电、刘光华、杨宗江等，对我们工作的支持。

郑伏虎

2011年8月北京

第二版译者序

本书第一版自 1997 年发行以来，深得广大读者的厚爱，曾占据畅销书排行榜榜首很长时间。本书的第一版更得到了中国出版界的认可，荣获 1997 年、2001 年和 2002 年中国优秀畅销书奖。

原书作者推出的第二版，除了更正了第一版中的错误，主要在第 10 天中新增了“法律”一节，对美国的法律体系做了简明扼要的总结。结合我们多年的工作经验，作者对这一内容的总结是相当精辟的。另外，作者也增补了以下一些内容：

- 美国最新管理咨询理论。
- 互联网、防火墙、超文本标记语言等新概念。
- 新近美国大学 MBA 排行榜。

在第二版中，我们除了增加更正了上述内容，也相应地更正了以前中文版中的一些错误，并将漫画的标题和每章后需要掌握的词语译成了中文。在此，我们向提供支持和帮助的张喆、程欣、姜勇、戴路、郭鹏、丁宇、裘挹红、武晓宇以及指出书中错误并提出宝贵建议的读者，致以最诚挚的感谢。

本书新版的修订，由郑伏虎完成。

郑伏虎

2004 年 6 月于北京

第一版译者序

《MBA 十日读》（*The Ten-day MBA*）是作者史蒂文·西尔比格（Steven Silbiger）根据自己攻读 MBA 期间的学习笔记、美国著名商学院的教材及相关著作、毕业前后的实际工作经验和体会写成的。初读本书原著，我们就被该书内容的可读性、趣味性、实用性以及作者独特的写作风格所吸引。本书内容涵盖了美国著名商学院 MBA 主要课程之精华，为读者提供了较为清晰的总体概念框架。原书现已译成 7 种文字，在全球各地发行。在此，我们郑重地将本书的中文译本献给大家。

我们深信，无论你从事什么职业，读过本书后，必深感眼界大开，获益匪浅。当然，谁也不可能只靠阅读本书，就能成为工商管理的行家。本书所能起到的关键作用，是使读者避免在工作中犯愚蠢的错误，并激发进一步学习的兴趣。

书中各章内容并非按照严密的逻辑顺序排列。阅读本书时，你不必拘泥于逐章学习，可以先从自己感兴趣或实际需要的内容看起。例如，从未接触过经济学的读者，不妨先读第 8 天“经济学”，这样，你不仅能够掌握经济学研究的内容，还可以了解美国从事经济研究分析的专门机构以及美国跨国公司的经济分析部门，是如何研究、预测国家经济发展的；财务工作者可先读第3天“会计”，这样，你可以从一个全新的角度了解会计概念；管理工作者可先读“组织行为”或“战略”等。

翻译本书时，我们力求保持原书风格，同时考虑到读者知识面广、有一定的英语基础，因此，原著中某些公司名、插图、图表出处、每章最后的“Key Takeaways”，即需要掌握的重要词语，以及附录，仅照附英文，未予译出。如此，平添些情趣，也使读者通过自己翻译，加深记忆。

感谢中国国际信托投资公司王军董事长为本书作序。

感谢中国国际信托投资公司秦晓总经理向我们推荐本书，并审校译文。

在翻译本书的过程中，我们得到了吴畏先生，美国波士顿顾问公司（BCG）的 Vivian Zheng 女士以及程欣、梁平信、金晔、吕锋、黄蔚信、熊怡中、田瑶、崔莹、居伟民、高筱苏、龙凌云等许多朋友的支持和帮助，谢谢！

本书得到中信出版社领导和同人们的大力支持，责编何培慧先生付出了辛勤的劳动，在此谨表深深谢意。

本书由郑伏虎译前言及第2、3、5、6、7、8天，曹建海译第1、4天，杨兰伏译第9、10天，郑伏虎统校全书。

因时间仓促，不妥之处在所难免，欢迎读者提出宝贵意见。

译　者

1997年2月于北京

前言

我取得工商管理硕士（MBA）学位以来，得以有机会回顾一生中最让我精疲力竭，也最充实的两年学校生活。我在翻阅自己的笔记时，意识到美国 MBA 教育课程的基本内容实际上非常简洁，应该也比较容易让更多的读者理解。我的努力得到了大家的认可，因为自本书第一版出版发行以来，已经拥有了广泛的读者群，大家已经将学到的工商管理知识应用到了日常工作中。这本书不仅在美国受到了读者的青睐，同时也受到其他国家读者的欢迎，目前已有多种文字的版本。许多医生、律师、商务工作者以及有志攻读 MBA 学位的朋友们，都有兴趣了解商学院到底教授哪些内容。这本书回答了你们的疑问，而且能够真正深入浅出地解答你们的问题。正在攻读 MBA 学位的同学给我写信，告知他们用这本书作为考前复习资料。读了本书后，许多读者说话办事也神似真正的 MBA 了，还有培训机构采用本书设计了高管 MBA 培训班。事实证明，这本书对你肯定是有用的。《MBA 十日读》是为心急的读者写的，大家可以不必丢掉两年的工资收入就能掌握 MBA 应具备的基本知识，而且还省去拖欠 17.5 万美元学杂费的烦恼。

想攻读 MBA 学位的人，可以利用这本书判断一下两年的学习投资是否值得；即将在商学院学习的人，也可以为今后迎接学业上的竞争做好充分的心理准备；缺乏资金或时间的读者，也可以只用1%的成本，学到通常花2万美元学费上MBA才能掌握的主要概念。当然，令人遗憾的是，本书无法向你提供那种只有通过在名校里同窗学习，同学和老师之间方能建立起来的友谊和长久的业务联系。虽然如此，本书仍能让你了解到MBA精英们之所以成功的许多技巧。

《MBA十日读》一书从美国从事MBA教学的高校中，总结了前10所商学院课程内容的精华。正如大家所料，从表面上看，排行在前10名中的商学院把课程安排得颇为深奥并且特色鲜明，因此，各商学院多少都笼罩着些神秘色彩。各大公司花费成千上万的钱选送高级管理人员去商学院学习数日，以期从中吸取知识的甘泉。我想告诉大家，我不仅用一生中两年的时间从中吸取了甘泉，还体验了只有身处其中才有的甘苦。

实际上，哪些院校应该包括在美国的前10名之内，一直是大家争论的话题。前10名是指从全美公认的前15所高校中，采取轮流坐庄的方式，交替着排出前十名。各院校之所以出类拔萃，是由于各自拥有着大量的入学申请表、广泛活跃的校友联系网、众多雇主来校招聘毕业生，以及毕业后高得惊人的起薪。前10名商学院均要求申请人具备至少两年的工作经验。在课堂分组讨论时，有工作经验的学生能为之增色不少。坦率地说，我从有工作经验的同学那里学到了不少东西。

美国的前10名商学院，并不是指它们能提供最佳的教学、设施或者课程内容。在决定它们各自的地位时，“声望”起了关键的作用。在许多专门评价这些学院的专著中，你可以找到涉及这些学院“声望”的许多内幕。由于受读者欢迎，许多报刊杂志都发布学院排名。2010年美国彭博《商业周刊》（*Business Week*）的抽样调查表明，美国高校毕业生对商学院满意程度评出的得分顺序是：斯坦福、西北、宾夕法尼亚、麻省理工学院和芝加哥。而按用人单位对学校的评估排名，则是另外一种情况：哈佛、西北、密歇根和宾夕法尼亚。

我写此书的目的，侧重于将 MBA 高深课程的内容实质清晰准确地介绍给大家。这种做法只有 MBA 能做到，而专攻学术的人士是不敢如此大胆的。在介绍主要概念时，我多用实例加以说明，突出重点，并尽量注意总结。在剖析了曾一度使我跋涉其中的篇幅既长又刻意夸张的学术性资料之后，显然，本书仅仅包括了深藏于我的 32 捆案例、课程资料、笔记和课程更新、增补内容中的智慧之经典。

我本人无意推销或宣传书中任何一派的经济理论。因此，也就没有在本书中重复罗列那些大多数商务书籍中热衷的、占去 200 多页篇幅以解释原理的通常做法。我用简洁的段落使最重要的概念具体化，这样你就可以在不失去兴趣的前提下学习并记住这些原理。

通过和沃顿、哈佛、西北及其他名列前茅的学校的毕业生交谈，我感觉到各大院校教授 MBA 课程所选用的作料是一样的，不同之处却是细微的。

按美国 MBA 课程的基本内容，可将之归纳为 9 门课。有些学院费尽心思对各门课程冠以很神气的名字。其实，最普通的名称是：

营销（Marketing）

商业道德（Ethics）

会计（Accounting）

组织行为（Organizational Behavior）

数量分析（Quantitative Analysis）

金融（Finance）

经营（Operations）

经济学（Economics）

战略（Strategy）

这些课程内容的综合性，使之显得颇具价值。例如，拿一位有 MBA 学位负责新产品销售的经理来说，她不仅能从销售产品方面感觉到商业竞争带来的挑战，还能意识到并及时处理她所负责的新产品在资金和制造上出现的问题。这种协调性和具备多种应变能力素质的培养，是本科商业教学中通常忽略的。我认为，通过这本书，你可以体验并在学习中掌握美国最好的商学院 MBA 课程的综合性知识。

MBA 们聚会时，大家确有用 MBA 术语进行交流的倾向。我们使用缩写词，诸如 NPV（净现值）、SPC（统计过程控制）、CRM（客户关系管理），其实不过是为自己能拿到很高的工资和很快得到提拔找个幌子。我说，你可千万别被吓着了。MBA 的术语是很容易掌握的，只要坚持阅读本书，你很快就会像美国的 MBA 一样思考、表达。

我写此书是想让你了解目前美国前几所高校正在教授的最重要的 MBA 理论和工具，并在学习的过程中，逐渐具备 MBA 的思维方式。读罢此书，请将书后的证书填上你的名字。这是你的学业成绩，你应该骄傲地摆出来，让朋友们好好看看。

史蒂文·西尔比格

近期MBA商学院排行

下面是近期 MBA 商学院的排行。虽然排行名次每年均有变动，但上榜的学校基本上没有什么变化。学校后面括号中的名字，是为了纪念该学院的创始人或者主要出资人。21 世纪以来，更多美国之外的商学院榜上有名。

两年制 MBA 学位院校

《美国新闻与世界报道》 2011 年商学院排行

（综合学术水平、雇主、入学标准和就业情况分析）

1. 斯坦福（Stanford）
2. 哈佛（Harvard）
3. 麻省理工学院（斯隆）（MIT，Sloan）
3. 宾夕法尼亚［Pennsylvania，沃顿（Wharton）］
5. 西北（凯洛格）（Northwestern，Kellogg）
5. 芝加哥（Chicago）

7. 达特茅斯（塔克）（Dartmouth，Tuck）

7. 伯克利（哈斯）（Berkeley，Haas）

9. 哥伦比亚（Columbia）

10. 纽约大学（斯特恩）（NYU，Stern）

10. 耶鲁（Yale）

12. 杜克（富卡）（Duke，Fuqua）

13. 弗吉尼亚（达顿）（Virginia，Darden）

14. 加州大学洛杉矶分校（安德森）（UCLA，Anderson）

14. 密歇根（罗斯）（Michigan，Ross）

（数处并列排行）

《商业周刊》2010年商学院排行

（学员情况和对学生满意度调查）

美国商学院

1. 芝加哥

2. 哈佛

3. 宾夕法尼亚

4. 西北

5. 斯坦福

6. 杜克

7. 密歇根

8. 伯克利

9. 哥伦比亚

10. 麻省理工学院

11. 弗吉尼亚

12. 南卫理公会大学COX商学院（SMU，COX）

13. 康奈尔
14. 达特茅斯（塔克）
15. 卡内基－梅隆（泰博）（Carnegie Mellon，Tepper）

国际商学院

1. 法国欧洲工商管理学院（INSEAD）
2. 加拿大皇后大学（Queen's University）
3. 西班牙 IE 商学院（IE Business School，Spain）
4. 西班牙高等管理学院（ESADE）
5. 伦敦商学院（London Business School）
6. 西安大略大学毅伟商学院（Western Ontario，Ivey）
7. 瑞士国际管理学院（IMD）
8. 多伦多大学罗特曼管理学院（Rotman）
9. 加拿大约克大学斯古里克商学院（York，Schulich）
10. 剑桥大学贾吉管理学院（Cambridge，Judge）

《福布斯》2011 年商学院排行

（综合 5 年 MBA 学院毕业后收入情况扣除学费）

美国商学院

1. 哈佛
2. 斯坦福
3. 芝加哥
4. 宾夕法尼亚
5. 哥伦比亚
6. 达特茅斯
7. 西北
8. 康奈尔

9. 弗吉尼亚
10. 麻省理工学院
11. 耶鲁
12. 杜克
13. 伯克利
14. 密歇根
15. 杨百翰（Brigham Young）

《华尔街日报》2007年9月商学院排行

（针对雇主调查）

1. 达特茅斯
2. 伯克利
3. 哥伦比亚
4. 麻省理工学院
5. 卡内基－梅隆
6. 北卡罗来纳
7. 密歇根
8. 耶鲁
9. 芝加哥
10. 弗吉尼亚
11. 宾夕法尼亚
12. 西北
13. 杜克
14. 哈佛
15. 加州大学洛杉矶分校

国际商学院

1. 西班牙高等管理学院（ESADE）
2. 瑞士国际管理学院（IMD）
3. 伦敦商学院
4. 墨西哥 IPADE 商学院
5. 美国麻省理工学院
6. 哥伦比亚
7. 法国高等经济商学院（ESSEC）
8. 墨西哥 EGADE 商学院
9. 巴黎高等管理学院（HEC）
10. 美国雷鸟管理学院［Thunderbird（Garvin）］

《商业周刊》2010 年商学院排行

（学生满意度调查）

1. 弗吉尼亚
2. 芝加哥
3. 麻省理工学院
4. 伯克利
5. 哈佛
6. 西北
7. 斯坦福
8. 康奈尔
9. 巴黎高等商学院
10. 哥伦比亚

《商业周刊》2010年商学院排行

（雇主满意度调查）

1. 芝加哥
2. 宾夕法尼亚
3. 哈佛
4. 西北
5. 密歇根
6. 南卫理公会大学
7. 斯坦福
8. 杜克
9. 哥伦比亚
10. 纽约大学

《商业周刊》2010年商学院排行

（学生对学校评分）

1. 弗吉尼亚
2. 芝加哥
3. 康奈尔
4. 卡内基－梅隆
5. 南加利福尼亚

（从师资教学和就业服务方面考虑，学生仅对这5所学校给予A＋评级。）

《金融时报》2011年商学院排行

（全球排行）

1. 伦敦商学院
1. 宾夕法尼亚
3. 哈佛
4. 法国欧洲工商管理学院（INSEAD）
4. 斯坦福
6. 中国香港科技大学
7. 哥伦比亚
8. 西班牙 IE 商学院
9. 西班牙 IESE 商学院
9. 麻省理工学院
11. 印度管理学院
12. 芝加哥
13. 印度商学院
14. 瑞士国际管理学院
15. 纽约大学

《经济学人》2011年商学院排行

（全球排行）

1. 达特茅斯
2. 芝加哥
3. 瑞士国际管理学院
4. 弗吉尼亚

5. 哈佛
6. 伯克利
7. 哥伦比亚
8. 斯坦福
9. 约克
10. 西班牙 IESE 商学院
11. 麻省理工学院
12. 纽约大学
13. 伦敦商学院
14. 巴黎高等商学院
15. 宾夕法尼亚

第1天 营销

- 制定营销战略的7个步骤
- 购买程序
- 市场细分
- 产品生命周期
- 感知图
- 毛利
- 营销组合与4P
- 定位
- 分销渠道
- 广告
- 促销
- 定价
- 营销效益分析

阿珂姆（Acme）公司董事会议室一景：

董事：每年审阅高级管理人员工资时，一想到我们付给来自俄亥俄州的营销副总裁吉姆·穆尼（Jim Mooney）的工资，比哈佛毕业的公司总裁汉克·布福德（Hank Bufford）的还要多，我就纳闷。我真是有点不明白。

董事长：有什么不明白的？没有吉姆的销售，我们就不需要总裁了，而且也不需要任何人了！

营销人员对这类问题的看法与阿珂姆公司董事长一样。正如西北大学凯洛格商学院知名教授菲利浦·科特勒（Philip Kotler）所说：重在营销。营销将公司的所有功能融为一体，并通过广告和销售人员以及其他营销活动直接与客户对话。

"电话先别转给我了，我要去会计部门训他们一顿。"

营销是艺术和科学的特殊混合体。营销课上可以学到许多东西，然而单靠上学是学不到一个真正有才华的营销家所具备的经验、直觉和创造力的。正因为如此，具备这种才华的人都有着较丰厚的收入。正规教育只为MBA们提供框架和词汇，用来对付营销中遇到的挑战。这就是本章的目标，也是著名商学院无数次举办收费昂贵的高级研讨班所力图达到的目的。

著名商学院要把学生培养成为公司的营销高管，尽管事实上他们的第一份工作很可能是某个大食品公司或肥皂公司的初级助理。因而，教学的重点在于发展全方位的营销战略，而不是离开商学院之后进入工作角色时所需的技巧经验。

善于数字计算的学生，倾向于视营销为一种工商管理的"软性"科目。

事实上，营销家运用许多量化或“科学”手段制定和评估各种策略。营销的“艺术性”在于，制订并实施一个成功的营销计划。其实，成功的方法是多种多样的。麦当劳、汉堡王、温迪（Wendy's）、哈迪（Hardee's）、白色城堡（White Castle）都在成功地卖汉堡包，但它们成功的道路各异。由于没有“标准”答案，因而营销课为学生们提供了表现各自天资的机会，让他们搜肠刮肚许多个小时，想出一个有创造性的主意。营销是我最得意的课程，炮制些主意来讨论，总是其乐无穷的。商学院的同窗们每每回忆起我在课堂上竟建议弗兰克·伯杜（Frank Perdue）推出美味鸡肉热狗的事，便忍俊不禁。

营销战略过程

营销过程是一个循环过程。为了实现制定的目标，需要不断地修改营销计划，以使各部分内在一致且互为补充。一个计划只有在其各个部分相互衔接时才有意义。要做好其中的一部分非常容易，但要做出一个各部分内在一致且互为补充的营销计划，却是一项了不起的成就。制定营销战略有以下 7 个步骤：

1. 消费者分析
2. 市场分析
3. 竞争对手调查和自身优势分析
4. 分销渠道分析
5. 制定“初步”营销组合
6. 经济评估
7. 修正前 6 个步骤，直至产生一个协调的方案

尽管有 7 个步骤，但它们的顺序并非一成不变。根据实际情况和个人喜好，可以重新安排各个步骤。为了避免陷入营销理论的泥潭，我特地从实用

的角度出发，在此列出制订营销计划时应当考虑的问题和方面。为方便起见，我将集中叙述产品营销，当然，这种框架和词汇同样适用于服务行业。

图 1. 1 列出的 7 个步骤是著名商学院里教授的分析模式。本章提供了一个通用结构，适用于可能遇到的任何营销问题。同时，我也没有忘记在这里使用学校里教授的词汇，因而你们可以学到一些 MBA 的术语，这样，你也能说起话来像个真正的营销家。营销这一领域的专门术语是极为丰富的，只要用词正确，即使是很平庸的创意，听起来也会堂而皇之。很可笑吗？广告代理商们就是这样营销他们的产品——广告的。

营销的 7 个步骤具有综合性，MBA 们在沟通中也通常会选择其中几个组合在一起的缩略词，如 STP（市场细分、目标确定、准确定位），或者用 4C 指代营销，即消费者行为、公司分析、竞争对手分析、背景（context）。我们在这里给大家介绍的方法涵盖了这些内容。

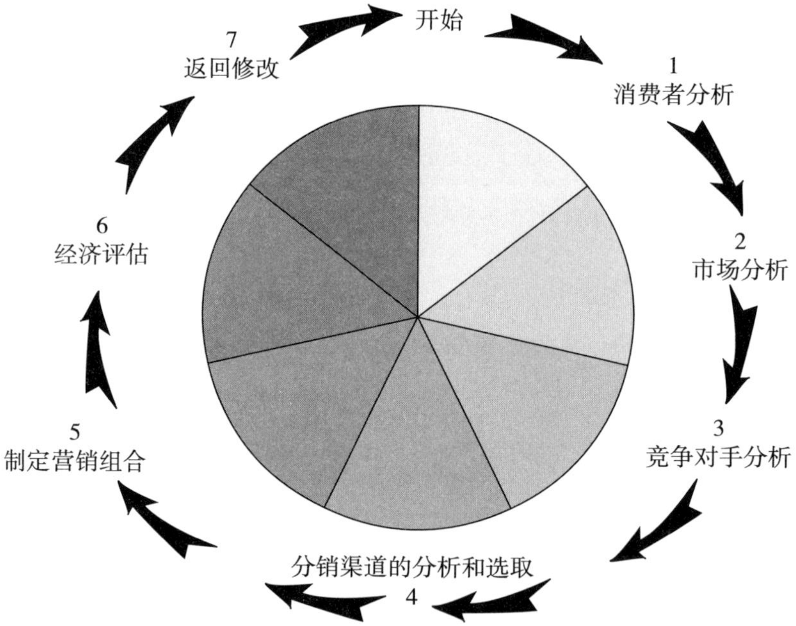

图 1. 1　制定营销战略

1. 消费者分析

消费者分析→市场→竞争对手→分销渠道→营销组合→经济评估→修正

所有营销计划，首先都需要分析至关重要的“消费者”以及他们的需求。人们的需求和欲望是各不相同的。消费者分析的目的在于，确定人群中具有相似需求的群体，以使营销工作更具有针对性。从任何其他角度着手都可能限制你的思路以及所有以后的分析。必须先问自己如下重要的问题，以找到将会产生无穷无尽的营销财富的市场：

> 需求类别（need category）是什么？
> 什么人购买和什么人使用该产品？
> 购买程序（buying process）是什么？
> 我所销售的产品的复杂程度是高还是低？
> 市场如何细分？

需求类别是什么？谁需要？为何需要？

你的产品针对什么需求或用途？问这个问题看起来似乎没有必要，但是在找到答案后，你可能会发现过去忽略了的潜在的产品市场。这也是为什么必须首先涉及这个问题，以免传统的思维方式影响你。生产苏打的艾禾美公司（Arm & Hammer）就在这方面做了大量的分析。它们把生产的苏打粉用于自己品牌的牙膏、空气清新剂和地毯清洁剂中。此外，它们广泛推荐自己的苏打粉用于数百种产品，结果获利丰厚。

什么人购买和什么人使用该产品？

在很多情况下，购买人并非使用者。例如，男人的内衣和袜子大多是由女性购买的。如果开展一场以男袜购买者为目标的广告战，那么购买《体育画报》(*Sports Illustrated*) 版面做广告可能就不合适了。确定购买人和使用人是谁，为营销计划的制订提供了基本的思路。

购买程序是什么?

一旦确定了需求类别以及购买人是谁，就该设想一下客户将如何购买产品。固然市场研究提供了主要信息，然而你自己的观察、调查和直觉也同样重要。

懂得购买程序至关重要，因为它能让你了解直接到达购买者的渠道。购买程序包含导致一个人最终购买产品的所有步骤。有些学者亦称其为选定程序或问题解决程序，有些研究人员称其为**得知—感觉—行动**过程，还有人称其为**注意—兴趣—欲望—行动**（Attention-Interest-Desire-Action，简称 AIDA）。我阅读了有关此课题的资料，提炼出了 5 个步骤。任何一个特定产品，其购买程序可能包括以下一个或所有步骤：

> 意识→信息搜寻→评估替代品→购买→评估

以买香皂为例，其购买程序如下：

身体有味→我该用什么→香皂→问一下妻子的意见→去商店看看→看标签→买一块雕牌香皂→洗澡→闻闻身上的味道→下次还买这种香皂

购买程序各步骤说明：

意识（兴趣，承认问题存在）　“我可能需要些什么。”在某一个时刻，人意识到一种需求，正如对使用香皂的需求。广告能促使这种需求产生。著名产品，例如品牌服装设计师的服装和香水，导致了这种需求。它们满足了人们情感上希望被人们喜爱和接受的需求。海飞丝公司倒是希望人们产生失去爱和不被大家接受的恐惧，这样一来，大家就会买它们的产品了。你需要自问一下，“怎样才能让消费者知道我的产品的存在？客户在哪里会看到我的产品的信息?”

信息搜寻 “听上去不错，我再了解一下。”涉及购买决策的人们从各个渠道获得信息——消费报告、销售人员、微博、专业杂志、家人、朋友、当地专家。作为一名营销经理，应尽力在购买人做出购买决策的时间和地点，把自己产品好的信息传递给他们。例如，商店里布置的购物陈列点（Point Of Purchase，简称 POP）就起这个作用；封面女郎化妆品（Cover Girl Cosmetics）在各大药店设专柜，帮助顾客挑选彩妆颜色；雅诗兰黛（Estée Lauder）则树立美容顾问的销售形象，在百货店进行产品介绍。

评估替代品 哪种产品最适合我？这不仅包括某一种产品，也包含其替代品。面对价格昂贵的汽车，一个大学生可能最后买的是摩托车、电动车或自行车。根据产品的重要性，消费者可能会寻求更多的信息和建议。买汽车的人常常会跑一趟当地的汽车修理站，或征求邻居车迷的看法。在你的购买人可能会去的地方留下良好的信息，是营销成功的关键因素之一。

购买程序到了这个阶段，营销经理就要确定是哪些人对他的目标人购买行为产生影响。在高尔夫球这个领域里，对客户购买球杆起决定作用的是俱乐部的职业教练。如果你能把球杆卖给他，就能卖给俱乐部会员。

在购买程序的评估阶段，研究分销渠道也是至关重要的。如果产品一时无货，人们可能出于方便或急用而选择某个有可比性的替代品。可口可乐和百事可乐的巨大分销网络，使得任何新的可乐竞争对手都难有立足之地。就算你喜爱布朗博士的饮料，可当你在沙滩上口干舌燥无比想喝些什么时，你可能还是会接受可口可乐或百事可乐。

购买 这是重头。在有些情况下，消费者尽管做出了购买决策，第一次购买也可能仅仅是尝试性的。要将“新近推出、质量更高”的邦迪纸巾选定为你的常用品牌，只有在用它成功地擦拭难除的污渍之后才有可能。对一些价值昂贵的商品，例如海上度假和家用电器，尝试是不可能的。在这种情况下，由于风险大，决策程序就变得更耗时间，决心更难下。对于一个营销家来说，了解什么是风险是十分重要的。通过运用多种营销手段，例如广告、经验丰富的销售人员、保修以及宣传资料，并向购买者提供信息，说明他可以得到的性能，同时提供一些与竞争产品比较的信息，便可降低购买风险。

评估（售后行为）　我是否犯了个错误？这可能是在测试了产品效能之后得出的实际结论，也可能是征求他人认可的心理性结论。购买人的懊悔和售后心理波动，就是描写这种购买后惶惑阶段的术语。例如，汽车广告的对象不仅仅是潜在的买主，还包括最近买了车的人，这如同向他们保证，他们购买道奇车而没买本田车这个决策没有错。

在努力理解购买程序时，要把营销计划的最初一些念头融入暂定的广告或促销创意里（这一点留待战略制定过程第五个步骤时再予以考虑）。

调研工作有助于理解购买程序　消费研究是使购买程序理论变得有用的一个主要方法。研究工作能让营销总监认清他哪些方面成功了，哪些方面的努力需要调整方向。研究工作的价值在于，它能转化为实际营销行动。在你开始研究之前，必须先问问自己：

“哪个具体问题是我需要得到答复的？”

“一旦掌握了信息，我如何使用它？”

如果没有想透这两个简单的问题，你可能就会浪费自己的时间和金钱。我可以向你保证，许多营销调研公司会很乐意帮助你浪费金钱的。

产品的复杂程度是高还是低？

正如关于购买行为的讨论所表明的，不同的产品会由于其内在的对购买人和使用者的重要性而导致不同的购买行为。如果消费者感觉购买某种产品有较大的“风险”，这种产品就被认为是复杂程度高。决定购买复杂程度高的产品有以下几个原因：

- 价格昂贵
- 对产品优势的需求（例如，起搏器的可靠性）
- 对产品的心理满足需求（例如，地位、喜爱）

音响、汽车和专业服务，都属于高复杂程度产品，价格一般相对较高，且常常难于进行比较。特别是当买主并非专家时，要确定可替代产品之间的差别，更使购买高复杂程度产品变得十分困难。因此，信息研究很可能会成为一个漫长的过程。例如，有关赔偿的诉讼，案件的审判往往没有第二次。于是，聘请律师就是一种高复杂程度的选择。对于低复杂程度的产品的决策，就简单多了。例如，如果糖果味道不好，你可以把它扔在一边，再买别的。

图 1.2 展现了产品的不同复杂程度和产品差异之间相互作用导致的可能发生的行为。通过了解这些可能发生的行为，作为营销家，你就能学以致用推销自己的产品了。

	高复杂程度	低复杂程度
重大差异	• 过程复杂 • 品牌忠诚度高	• 实验 • 随意行为 • 寻求产品多样化
微小差异	• 焦虑（惶惑）的减少 • 对产品盲目信任	• 购买最便宜的 • 盲目忠实 • 随意行为 • 惯性

图 1.2　消费者行为矩阵

资料来源：Henry Assael, *Consumer Behavior and Marketing Action*, 4th ed.（Boston: PWS-Kent Publishing Co., 1992）, p. 100

这一理论模型在现实生活中确有实际意义。像哈雷-戴维森（Harley-Davidson）摩托车这类产品，就作为高复杂程度产品而处于图中的左上角。该图表明，该公司的营销力量应集中在展示其摩托车的技术优势上，同时还有情感上的诱惑力——“买一辆传统的美国车”，以唤起一种忠诚心理。

当营销人员将一种过去认为是低复杂程度的产品转化为高复杂程度的产品时，他（她）的魔力就发生了作用。运动鞋就是一个很好的例子。运动鞋仅仅是体操课上的功能性鞋，现已成为年轻人地位的象征。低复杂程度产品向高复杂程度产品转换，可以使一种简单的商品从一个未被区分的竞争领域里脱颖而出。通过以下 4 种常见的方法可以实现这一点：

将产品与高复杂程度的问题连接起来 典型的一例广告就是宝洁公司将不含胆固醇的烹调油与妻子害怕丈夫心脏病发作联系起来。

运用复杂广告 如果广告建立起一种表现产品或服务价值的信息，那么该产品就变得重要起来。这种信息将价值（诸如社会地位、爱）联系了起来，而不是仅仅着眼于产品本身的特性以及与竞争对手产品的差异。百事可乐努力在商业广告中经常使用明星，将青春、朝气、时尚与自己的产品联系起来，以利销售。

改变产品优势的重要性 产品和服务都能给使用者带来某种益处。如果通过营销活动将某种益处的重要性提高一个层次，更多的购买人则会有兴趣。20 世纪 80 年代的啤酒大战使卡路里成为一个重要的竞争话题（21 世纪是碳水化合物）。长期被忽略的特性——卡路里，使得对健康问题很敏感的饮酒者们在购买时更加注意了。结果，米勒清啤被说得与土匪一样一无是处。21 世纪的头 10 年，消费者喜爱碳酸饮料。到了 2012 年，厂家热衷给烘烤食品贴上不会引起过敏、无谷蛋白的标签以吸引消费者。市场反响不错，这一宣传把消费者中对谷蛋白过敏的人也吸引过来了。

介绍产品的重要特点 营销家还可以在产品本身的某些性能上大做文章，使之与众不同。当家用吸尘器推出儿童防护帽时，家长们的购买决策介入程度大为提高。在商店的货架上，配有首批防护帽的产品占据显要位置。然而，一旦竞争对手们都仿制了这种防护帽，就需要新的差异，同时购买热又回归到低复杂程度状态。

真正低复杂程度产品，主要是因为人们对其可接受的性能标准要求较低。例如，一枚图钉的使用功能简单，无论是什么牌子的，都差不到哪儿去。如果尝试的成本很低，例如，一包口香糖，其介入程度很难被刺激起来。

与复杂程度相关的是购买计划的层次。购买的目的是计划购买还是即兴购买？高复杂程度产品总是经过计划才购买的，而即兴产品是一时高兴就买的。如果是计划购买，买主很可能要搜寻信息。反之，产品与需求的联系紧密程度就十分重要了。小吃食品就是即兴购买的一个例子，饥饿的人就会选择最近的快餐店。

我打算细分市场吗？为什么？怎样划分？

在介绍购买行为时，我绕过了这个问题，但是，营销任务的中心问题是："谁是我的消费者？"如果你觉得自己的东西是为大众提供的，那就适合做出大众市场策略。如果你的产品为大众所接受，那就把产品更多地供应给他们。否则，你就必须选定一个或数个细分市场作为目标市场。细分市场是指同类的消费者群体，他们具有相似的需求和欲望。例如，可口可乐采用面向大众的策略，让所有人来喝"真饮料"。橙汁作为特殊饮料，取悦于较为窄小的细分市场。它的价格略高些，包装瓶也不同。橙汁迎合的是软饮市场的一个特殊细分市场。

市场细分可以起以下作用：

- 确定足够大的细分市场，为之服务并能有利可图
- 确定通过营销努力能够迅速达到的细分市场
- 帮助制订营销方案

脑子里牢记一个确定的细分市场，你就能有效而迅速地开展有的放矢的营销活动，以赢取最大的销售额和最丰厚的利润。没有目标，你就有把营销资金浪费在对你的产品没有兴趣的人身上的危险。细分消费市场有 4 个主要的可变因素，即：

- 地理因素
- 人口统计因素
- 心理因素
- 行为因素

地理划分 按国家、州、地区、城市划分市场。美国联邦政府的人口普查列出了 310 个**标准都市统计区**（Standard Metropolitan Statistical Areas，简称 SMSA），确定了美国主要人口中心。一家大的媒体研究公司阿比特兰（Arbitron），用类似的方法确定了覆盖全美的 210 个主要电视市场，称为**主要影响区**（Aareas of Dominant Influence，简称 ADI）。其竞争对手 A·C·尼尔森（A. C. Nielsen）也有个类似的测量方法，称为**指定市场区域**（Designated Market Areas，简称 DMA）。

人口统计划分 按照以下可测因素划分人口，以获得同类人群体：

- 年龄——不同年代人的不同需要和需求
- 性别——不同性别的使用和购买形式
- 收入——购买力
- 婚姻状况——家庭需求
- 家庭生命周期——成家、空巢等
- 教育/职业——消费者文化程度的体现
- 民族、宗教、种族——特殊喜好

心理划分　按照心理差别因素划分市场：

- 生活方式——活动、兴趣、观点
- 性格——保守型、冒险型、追求地位型、冲动型、野心勃勃型、独裁型、热爱交际型（人们具有不同的敏感点，可运用广告努力去触动）

心理划分是很困难的。性格上的变量因素，同人口统计因素相比，更难以确定和量化，却是极具价值的。

行为划分　按照显著的购买行为划分市场：

- 产品使用——使用数量、使用方法、对产品益处的追求
- 购买时机——赠品、假期、季节性等
- 品牌忠诚度——对某一产品的忠诚可以表明对其他产品的接受程度
- 对价格和促销活动的反应程度——有些人群对特别的营销活动反应较为灵敏，如家庭妇女比单身的职业女性更多地使用优惠券

营销家不仅应选择“正确”的变量群，还要决定如何使用变量。确定“有用变量”的正确数量，可使营销家能够确定最可接近和最易接受的产品目标，而不是最具体的目标。例如，科尔维特公司（Corvettes）的目标可能确定为 25 ~65 岁、收入超过 7.5 万美元的棕色头发的男性。然而，用有效的广告将目标仅仅定为棕色头发的男性，其效力就有限了，效用也令人怀疑。棕色头发是一个必要的市场细分变量吗？没有一份杂志是以棕色头发男子为唯一对象的。此外，金黄色和红色头发的男子，也可能是科尔维特公司的合理的市场。评估可能的细分市场应当运用以下条件：

- 可定量性——你能否确定这个细分市场？能否量化其规模？
- 可接近性——能否通过广告、销售队伍或分销商、运输商或仓储而抵达细分市场？

- 持久性——该细分市场是否大得值得花费气力？该目标市场是正在萎缩还是正在成熟或增长？
- 营利性——是否有足够的潜在利润值得以它为目标？
- 与竞争对手的可比性　　竞争对手是否对该细分市场有兴趣？竞争对手目前是在对其进行调查，还是觉得不值得投入精力？
- 有效性——你的公司是否有能力为这一细分市场提供有保障的服务？
- 自卫能力——在竞争对手进攻时你能否保护自己？

运用这一理论背景，让我们看看下面一例，即营销人员实际使用的关于香精咖啡购买者的人口统计因素分析：

- 25～54 岁
- 受过高等教育
- 高管或业务人员
- 没有孩子的家庭
- 家庭收入超过 10 万美元

这个细分市场可量化、可接近，大且有利可图。因而，许多大的咖啡公司仍视其为目标市场。

即便是看上去没有希望的市场，也可能存在一个为他人所忽略的细分市场。施乐公司（Xerox）在 20 世纪 70 年代控制着 88% 的复印机市场，其大部分销售来自大尺寸和中尺寸的机型。但到了 1985 年，施乐失去了一半以上的市场份额。这是怎么回事？原因是施乐公司忽略了小尺寸机型市场。复印工作并不繁重的成千上万家小公司每次有了复印任务就往当地的复印商店跑。佳能、夏普、理光通过出售小型、价廉的复印机，抓住了这个市场。在小型复印机市场站稳脚跟后，日本竞争对手们又在大型复印机细分市场开始向施乐发起进攻。

在你需要制定一个综合营销战略时，消费者分析起着“启程”的作用。

这部分工作要做在前头，以免你在制定战略框架时所做的定量分析会抑制你的创造力。迈出第一步时，你可以凭“直觉”选定一个细分市场，在完成其他步骤后再根据产生的营销战略做合适的修正。

2. 市场分析

消费者→**市场分析**→竞争对手→分销渠道→营销组合→经济评估→修正

细分市场分析以个人消费者为研究对象，而市场分析则从更广的角度分析潜在的消费者，包括市场规模和趋势。市场分析还包括审视竞争环境和行业监管环境。经过仔细地研究市场，营销经理就能确定这一目标市场是否值得花费精力做有的放矢的营销努力。MBA 们通常研究以下 3 个重要问题来评估市场：

> 相关市场是什么？
> 产品处于生命周期哪一阶段？
> 行业的主要竞争因素是什么？

相关市场是什么？

大家最容易犯的错误是，把同类产品市场都当成自己的相关市场。在我攻读 MBA 的头两年，我在一家外贸公司工作。我调查了在美国杂品店里销售墨西哥研磨式咖啡的可能性。如果我认为所有咖啡销售都是我的相关市场，那就错了。1990 年美国的咖啡销售额约 110 亿美元。然而，其中 60% 是在商店里出售的，其余的 40% 是集团购买，包括餐馆和自动咖啡售货机。这样，我的零售市场就剩下 66 亿美元。

但是，在这个咖啡大市场中，还需进行市场细分以找到我的最终相关市场。研磨式咖啡销售额约达 7.5 亿美元，即零售市场销售额的 11%。在研磨式咖啡市场中，出售的咖啡只有 60% 不含人工香料。我的墨西哥咖啡没有添加剂，生产厂商拒绝使用人工香料。这样，我的相关市场就进一步减少至4.5亿美元。而这一块市场中，只有55%是在超级市场里销售的。这时，我就剩下2.48亿美元的市场。这才是我的相关市场。

细分市场选择完成之后，你就得自问该目标细分市场的大小和可接近性是否值得付出营销努力。如果答案是否定的，那么你拥有的仅是被称为“可生产”的产品，而不是“可售出”的产品。只有可售出的产品才能赚钱。

回答这些问题并非轻而易举，还需要做市场调研。如果是新产品，答案不是随手可得的，可能不得不用市场测试的手段来获取这些信息，而这就需要做进一步的市场细分调查。

要留心市场上各消费阶层的增长和萎缩。市场增长时，未来的销售增长可能来自新用户或现有客户。如果市场在缩小，销售的增长就只有来自你的竞争对手的份额，而他们绝不会将市场份额拱手让给你！维生素善存片的制造商莱德利药厂（Lederle Laboratory），根据人口统计分布趋势，为获得更大的老年人市场，对其配方做了小小的变动，成功地推出了“银”配方。

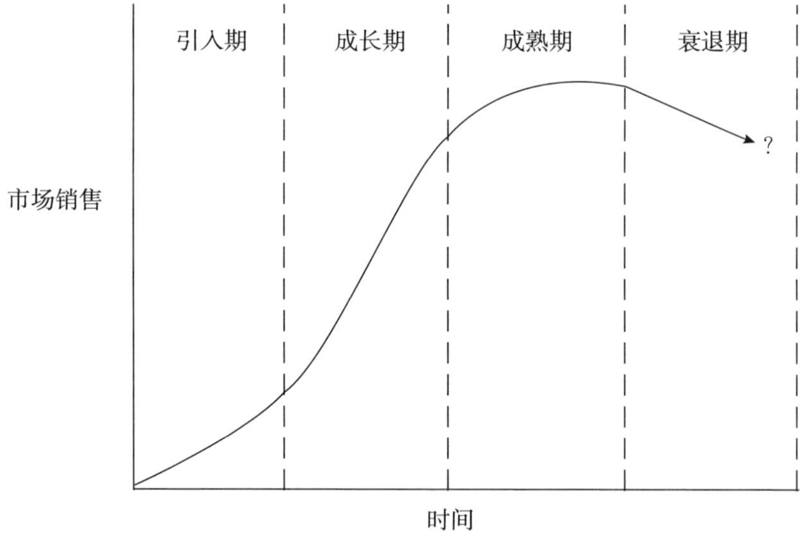

图1.3　产品生命周期

产品处于生命周期哪一阶段?

产品市场因**产品生命周期**（Product Life Cycle，简称 PLC）的不同阶段而不同。产品生命周期不仅仅是个时间因素，它还指随着新的细分市场的出现，消费者的购买力的增加如何推进销量的增长。手机是在 20 世纪 70 年代初开始投入使用的，当时用户不足 1 万。直到 20 世纪 90 年代，价格下降，许多人有能力为他们的汽车配备一部时，竟出现了用户超过 600 万的巨大市场。如今几乎每个人都有手机了。

产品生命周期这一概念十分重要，因为产品在消费者中的普及和应用过程对于产品如何销售具有重大意义。每一种产品都随着自己的成熟，而形成自己独特的产品生命周期。理解了产品生命周期这一概念，你就具有了竞争对手所没有的 MBA 思维方式。

常见的产品生命周期的 4 个阶段（见图 1.3）及其对行动的指导意义如下：

第一阶段：引入期，“这是什么?” 让人们知道、了解产品，是必不可少的。如果可能的话，应选试用的方式。为了把信息传播出去，你可能要花费高额广告费用。有些厂家开始时选择几家商店独家分销自己的产品。各家公司起先随着对客户需求的了解，而频繁地改进产品。首批购买人被称为创新者，随后的叫作早期使用者，因为他们的个性或是因为兜里的钱包允许他们这么做，所以乐于承担购买风险。当公司推出新产品时，因为常常没有可比因素作为基础，经理们必须对产品定价做认真决定。最初的价位和利润率，对于将来与对手的竞争以及进行进一步研发的能力（如医用纳米机器人、时尚服装、裸足跑鞋等）都有很大影响。

第二阶段：成长期，“哪儿能买到?” 此时宣传仍然很重要，但在这个阶段，竞争加剧了。那些早期大众开始产生了兴趣。随着更多的消费者了解了产品，他们就会研究新型号以决定买哪个，而不是应不应该买。买主们到了商店，开始比较产品性能。为使产品更具可接近性，营销人员常常采用选择性分销，以挑选更多的商店出售产品。在这个阶段很重要的一点是，扩大销售额，超过竞争对手，以便通过高生产效率和更有效的广告来降低成本。这将有助于公司在产品（如3D彩电、平板电脑、电子书等）生命周期的下一个阶段取得竞争优势。

第三阶段：成熟期，“为什么买它?” 在这个阶段，大众市场的众多新客户开始购买产品。由于人们已习惯购买某种产品，而同类产品间的差异又不大，此时品牌的忠诚度便起了主要作用。在一个稳定的市场上，价格竞争往往变得十分激烈，因为额外的市场份额直接来自竞争对手。在成长期至关重要的产品特性，此时已标准化。由于产品性能上的差异更少了，此时广告就用来区分各种产品。营销经理们努力把细分市场划分得更细，以满足尚未满足的消费需求。在成熟的市场上，竞争对手们搜寻着所有可能的目标市场。一切可能的分销渠道，也都通过面向大众市场的分销战略予以考虑（如GPS导航、便携电脑、节能灯等）。

第四阶段：衰退期，“多少钱?” 随着产品的生命周期到达衰退期，竞争对手们可能都提供相似产品。就连最胆小的消费者，即晚期大众，在此时期也觉得买这个产品是安全的。如果产品有致癌引患，美国食品药品监督管理局（FDA）也该注意到了。消费者对广告不予理会，因为他们知道在此阶段所有的竞争产品都一样。在这个阶段，如果竞争仍然存在，许多公司则注重于降低价格。如果这一领域竞争减少，厂家则慢慢地加价。此时，与商家保持良好的贸易关系，是你的产品能否留在零售货架上的关键因素。因为如果没有新鲜刺激，分销商和零售商们宁可把货位分配给更新的、潜在利润更大的产品。这种侧重贸易关系上的努力，通常被称为**关系营销**（relationship marketing），如音响、单反相机等产品。

对某些产品而言，成熟期并不一定意味着死亡。在经过一段成熟期后，产品可以重新焕发生命力并开始进入一个新的成长期。在 Topps 公司营销努力的鼓励下，棒球卡片生意在 20 世纪 80 年代就经历了一次这样的复苏，但 20 世纪 90 年代人们对它又失去了兴趣。

在有些情况下，经过垂死挣扎最后存活下来的公司反而能创造高额利润。在为老型号电视机、收音机及其他设备提供电子管的真空管行业，理查森电子公司（Richardson Electronics）就曾是美国通用公司、美国无线电公司（RCA）、西屋电气公司（Westinghouse）和喜万年公司（Sylvania）垄断的行业竞争中的幸存者。运用**终结策略**（end game strategy），坚持到最后的生产厂商就能从客户那里获得高额利润，因为客户需要更换部件时别无选择。

行业的主要竞争因素是什么?

行业或市场的竞争基础通常是各不相同的，它对厂家如何抢占市场具有重要影响。大多数行业的市场竞争是由以下 5 个主要竞争因素组成的：

- 质量
- 价格
- 广告
- 研发
- 服务

例如，在快餐业，热火朝天的广告和促销是关键。在为其他行业提供原材料的工业领域中，价格和服务是关键。我在调查咖啡市场时，发现价格和质量是竞争的基础。在制订营销计划时，你可能想要改变竞争基础，使之有利于你的公司，然而，不要忽略了关键的竞争因素。

3. 本公司与竞争对手的对比分析

消费者→市场→**竞争对手分析**→分销渠道→营销组合→经济评估→修正

到了这个阶段，营销人员已经初步选定了目标消费市场阶层，并倾其全力进行营销。现在，必须制订一个旨在打败竞争对手的计划。你需要平等客观地审视你自己和竞争对手。你的长处在哪里［MBA 们称之为**核心竞争力**（core competencies）］？你的弱点是什么？你怎样才能发挥长处或利用竞争对手的弱点？下述几个问题能帮助你明确这些。

SWOT 分析是 MBA 们用于整理前面提到的相关问题的框架，用于整理你所在公司如何面对竞争。SWOT 代表优势、劣势、机会和威胁，优势和劣势属于公司内部因素，机会和威胁是外部因素。采用 SWOT 分析法分析你的公司和竞争对手的公司同样重要。下面列出了进行 SWOT 分析时所要考虑的主要问题：

公司的强项和竞争对手的强项是什么？

- 分销（菲多利食品公司）
- 新产品开发和引入（苹果公司）
- 广告［政府雇员保险公司（Geico）］

我们在市场上的地位是什么？

- 市场大小和相对市场份额
- 财务状况
- 历史绩效和声誉

我们的资源和竞争对手的资源是什么？

- 人员
- 技术、研发能力
- 销售力量
- 现金
- 贸易关系
- 生产

新竞争对手进入市场的壁垒，对于评价各竞争对手起着重要作用。壁垒是指新竞争对手要进入市场必须解决的问题或障碍。像有无现金、有无专有知识，都属于壁垒。例如，药品行业是由几家公司垄断的，一个公司如果要想有所作为，就需要拥有一个庞大的销售队伍、研究实验室以及大量启动资金才能支撑得起。由于这些壁垒的存在，大多数小公司如果想出售一种颇有希望的药品时，往往会与大公司联手。另一方面，从事网络搜索的谷歌公司竞争对手的入市壁垒则较低。用户可以轻易选择其他公司的服务，如雅虎、百度、搜狗等搜索引擎。谷歌则通过建立独有的、强大的竞争对手无法进入的信息数据库和Gmail邮件，设立入市壁垒。

如果某行业的壁垒少，那么参与者多得就容易形成挤破头的局面。精明老练的营销人员应当对此可能发生的局面有所准备，其办法是努力制定一种新竞争对手难以模仿的营销策略。这个问题我们在第9天“战略”一章中再做更充分的讨论。

在做咖啡市场调查时，我研究了公司能为我提供些什么，但说实在的，它们能提供的并不多。该公司在美国没有任何经验，缺少分销渠道，缺少广告经验，缺少声誉，缺少资金。我的墨西哥老板唯一能提供的，是包装优质的咖啡。一个小小的竞争对手如何与福尔杰咖啡（Folger）和麦氏咖啡（Maxwell House）争斗呢？苦思冥想，颇为头疼。我希望有一家大的食品公司愿意合资，我们供应咖啡，合作伙伴来分销和营销。有别于小型医药公司搭大公司顺风车的做法。

行业巨头的市场份额有多少？

许多公司都提供消费产品的市场跟踪服务，如 NPD 公司、Infoscan 公司和尼尔森公司。通过收款台和仓库跟踪，都能搜集超级市场的销售数据。然而，对于工业产品，例如生产设备，信息就较难获取了。行业协会是个很好的信息渠道。

市场份额杠杆率，是在研究一个行业的市场份额情况时应当考虑的一个重要概念。市场份额较大的公司，相对于竞争对手来说，一般利润要高。大竞争对手的产品单位成本比较低，因为它们可以把费用分摊到较多的产品数量上。一个实力相对较弱的竞争对手，则无力在研发上或添置高效率机器方面投入更大力量，因为它们的销售量较小，背不起这个包袱。如果要我负责销售一种新的速溶咖啡，我会不得不重新考虑是否要进入一个由大型、低价位竞争对手卡夫、雀巢和福尔杰主宰的正在衰退的市场。所幸的是，我的墨西哥咖啡进入市场时正是 1989 年，有 18% 的研磨式咖啡市场是由较小的竞争对手控制的，而这个市场又是从 1986 年的 16% 增长起来的。对于像墨西哥研磨式咖啡这样的新进入市场者，这一环境显然十分有利。

我的产品如何从感性上策划以抗衡竞争？

感知图技术是一种图表方法，用以审视和比较你和竞争对手的产品。常用的坐标是价格和质量，但也可用其他内容。制作图表是 MBA 课程中的又一个技术，用以引出营销你的产品的创意，感知图则能通过展现消费者如何看待竞争中的产品来突出没有服务到的细分市场。感知是营销的首要因素，正如其在政治上的作用一样。例如，在纸巾行业，纸巾的强度和外观吸引力的取悦程度非常重要。作为举例说明，我根据自己的判断，编制了如图 1.4 所示的假设图。请注意，美国 Bounty 公司通过提供高强度和漂亮款式的纸巾，为自己开发了一个利润丰厚的细分市场。

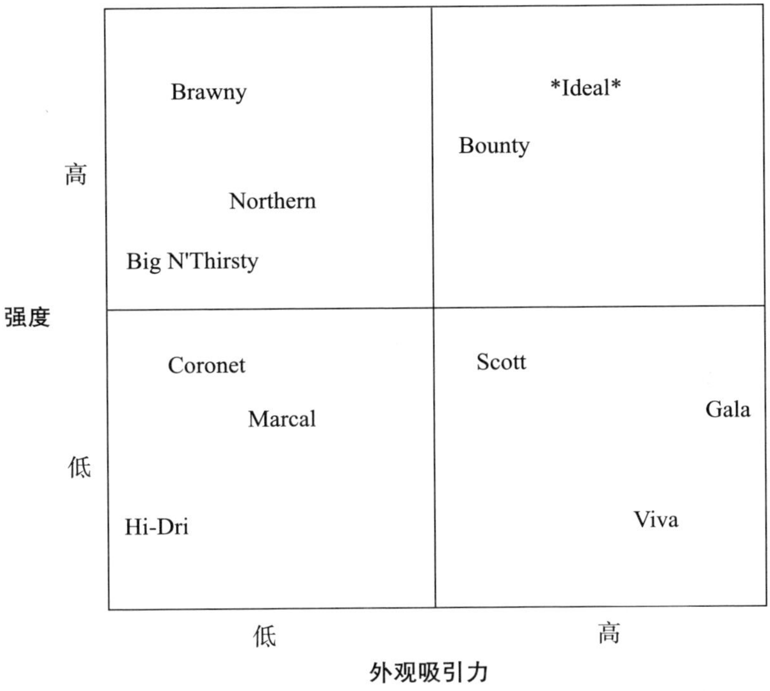

图 1.4　纸巾品牌感知图（假设）

通过形象地展现你的产品与竞争产品的对比，你就能获得如何推销现有产品的灵感，修改产品，或在综合营销策略中增加产品品种。

如果你的公司在某一产品领域中拥有多个品种，那么我们说你拥有了**深度**（depth）。在纸巾市场，没有哪一个厂商能够独占这一领域。但在狗类食品货架上，雀巢公司旗下的罗尔斯顿公司（Ralston）产品的深度却使货架上塞满了至少 6 种其品牌的狗粮。

如果你的公司拥有多种产品领域的许多种品种，那么你就拥有了产品的**广度**（breadth）。金佰利公司（Kimberly-Clark）在数个产品系列中拥有多种纸制品：Hi-Dri 纸巾、舒洁（Kleenex）餐巾纸、Kotex 卫生巾以及 Huggies 和 Pull-Ups 婴儿尿布。产品的深度和广度可以用作**阻挡策略**（blocking strategy），以防止竞争对手进入分销渠道。如果对手的产品没摆上货架，自然也就无法销售。

在狗类食品行业，竞争对手们找到了其他渠道，绕过雀巢普瑞纳（Purina）公司，将销售做到直抵狗的主人。高露洁公司（Colgate-Palmolive）的一个分部希尔宠物食品公司（Hill's Pet Products），通过兽医销售了价值 22 亿美元的科学配餐牌宠物食品。

针对竞争对手如何定位自己的产品？

20 世纪 50 年代，营销更多的关注度集中在，如何利用好产品的特性，创建独特的产品“销售主张”（USP）并使用户获益。60 年代到 70 年代，产品“形象”变得更为重要。1972 年，艾·里斯（Al Ries）和杰克·特劳特（Jack Trout）提出市场“定位”概念，并广受欢迎。他们认为，让消费者心目中对自己产品有感知力，比产品外在的特性更为重要。消费者只相信真正的地道货。他们两位提出了能令自身产品和服务超越竞争对手的 10 条定位方法：

1. 让消费者脑海中有代表你公司产品的一个关键词。如果这一关键词能让消费者在某一方面满意，那么消费者也就会自然而然将其他优势联想到你的产品和服务上来。联邦快递意味着“一天内送达”。观念一旦形成，消费者就很难改变。
2. 产品的名称是定位的首选。选取的名称应该有描述性，让消费者明确能获得哪方面的利处。导通（Draino）产品宣传的是“下水道堵了，一用就通”。
3. 如果你的产品独特，就取个新名。如苹果未采用苹果微机（apple mini mac），而是给新推出的音乐播放器取名 iPod。

4. 让消费者记住产品名最好的方法是发明新词。消费者对作用立竿见影的产品，记忆更深刻。如，用了舒洁，你就不流鼻涕了。
5. 别偏离产品命名或口号的内涵。应该通过营销手段不断强化最初定位的产品理念。如，经典可口可乐就是好。
6. 对新近竞争挑战的最好应对方式是推出新品牌，但同时不干扰老品牌的形象。当大众开始欢迎瓶装水时，可口可乐公司没有把新推出的瓶装水叫成可乐水，而是起了个新名称：达萨尼（Dasani）。
7. 对非行业老大厂家而言，应对竞争的首选方法是开辟新产品领域。既然难以撼动已经在市场上站稳脚跟的品牌产品，就应该迎合消费者"乐于尝试新产品"的特点，避实就虚。嘉信理财（Charles Schwab）证券经纪商，就新设立了新低折扣股票买卖业务。
8. 对非行业老大厂家的第二种选择是，找到消费者观念中空白的新领域。如星巴克就成了迅速提供咖啡服务的佼佼者。
9. 对非行业老大厂家的第三种选择是，重新定位竞争对手，颠覆人们对"市场领导者"有关产品、代言人的具有概念。泰诺（Tylenol）推荐的是：如果你感觉胃部不适，吃阿司匹林前请找医生帮着检查一下。
10. 无论选择了哪种定位模式，都要坚持执行中的一致性。

4. 分销渠道分析

消费者→市场→竞争对手→**分销渠道分析**→营销组合→经济评估→修正

营销人员把产品送抵消费者的通道称为**分销渠道**（channel of distribution）。产品到达客户手中常常有许多渠道，如前述的狗类食品的销售。分析分销渠道是至关重要的，因为渠道的选择会影响你的价格定位，最终影响你的利润率。作为选择分销渠道的基础，你必须考虑以下 3 个问题：

> 我的产品如何能够到达消费者手中？

> 每个分销渠道中的参与者各获利多少？

> 现有分销渠道中各渠道的决策权掌握在谁的手里？

我的产品如何能够到达消费者手中？

在根据产品目录邮购产品的情况下，营销者与最终消费者之间有着直接联系。一个从事服装直销生产厂商的产品目录，直接体现销售、收益、定价和消费者品味。作为杂货生产厂商，品牌经理则远离购买者。例如，粮食必须经过批发商和零售商才能到消费者手里。这些中间商被称为**渠道中间商**（channel intermediaries）。为了制订方案，作为一个有战略眼光的人，营销经理必须列出所有抵达消费者的途径。

常见的渠道中间商有：

- 批发商
- 分销商
- 销售代表
- 销售团队
- 零售商

每个分销渠道中的参与者各获利多少？

正如我所提到的，了解所有抵达消费者的途径非常有益，它能使你了解销售产品的所有可能的途径。花点时间在纸上把它们画出来则更好，因为一个渠道图能使你看到为获得利润而必须制定的零售价格。

渠道中所有沾产品边的人都要砍一刀，这就是俗称的**毛利**（margin）。参加分销环节的人被喻为从厂家“获取毛利”。作为生产厂家，你并非“白给”渠道毛利——这里没有慈善可言。大多数行业的分销环节参与者，无不计算它们各自的**售价毛利**（markup on selling price）。加拿大和美国的一些药品公司用的是成本加价毛利，但它们属于例外。这里的售价并非最终的零售价格，而是一个中间商卖给分销环节中下一个中间商的价格。零售价，才是消费者支付的价格。

由于我有咖啡业的销售经验，下面以咖啡零售为例说明分销渠道的计价关系。分销渠道的每一环节中，中间商从上一个环节购买咖啡，然后加价卖给下一个环节获利。这个毛利不是以成本为基础的。

$$\text{售价毛利率} = \frac{\text{毛利}}{\text{售价}} \times 100\%$$

这就是我如何把价值 1 美元的咖啡豆变成到达消费者手中时 6 美元的例子。在每一环节，分销渠道参与者通过烘烤、研磨、包装、品牌促销、分销、上架等，来增加价值或支出更多的费用。图 1.5 就是我估算的 1989 年麦氏香精咖啡发行渠道计价关系图。

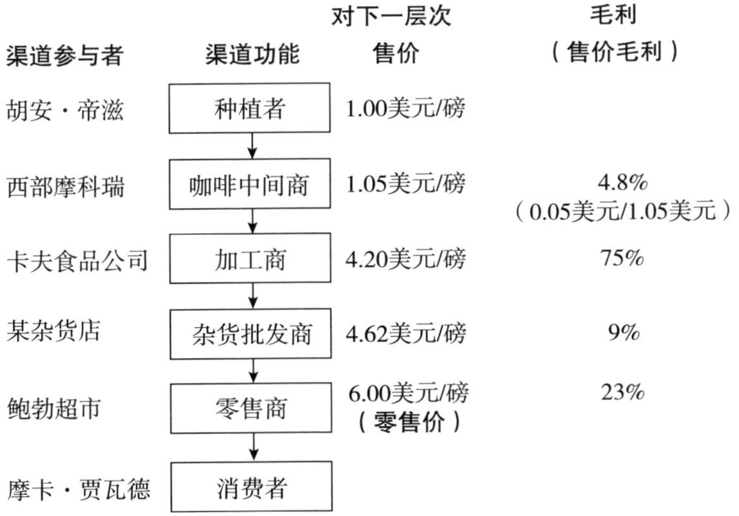

图 1.5　麦氏上等咖啡分销渠道及各环节毛利和价格

在分销渠道的每个环节，参与者都发挥了各自的作用，获取各自毛利，并将产品出售给离消费者更近的下一个参与者。如果咖啡加工商，例如卡夫食品公司，认为麦氏上等咖啡的零售价应定为每磅 4.00 美元而不是 6.00 美元，那么分销环节的整个计价关系就要改变。现在让我们按照分销环节的顺序反过来推算，看看它对各个环节价格的影响。

售价 × ［1 − 毛利率（100%）］ = 上一分销环节销售价

按照分销渠道的顺序反过来推算，那么：

4.00 美元零售价售给消费者 ×（1 − 0.23 零售毛利） = 3.08 美元

3.08 美元批发价售给零售商 ×（1 − 0.09 批发毛利） = 2.80 美元

所以，2.80 美元是卡夫食品公司（加工商）售给批发商的价格。

在 4.00 美元的价位时，卡夫食品公司的品牌经理必须自问，每磅 1.75 美元（2.80 美元 − 1.05 美元）的毛利是否足以抵消支出并带来足够的利润。如果答案是否定的，那么品牌经理就必须重新审定营销计划的发行渠道及其计算方法。由于营销策略是个循环过程，你也许不得不修改价格、生产程序或支出成本。这种修改可能会影响到计划中所有的其他部分。

分销渠道参与者的相对权力和基本的利润关系，可以左右定价。以卡夫食品公司而言，其品牌经理可以选择较低的 4.00 美元作为杂货店的零售价格，然而他选择了 6.00 美元，以赚取理想中的利润。

除杂货店以外，卡夫食品公司决定使用一个替代渠道。它“越过”了杂货店中间商，将其 Gevalia 和 Garraway 牌咖啡直接通过邮购，以每磅 8.00 美元的价格卖给了爱喝咖啡的人。就大多数产品而言，抵达消费者的渠道很多，每种渠道都有它自己的发行渠道毛利计算方式。理解了这种计算方法，你便能更好地选择分销渠道。

现有分销渠道中各分销渠道的决策权掌握在谁的手里？

渠道中的权属问题，对选择产品往哪儿卖至关重要。如果你的产品独特且有需求，那么产品生产厂商一般有权确定彼此的关系；反之，发行渠道的中间商便会左右这种关系，以获取尽可能多的毛利。

在杂货行业，分销渠道的权力从生产厂商那里转移到了连锁超级市场。由于较小的杂货连锁店在 20 世纪 80 年代合并成较大的超级市场连锁店，大型超级市场连锁店的管理层意识到，他们拥有值钱的不动产——**货架面积**（shelf space）。货架上每个**储货单元**（Stock Keeping Unit，简称 SKU）都占有面积。每件产品都必须入库、上架，并保持库存。如当 Mazola 食用油包装有 3 种尺寸时，便会占用 3 个储货单元。由于库房和仓储空间有限，货架不动产便变得值钱了，零售商们要在每一个储货单元上收钱。营销人员甚至像设计师画图一般，画出被称为**平面图**（planogram）的货架图例，并争夺最好的货架位置。

包装食品公司无论大小，都必须为该环节支付货位费（slotting fee），以便在货架上为新老产品预留“货位”。在 20 世纪 70 年代，大的包装食品公司，像宝洁公司和卡夫食品公司，就用威胁撤回其受欢迎的产品的办法，在各个连锁店之间周旋，蛮不讲理地出售着自己的产品。但今天，这种情况不复存在了。

遗憾的是，对于新推出的产品来说，货位费可能要花数百万美元。因此，事实上货位费就把较小的竞争对手挡在了超级市场门外。我知道中西部有一家公司的比萨做得非常好，却未能起步，原因是买不起必需的货架面积。货位费在零售业是个“热门话题”。MBA 们可以对此多讨论看法。

互联网在分销渠道中所起的作用是什么？

互联网已经成为产品销售的主要渠道。互联网作为和客户沟通的一种渠道起着四方面的作用，也被称为 4C 模式。网站的“商业”功能使其成为销售载体，更重要的是，消费者可以 24 小时在网站上浏览、消费、对比价格。公司的网站所含的内容是产品的延伸，能提供附加支持、额外的价值，如果宣传有吸引力，它能吸引许多新的消费者。iTunes. com 可为苹果 iPod 提供音乐下载服务，2010 年，共计下载出售 100 亿首歌。公司网站可以提供更多的顾客关怀，允许顾客检查自己的账户，跟踪交易情况，并在常见问题页面（FAQ）中获得有关问题的答案。这些网站所提供的服务，均能令客户满意，同时减少生产企业人工服务的成本。最后，网站还可以从互联网和其他营销方式（比如电视、广播、促销以及公共关系）那里转化商机。

5. 制定营销组合

消费者→市场→竞争对手→分销渠道→**制定营销组合**→经济评估→修正

在分析了消费者、市场、竞争对手和分销渠道之后，营销经理应根据分析结果做出一系列 MBA 们称之为**行动计划**（action plan）的实际决策。营销经理还应选择采用哪些综合性的营销方案，这种综合性方案即通常所说的营销 4P，见图 1.6。

营销组合的制定是个渐进的过程，其目标是制订一个内在一致、互为补充的计划。此举的重要性是不言而喻的。修改方案中的一个 P，通常意味着其他 3P 都要在某些方面做修改，因为任何一个 P 对其他 3P 都有影响。

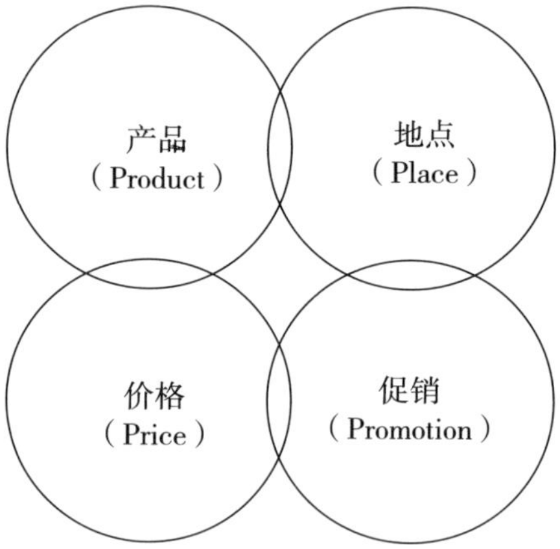

图 1.6　营销组合

产品决策

> 我的产品与我现有其他产品的关系如何?

> 我怎样让自己的产品更出众?

> 产品生命周期对我的计划有什么影响?

我的产品与我现有其他产品的关系如何?

这个问题旨在确定你的产品之间的协作区域，或发现在哪些方面对各项商业活动有约束。例如，如果美泰克公司（Maytag）在其衣服干洗机、烘干机产品线里增加洗碗机，那么，该产品以及消费者和洗碗机零售商就分享了它们现有的分销渠道。这一**延伸产品**（line extension）是适宜现有的各个环节的。但如果美泰克想销售个人用吹风机，这种适宜性就令人怀疑了。

我怎样让自己的产品更出众?

差异化（differentiation）是个大题目，指营销人员如何使自己的产品在众多的同类产品中脱颖而出。要做到这一点，方法有很多:

- 特点——性能
- 适宜性——量体裁衣
- 格调——功能、外观形象
- 可靠性——保修、退货制度
- 包装——颜色、尺寸、形状、保护
- 尺寸——服装、电器、电脑、行李箱尺寸
- 服务——及时、礼貌、精确
- 品牌命名——标签

如果拉夫·劳伦（Ralph Lauren）用了他的真名拉夫·利夫希茨（Ralph Lifshitz），就等于放弃了他的2011年市值50亿美元的拉夫·劳伦Polo牌服装、古龙香水以及床上用品所包含的心理益处。英语里Lifshitz一词似乎难以代表英国贵族的形象。

很多例子表明，一种产品的所谓**商标资产**（brand equity，品牌资本），可以通过运用商标（品牌）或**延伸产品战略**（brand or line extension strategy）转移给新产品，使之有别于其他产品。卡夫食品公司选用Jell-O为其新布丁和冰激凌的牌子，这样就赋予了新产品在它过去几十年赢得的公众好感（品牌资本）。要达到Jell-O牌子已树立起来的品牌资本，需要付出几十年的昂贵的广告费和宣传工作。所以，自1987年以来，市场上推出的众多新产品，近90%是延伸产品或延伸品牌。但是，如果用过了头，品牌资本便会淡化，对消费者的吸引力也会降低。

选用任何一种突出自己产品的方法，都会影响整个营销程序，因为它是你做任何促销工作的基础。产品可以通过独创性的广告和促销而有别于竞争产品，即使竞争产品并没有什么不同。

感知图和定位，能有助于找到使产品更出众的方法。前面提到的所有产品的特性，都能影响产品在市场上的定位。如果有利润可挣，营销人员随时都可以要求公司的产品开发人员开发与众不同的独具特色的产品。我做的纸巾感知图表明，消费者对任何一类都有需求，且他们对每种产品的认同感是不一致的。营销人员的工作是为产品确定一个特别的位置（如果愿意可运用感知图做指导），使之赢得市场，即所谓的“产品恰当位置”。在纸巾感知图里，佐治亚太平洋公司（Georgia Pacific）的布劳妮牌纸巾的定位是硬质、耐用，用以擦拭污渍。品牌经理总希望能找到为自己带来最大销售额及销售利润的细分市场，更希望为自己在服务上有优势的产品找到最有利的位置。市场定位与经过你的消费者和市场分析而选择的细分市场，是紧密地相互联系的。

产品生命周期对我的计划有什么影响？

根据产品在产品生命周期的不同阶段，其各部分在竞争中起的作用越来越大。前面讨论产品生命周期时提到，成长期对区分产品至关重要的是产品的特征，而在成熟期，品牌的重要性越来越大。例如，CD 机着眼于多唱盘功能，意味着目前 CD 机处于产品生命周期的成长期。在已经成熟的卡式录音机市场，自动倒带和消除噪声之战早已偃旗息鼓。无论做出的选择是什么，它都会对营销组合中其他几个 P 有影响。

决定销售地点决策：在哪儿卖？

讨论分销渠道时，目的是确定现有的渠道有哪些，可获得的毛利有多少。在这一阶段，产品决策已经做出，目标市场也已选定，那么营销人员就必须选择适合于自己产品和对有意购买者有利的分销渠道了。

> 我应采用哪种分销战略？

> 选择哪些分销渠道？

我应采用哪种分销战略？

- 独占性——每个市场只在一个商店销售
- 选择性——每个市场只在几个商店销售
- 批量或加强性——在尽可能多的商店销售

销售地点影响着产品的形象。分销渠道的选择是个渐进的过程，它与市场分析一节描述的产品生命周期中的产品普及程度同步反应。分销战略可以使你的产品与众不同。例如，如果一个新设计师选择独占性分销战略在内曼·马库斯百货公司（Neiman Marcus）销售，那么产品就有了某种魅力。消费者在产品的销售点购物时，会觉得产品的某些性能、特点，诸如样式、质量、价格等与众不同。设计师也可以有选择地只在较好的百货商店销售更多的产品。加利福尼亚的汽车车窗遮阳板营销家则无此担忧，他选择了批量分销战略。公司希望尽可能广泛而迅速地分销其遮阳板，这一选择是有道理的，因为它与服装设计不同，无须在地位上取悦于客户，且很容易复制。

这些分销方法中，无论哪一种，都赋予生产厂商和零售商某种责任。运用选择性策略时，生产厂商可能有“义务”提供高质量、优质服务以及合作式付款方式，以支持促销活动。当生产厂商与零售商共同承担广告费用时，这种广告被称为联合广告（cooperative advertising）。

在包含生产厂商奖励机制的分销关系中，零售商也有应尽的义务。零售商可能有“义务”特别注意给予产品以优惠的位置、特殊的促销、布置安排以及销售上的努力。如果这些义务未能履行，则构成违约，关系可以中断。在拉夫·劳伦的例子中，他相信他的Polo服装系列极具特色，因而成为第一个在百货商店要求设时装专柜的设计师。拉夫提供了零售商寻求的形象和利润，零售商反过来有义务向拉夫·劳伦提供特殊专柜并努力销售其产品。

选择哪些分销渠道？

对分销渠道的选择取决于很多因素，一般说来，渠道不止一条。然而，如果一条渠道融入了一个互为补充、内在一致的战略，则选择多种渠道就更有利于成功。在决策时应以以下3个因素做指导：

产品细节（product specific）　另一个需要考虑的因素是，销售所需要的注意程度，这是与产品的复杂程度、新旧程度和价格相关的。有些产品，可能需要你自己配备销售队伍，无论花费多少费用都在所不惜。另一方面，有些产品如糖果和软饮料，是通过一系列批发商和分销商以后摆上商店货架的，这些产品比较简单，不要求生产厂商直接控制产品的展示和销售。

必要的控制（need for control）　激励分销渠道有效而适宜地对待你的产品，也是选择分销渠道时应该考虑的问题。生产厂商因被分销商、批发商和运输工人隔开，距离消费者越远，厂家对产品如何销售的控制就越小。药品公司一般都有自己的销售队伍，称为受控销售队伍，销售人员都经过严格的培训，可向医生提供可靠信息。如果默克（Merck）或辉瑞（Pfizer）公司不得不依赖某个独立的销售队伍，那么它们就不能绝对控制销售人员的培训或其在外的行为。

期望的毛利（margin desired）　通过对分销渠道的分析，便能够确定潜在的利润有多少。每一环节的毛利是从哪里收取的？你的公司能否以具有竞争力的价格将产品输送给分销渠道，同时为自己保留足够的毛利？分销渠道的选择决策，便是以能产生多少毛利为基础的。博士公司（Bose）的高溢价定位耳机和音响，就是通过精心挑选改造大型商场店面、设计印制宣传册以及各种直销方法来保持品牌形象，维持高利润。

促销决策

促销是指营销计划中所有的广告和销售工作。设计一项促销活动的最重要的方面是制定目标。你必须首先知道要完成什么任务，然后才能开始编制或执行促销预算。促销的最终目的是影响买主行为，因而一定要确定期望的行为是什么。不同的产品，在不同的产品生命周期阶段，不同的复杂程度，要求促销工作执行不同的任务。为你的产品选定的促销方案，必须与你在消费者分析中列出的购买程序相一致。

购买程序	促销任务
意识	介绍产品，激励需求信息
兴趣	提供令人相信的信息，满足需求的信息
尝试	刺激行动
再次购买	吸引客户购买，增加使用
忠诚度	加强品牌或形象，特别的促销活动

推式战略抑或拉式战略？

促销工作与分销一样，也应当有战略指导。**拉式战略**（pull strategies）是把买主拉到出售你的产品的地方去。电视广告通过“请您到当地食品店指明要 Perdue 鸡”，把消费者拉到卖鸡肉的商店。促销工作的另一重要任务是，鼓励分销渠道储存和销售产品，这种努力叫作**推式战略**（push strategy）。例如，啤酒分销商要花费大量时间说服酒吧老板储存它们的啤酒并出售鲜啤。大多数计划总是推和拉两种战略并用，啤酒业的人士就是这样一方面斥巨资做广告、创品牌，另一方面尽力获取更大的酒吧分销量。

为把买主拉到商店或推动分销渠道储存、销售，一般可采取以下 5 种类型的促销手段：

- 广告
- 人员销售
- 销售促销
- 公共关系与宣传
- 直销

广告 广告（advertising）有多种形式：电视、电台、户外（广告牌）、杂志、互联网关键词检索、在线广告、视窗广告、电子邮件和报纸等。要记住两点：一是你的任务是什么，二是量化为完成任务广告需要出现的频率和周期。

请注意以下衡量广告效果的术语，你花钱做广告买的就是这些。未被鼓动起来的人们一般只是听听广告世界的絮叨，而不是理解它，但他们还是买了产品。购买广告就像买营销调查——了解你将购买什么和为什么购买，即所谓的买主意识。

覆盖面（reach）和**频率**（frequency），是媒体目标的主要量化计算方法。覆盖面是指目标市场百分之几的人看见和听到你的促销广告，频率是指他们看见或听到的次数。营销家们把一个人接触到某信息的次数称为**总印象数**（impression）。由于不同的产品导致不同的购买行为，刺激购买需要不同的覆盖面和频率的结合。二者相乘的积，即覆盖面×频率=一种被称为**毛额定点数**（Gross Rating Point，简称 GRP）的衡量单位。将所有的毛额定点数相加，得出的就是**总额定点数**（Total Rating Point，简称 TRP）。毛额定点数和总额定点数，用来量化电台、电视和户外广告的销售和购买情况。

期望的收视观众的人口统计因素和细分市场因素，也是应考虑问题的重要部分。一家电视台面对中西部收入在几十万美元以上的活跃的中年男性高尔夫球爱好者，在播放地区性高尔夫节目时，可以有效地为多种产品做广告。而吸引了人口混杂观众的某个电视节目，对每一名观众的价值就小得多了。即使你有了合适的媒体，时间安排又是一个覆盖目标的重要问题。

毛额定点数数值高，并不能保证销售就好。发布信息的内容，也是一个重要的决定因素。广告人员将广告的信息、措辞或排版，称为**创意**（creative）。出主意的广告代理，被叫作**创意人员**（creatives）。

杂志和报纸广告，是按照版面和报刊发行的细分市场因素来购买的。杂志的寿命期长些，但报纸的传送直接得多，也更集中，对促销更为有利。这两种印刷品的读者，是按照**每千名读者费用**（Cost Per Thousand，简称 CPT）为计算基础的。**标准额定和数据服务**（Standard Rate & Data Service，简称 SRDS），则以在线方式或以一系列厚如电话号码簿的册子提供全面媒体清单和邮寄名单价格。

媒体占有率，是评估其竞争力的方法。广告商用这种方法确定同一产品组里，所有其他竞争对手的媒体花费比例数。广告商们相信，拥有垄断媒体所产生的冲击力，相对于广告支出比率和实际广告支出金额同等重要。

我在实习时负责的名气很小的咖啡品牌，用电视广告来促销是徒劳的。一个实力较小的竞争对手，是没有机会与宝洁、卡夫食品公司以及雀巢公司这些大公司相对抗的。所有别人能够承受的广告，都被这些巨头独占了。

请记住：每一种媒体都在大众覆盖面方面有其长处。有些媒体的选择性比其他的强些，营销人员应当尽可能有效地覆盖自己的目标，以促成期望中的消费购买行为。

人员销售　营销人员在需要直接与买主接触时选用人员销售（personal selling）方式。销售人员可以使产品信息个人化，以适合买主的需要和具体情况，并在这个相互影响的过程中发现和解决各种问题。这种方法往往是所有营销组合里费用最大的一部分，因为人工费用和佣金都很高。

负责新产品、复杂产品或昂贵产品销售的经理们发现，人员销售的效益超过了为之付出的高额费用。这是因为有些目标市场是其他媒体工具所难以覆盖的，因此人员销售有时则是唯一能够覆盖消费者的方法。水净化系统、药品、复印机和工业产品，均在它们的营销组合中广泛运用人员销售方式。随着各种限制的增加，目前电话销售模式已大幅减少。

当今理论认为，人员销售是**解决问题**（problem-solving）和**咨询**（consultation）的过程。弗吉尼亚大学的德力克·A·牛顿教授认为，若干年来人员销售经历了4个阶段：音乐人、形象生动的产品说明书、魔术公式和解决问题者。第一次世界大战之前，“音乐人”销售方式被认为是销售成功的关键。销售人员以其个性吸引客户购买。第一次世界大战以后，“形象生动的产品说明书”被认为是较好的销售方式。真空吸尘器的销售人员对自己的产品了如指掌，他们一边展示一边按产品说明书详细介绍一番。在 20 世纪 30 年代，伶牙俐齿或“魔术公式”被认为是最好的销售方式。百科全书销售代表全面控制展示现场，引导客户踏上“设计好了的路”，走向“不得不购买”。现在，书店里有各种销售圣经、销售方法、销售秘籍等书籍。今天，学术界认为，人员销售需要销售人员自身具备良好素质，同时，销售队伍还必须具备有关潜在购买者需求和购买程序方面的广泛知识，这样才可能成功。销售人员销售的产品必须能够解决客户的问题，而不仅仅是兜售产品。

销售促销　销售促销（sales promotion）旨在诱使客户、销售队伍及其他产品分销渠道参与者，做出你期望的购买行为。促销用以补充并加强其他销售工作，尤其是广告工作。你应该知道，每一种促销都有各自相关的语言。如果你不是营销人员，了解这些语言虽然不会使你成为专家，但需要时，一定能帮助你大谈营销。促销有两种：针对消费者的促销和针对分销渠道的促销。

消费者销售促销（consumer sales promotion）的手法有：购物券、退货承诺、样品、有奖销售和销售竞赛。

购物券（coupon）是向消费者推出降价产品的直接销售方式。作为生产厂商，如果你给零售商提供折扣，期望它们会把这种折扣转给消费者，你可能会大失所望。营销家们用购物券的形式，鼓励人们尝试一下、换个牌子或更忠实于某品牌。杂货店购物券通常放在一份叫作独立插页（Freestanding Insert，简称 FSI）的周日日报的购物券栏目里。在独立插页领域走在前面的是 Valassis Inserts，每年在周日独立插页上发行的购物券优惠的总面值为 1 000 亿美元，其中有一半是它印刷的。

折扣券通常用于更贵的产品，如电器产品的促销。商家通过提供折扣券让消费者感觉到降价。在提供折扣券时，商家通常要求消费者填写详细的资料和提供购物发票并邮寄回商家。由于涉及的工作比较琐碎，若商家提供的折扣券面额较小，如50元，消费者会自动放弃，不去兑换。

退货承诺（refund）一般用来加快正常消费者的购买频率周期。退货承诺常常通过鼓励买主储存所购货物，来提高购买的数量和频率。电池生产厂家经常提供退货承诺。这种方法常常被聪明地运用于竞争对手正要进行促销或推出新产品之前。

样品（sample）是推出新产品的一种高成本销售方法。它要求花现金投资生产足够数量且尺寸较小的样品。对那些无法用广告传递的、需要你亲自体验后才能感觉到其特殊性的产品来说，选用赠送样品的方式则较好。对消费者不敢贸然尝试的新产品，或是一些在使用后很可能建立**口碑**（Word Of Mouth，简称 WOM）的产品，这种方式很有效。许多新型洗发水的推广，都是用免费赠送或低价促销的方式，消费者是不情愿花上十几美元买一整瓶回去试用的。样品形式就减少了购买者心理上认为试用存在冒险性的风险。

有奖销售（premium）是指免费或低价为产品购买者提供奖品。自偿（self-liquidating）奖品，指只收取成本费的物品。好时公司定期提供手表和圣诞装饰品作为奖品，为换取糖果，爱吃巧克力的人必须交上巧克力包装作为购物凭证。沐浴液厂家泡泡先生（Mr. Bubble）就将包装盒上的粉红色和哈哈泡澡人图案印在廉价T恤衫、海滩浴巾上。

销售竞赛（contest）**和抽彩**（sweepstake），是一种常见的促销形式，也是法律限制最为严格的促销形式，因为它与赌博沾边。必须认真彻底地分析竞赛规则和法律规定，以免产生灾难性结果。必须研究国家有关限制赌博的法规，以保证合法。还必须仔细研究比赛规则和获奖概率，以保证促销预算足以支付预计开支。1984年，麦当劳组织了一场与夏季奥林匹克运动会有关的促销奖牌游戏，每次美国获胜，奖券均可兑换成免费食品或其他奖品。

旨在增加销售额的促销（trade-directed sales promotion）方法有：销售竞赛、购物陈列点、经销商激励政策、行业展览会和店内演示。

购物陈列点有很多种，要将它放进商店，需要行业的合作。购物陈列点放在零售点货架上时，有点像个货架演说家，在货架末端的一块小型布告栏上，带有一个小广告以吸引注意力。购物陈列点的其他形式包括，独立式通道显示牌和嵌入货架内的显示牌。当显示牌放在通道末端时，即称为**端架**（end cap）。要获得最佳位置，生产厂商必须取悦于零售商。营销人员的做法是提高零售商提成比例，或做到薄利多销使零售商满意。

经销商和雇员激励政策（dealer and employee incentive），厂家对经销商提供经销支持而支付的费用，称为**推销佣金**（spiff），其形式有货架费、小额酬金、个别产品单打折扣、现金付款、免费商品或奖品。推销佣金能够使经销商对产品折价、促销或是保留该产品。生产厂商还可以在经销商店内设专柜，或在经销商完成销售指标时给予奖励。

行业展览会（trade show）是用来向批发商、经销商、零售商和分销商，推销某种新产品或现有产品的方法。这种促销活动旨在鼓励分销渠道参与者持有你的产品。例如，一家生产家装家饰的公司，创立之初需要参加行业展览会，以开发分销渠道关系，使其产品有可能进入零售渠道。如果还没建立起贸易关系，就要进行开发。

店内演示（in-store demonstration）是生产厂商广泛采用的方法：用其训练有素的专家来促销那些非此举不能激发消费者兴趣或为行业所接受的产品。厨房小装置的推销商常会设立演示专柜，通过用普通蔬菜做出“漂亮的”餐盘装饰，给毫不起眼的刀具注入生机。化妆品柜台旁，身着白衣的女士们为“天然”美容护肤品做着类似的促销工作。现在，许多厂商放弃专人促销的方式，改用播放产品演示视频短片。

无论你在营销方案里选用哪种销售促销方式，每一部分都必须有明确的任务，并充分考虑其在营销组合中费用的合理性。

公共关系与宣传 公共关系（Public Relations，简称 PR）是一种典型的促销工具，用来与更为广泛的大众交流。公共关系的目的是，为你的产品创造一种有利的氛围，而并非直接销售。列入的公共关系目标名单，可以包括政客以及公司运营所在地的社区。公共关系信息也可以用来建立一种友善关系，纠正一个错误印象，或改变现有局面，或解释说明公司的所作所为。赞助著名活动或为慈善事业捐款，常被用来建立**光环效应**（halo effect），以增加公众对公司和公司产品的好感。

由于公共关系的目标不像销售目标那么明确，其效果也更加难以测定。民意测验和立法胜利与否，经常是检测公共关系是否成功的标志。

公关促销也包括**扩散营销**（viral marketing，也有人译成病毒式营销。——译者注）。让有影响力的人了解你的产品，这样负责销售的人员就相当于不做电视广告，而达到同样的效果。如在互联网聊天室、微博、各类电商、YouTolbe 视频网站、脸书、推特、机构新闻专刊、大学校园，自然地讨论公司的产品话题，推出新产品、促销。随着互联网的普及，扩散营销迅速成为销售业绩易于衡量的一种新方式。

宣传（publicity）是公共关系的一种形式，指大众媒体关于某一公司或产品的任何形式的免费传播，其形式包括新闻故事，或是产品出现在媒体里。宣传是一把双刃剑。大众认为宣传是可靠的，因为它不是可以买到的商品。但是，这种信息并不受控制。记者招待会、新闻发言稿、名人效应、刻意安排的活动，都是用来吸引媒体注意力的。雇用一家公共关系代理，就能利用其新闻界关系来抓住一部分观众或听众的注意力，并给他们留下你公司或产品的较好印象。

网球明星皮特·桑普拉斯（Pete Sampras）或安德烈·阿加西（Andre Agassi）在美国公开赛上穿着耐克鞋和运动服，每当他们发球、接球时，电视屏幕上便不可避免地频繁出现耐克这一品牌的标识。电视的时间很值钱。如果运动员上了全国晚间新闻或《体育画报》（*Sports Illustrated*）杂志，那么，媒体免费传播的效果是非常好的。这两项广告正常收费分别为每 30 秒 5 万美元和每页 32 万美元。

公共关系经理们是用计算占用媒体的时间或版面的方法，来跟踪测定自己的工作效率的。效果跟踪服务，例如 Burrelle 公司的新闻剪辑，能够报告其全国各地客户的公共关系和媒体广告情况效果。Burrelle 用同样的办法跟踪测定竞争对手的情况。虽然营销组合经常忽略宣传这一形式，但熟练而又创造性地开展这一工作，就能产生巨大的效应。

直销 直销（direct sale）包括互联网邮寄宣传品、产品目录、购物网络和冗长的**电视商务信息**（TV infomercial）。直销是个大买卖。2010 年通过互联网的销售额高达 1 650 亿美元，而且增长迅速。2009 年仅邮寄订货销售额就达到 1 110 亿美元。这一年总计有 8 000 家公司寄出 200 亿份产品目录。2010 年，家庭购物网络的主要公司 QVC 网络公司销售额达到了 80 亿美元。

“我这人说到做到，你们只要聘用我的待遇合适，我就把经验带到贵公司来。”

贺曼卡片公司（Hallmark Cards）通过赞助电视栏目“贺曼名人堂”，提升公司形象并赋予产品高品质、有涵养和好公民特质。

直销邮寄方式的本质在于，进行市场细分、细分、再细分。邮寄人根据一个集中的邮寄清单直指目标市场，用能激发兴趣的邮寄物品直接与家庭联系。名单可以是内部制定，或从列在SRDS的直销邮寄名单等级和数据表中的销售商手里买到。在预期的人口构成组内，名单越具体、丰富、集中，每千名读者费用就越高。根据**回复率**（Rate Of Return，简称ROR）和**每份订单价值**（dollar amount per order），确定跟踪结果。由于电视观众缺少名单的选择性，所以电视销售不是一种有的放矢的直销方式。

直销方式中规模最大、增长性和互动性最好的当属互联网营销（Internet Marketing），2011年，通过互联网做广告的卖家支出超过500亿美元。谷歌和雅虎搜索引擎的广告收费，则是通过点击互联网“关键字”的次数计算的。在竞价的过程中，搜索频率最高的单词按照市场价格定价。由于点击率的成本已经明确，所以要考虑用户点击相关内容后能真正成交，并知道能带来多少利润，这些需要事先仔细计算好。一些客户可能成为长期的使用者，从销售的焦点需要考虑客户的长期价值。互联网上的其他销售方式，包括针对目标客户的优化搜索引擎、横幅广告、弹出窗口广告、社交媒体广告、短信和有针对性的邮件广告。

直销邮寄、互联网和电视推销的另一个组成部分是**履约**（fulfillment）。履约是接受订单、处理订单、管理库存、邮寄和服务客户的过程。家庭购物网络的观众，希望买到收藏玩具娃娃的梦想必须予以满足。这项工作可以内部进行，也可以分包出去给一家履约代理来执行，其收费按照每份订单最小数量计算。这样做便为一些小公司省下了用以建立公司内部履约部门的初期投资。由于直销已成为经济生活中一个重要的组成部分，它作为与消费者相通的一个渠道绝不能忽略。但这种方法涉及个人隐私，和超市上架费一样，也是个令人头疼的问题。

促销的每种方法——广告、个人销售、销售促销、公共关系和直销，都能完成不同产品、不同销售地点和价格的各项任务。一个有营销天赋的人，会在有各种促销方式的调色板上调出令人满意的促销战略，更有效地推销产品。

价格决策：我应当如何定价?

与产品决策一样，价格决策会因采取某个分销渠道或广告战略而极大地影响营销组合。定价本身可以使你的产品有别于你的竞争对手。起亚和劳斯莱斯车在汽车领域中的区别，如同一个天一个地。每一产品和服务的定价都有其各自的理由。你没看见一双耐克鞋的售价出于心理上的考虑标为 59.95 美元，而不是 60 美元吗？除了心理定价外，从事研究和分析的专家们还推荐了以下 8 种主要的定价方法和战略：

成本加价

这是一种简单的方法，在成本基础上加上期望的利润。公路建设承包商经常使用这种方法，但这种方法并不太好。

消费者认同价值

你可以按照向消费者提供的价值收费，而不必考虑成本高低。例如，更换部件，螺母、螺栓虽然不值钱，但因其为重要部件，且是定制的，收费就非常高。在一次学校组织的参观工厂的活动中，一家固定装置生产厂家的主管对我的同学们透露说，该公司的利润大多数来自 50 厘米 ×50 厘米的更换部件盒，而不是长长的生产固定装置的装配线。如果一件商品的价格与其提供的用途相匹配，那么买主就认为物有所值。然而，即使是在垄断的形势下，这种定价方法也不应太离谱。

剥离式

早在产品生命周期的引入期，公司就可以为其新颖的产品或服务选择收取高价、获得剥离式（skimming）高额利润的定价方法。所获得的利润可以用来进行进一步的产品研发，正如高科技领域那样，或者直接作为产品所有人的回报。美国无线电公司在 20 世纪 60 年代推出彩色电视机时，就是运用这种战略收取高价的。2011 年索尼公司推出 3D 电视，也是采用这一策略。

渗透式

这种定价方式可以在产品生命周期的引入期或之后运用。渗透式（penetration）战略是以低价格来获取市场份额，其目的首先是用大量生产来降低单位成本，期望最终能作为廉价生产商控制市场。

价格/质量关系

由于消费者的认同不一定仅仅以产品的外在特点为基础，那么所“认同”的质量常常为价格所影响。服饰、香水和珠宝，就是价格本身影响产品特性认同的例子。消费者常常由于所定的高价而将某一产品视为具有某种风格特征和工艺质量。

针对竞争对手

战略家们时常决定采用与竞争对手的价格相当或低于竞争对手价格的方法，以获取或保持竞争市场上的市场份额。在汽油、钢材和飞机票等方面，这种情况很常见。正如我们前文在讨论产品分销渠道时所解释的那样，推销产品经过分销环节的收费关系，在很大程度上影响着一个生产厂商以什么价格将它的产品卖给分销环节，并最终仍能保持一个有竞争力的零售价。

根据市场规模达到利润目标

如果市场规模有限，那么所定的价格必须保证有足够的利润来补偿营销和生产成本。如果产品定价不能有利可图，那么为了降低成本，要么调查其他用户市场，要么研究改进生产。

按照买主的价格弹性定价

价格弹性描述的是，价格变化时买主行为是如何变化的。有弹性需求的买主，并不情愿接受价格飞涨，他们的需求多少取决于价格。没有弹性需求行为的买主，不在乎价格上涨，他们的购买数量和频率不会由于价格因素而下降。例如，烟草消费者已经消化了多次价格上涨因素的影响而继续购买，这是因为他们的烟瘾使其需求在接受价格上涨方面没有了弹性。有弹性的买主不会支付多于给定**价格点**（price point）的价格，他们视其渴望程度、个人可支配收入，或心理上的价格线，停止购买或大幅度减少购买。当机票价格便宜时，旅游人数也相应增多；当机票价格上涨时，人们更倾向于开车出游，或干脆待在家里。

对于任何一种特定产品，可以选择的销售方法是很多的。以我的上等包装咖啡为例，一种与众不同的咖啡“产品”，可能需要一种与众不同的包装、更高的“价格”、一种有的放矢的促销和一个精心挑选的分销“地点”。但是贯彻始终的主线是效益问题，我这么做能否赚钱？

6. 我的计划的效益情况如何？

消费者→市场→竞争对手→分销渠道→营销组合→**经济评估**→修正

这一问题可能是营销分析的最后一步，这一步也可能把营销经理直接打发回营销战略过程的起点。我的意思是，消费者分析或许做得很周全，营销组合也许很巧妙，但就是赚不了钱。出现这一问题可能是成本太高，或是价格太低，也许要达到盈亏平衡点需要不现实的销售量。在这种不幸的情况下，就必须重新开始整个营销战略的循环过程，以找到一个获利的解决方法。要确定你是否制订了一个既能盈利又合理的方案，你必须研究以下几个问题：

> 成本是多少？
> 盈亏平衡点是多少？
> 投资回收期有多长？

成本是多少？是固定的还是变动的？

对于一个营销经理来说，有关成本的第一个问题应当是："我的成本中哪些是可变的？哪些是固定的？"听起来像是会计术语。其实，这就是个会计术语。

变动成本（variable cost）是随着所售出或生产的产品数量而变化的成本。材料和人工成本是变动成本。随着销售或生产数量的增加，材料和人工成本也增加了。**固定成本**（fixed cost）则是即使在没有销售的情况下也不随数量的变化而变化的成本。在产品数量上下浮动的同时，无论是租金还是一名主管的工资，在一个相对范围内是不变的。我的意思是说，如果销售增长了3倍，可能需要租赁一个新工厂，那么固定成本就上升了。促销费用，例如广告，也被认为是营销组合中的固定成本，因为如果产品彻底失败，广告的钱已经花掉了，这些钱被认为是**沉没成本**（sunk cost）——电视广告播出后，钱就在电视的海洋里漂走了。总成本是变动成本和固定成本之和。

总成本 = [单位变动成本（VC）×销售数量] +固定成本（FC）

这一等式也可以用图1.7表示。

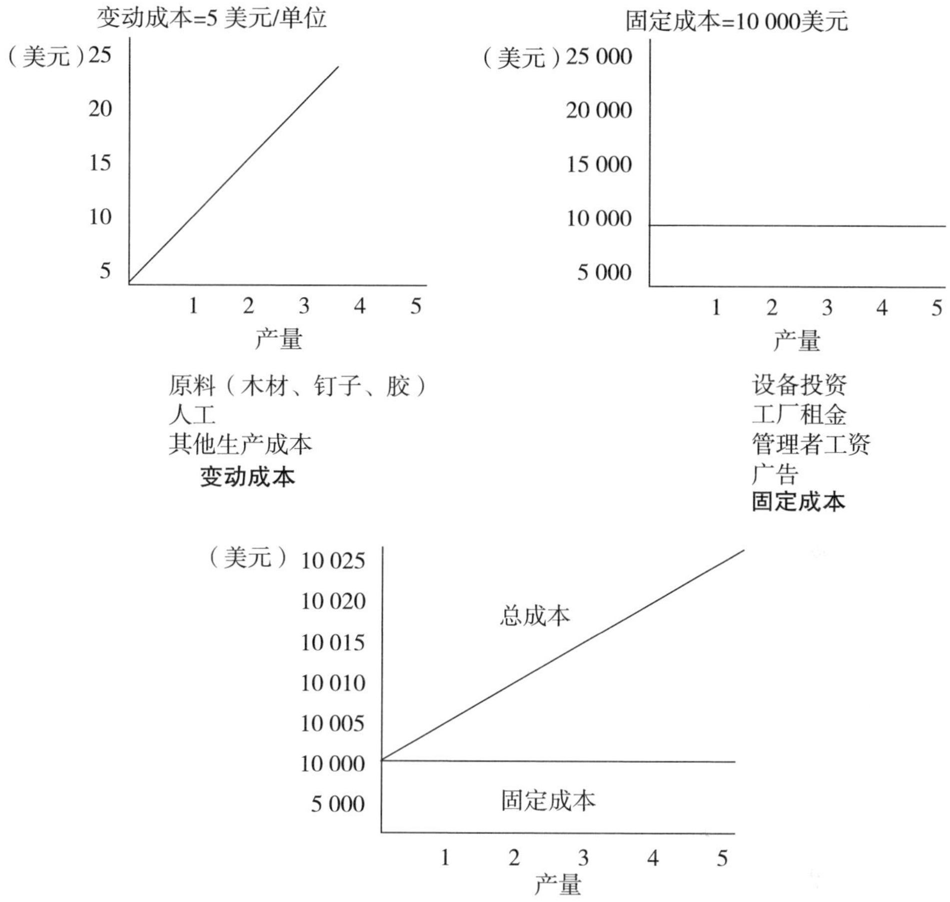

图 1.7　生产木制桌总成本 = 固定成本 + 变动成本

图 1.7 显示，不论生产桌子的数量多少，固定成本保持不变。实际生产出一定数量产品后，变动成本加上固定成本便得出总成本。

盈亏平衡点是多少？是否合理？

盈亏平衡点（break even）是指从产品销售中收回固定成本，但并没有产生利润的产品生产数量。促销和生产都很费钱，必须找到一个方法来收回这些投资。营销的整体意义就在于此，即回收成本，创造利润。

$$盈亏平衡点单位数量=\frac{固定成本}{单位边际贡献}$$

（单位边际贡献=售价-变动成本）

我用咖啡行业的数据，提供了一个实际例子。在所拟的墨西哥上等咖啡营销方案里，我确定的价格和成本为：

	成本	成本类型
零售价	6.00 美元/磅	
批发价	4.20 美元/磅	
咖啡豆成本	1.00 美元/磅	可变
烤制和加工成本	0.44 美元/磅	可变
包装成本	0.55 美元/磅	可变
运输成本	0.25 美元/磅	可变
销售奖励金等	50 000 美元	固定
生产设备租金	12 000 美元	固定
促销工作	150 000 美元	固定

相应的盈亏平衡点单位数量计算如下：

$$\frac{50\ 000\ 美元+12\ 000\ 美元+150\ 000\ 美元}{4.20\ 美元/磅-（1.00+0.44+0.55+0.25）美元/磅}$$

$$=108\ 163\ 磅\quad（盈亏平衡点数量）$$

而盈亏平衡点销售额为：

108 163 磅×6.00 美元/磅=648 978 美元（盈亏平衡点销售额）

该公式还可用于计算获取预期利润的目标数量。

$$目标数量=\frac{固定成本+利润}{单位边际贡献}$$

要达到 30 000 美元的利润回收目标，你只需把利润与固定成本相加作为分子。

$$\frac{212\ 000\ 美元 + 30\ 000\ 美元}{4.20\ 美元/磅 - 2.24\ 美元/磅} = 123\ 469\ 磅（目标销量）$$

$$123\ 469\ 磅 \times 6.00\ 美元/磅 = 740\ 814\ 美元（目标销售额）$$

以上分析中非常值得注意的是，已经花费了的产品开发或广告费用，即“沉没”成本，并没有包括在内。效益总是从现在的角度来进行分析的，没有必要做无益的后悔。你需要决定的是，是否能在所拟营销支出的基础上获利。例如，如果咖啡混合配方是一项价值数百万美元的研究产品，那么，它与我决定是否多花些钱推销它是不相关的。如果我把这数百万美元包括进去，结论毫无疑问是“否定的”。然而，既然已经花费了那么多的资金，营销方面再额外投资些现金也可能是合算的。

墨西哥咖啡营销计划的经济分析如图 1.8 所示。

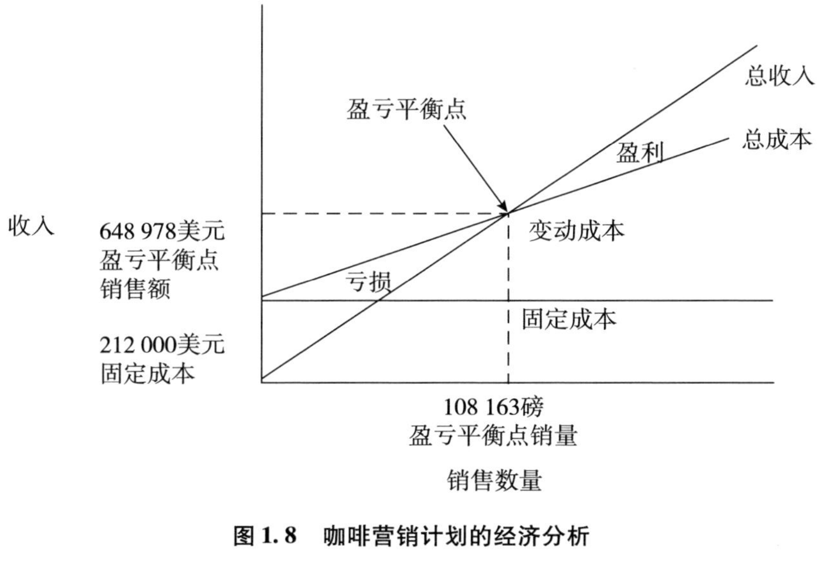

图 1.8　咖啡营销计划的经济分析

我的盈亏平衡点相对于我的相关市场是否合理？ 这是你下一步必须回答的问题。在咖啡这个例子里，本章前文说明通过超级市场渠道销售的上等及研磨式咖啡市场为24 800万美元，而648 978美元的平衡点零售额占该市场的0.26%。740 814美元的目标零售额，只是相关市场的0.3%的份额。以这个水平线，如果我相信150 000美元的促销费用以及给经销商50 000美元的奖励金，就足以产生740 814美元的销售额，那么计划看起来是合理的。设想一下——我只需要0.3%的市场份额，就能达到我的目标！

但是，即使目标份额较小，你也不应认为就能轻而易举地获得。杂货店货架的争夺有多激烈，你知道吗？如果我的咖啡上了货架，别人的咖啡就得下架。他们又会做何反应？一旦进入了超级市场，当一个竞争对手争夺我的货架面积时，公司是否还愿意继续给予我支持？而当时的情况是，公司尚不情愿对此做出长期的承诺。

投资回收期有多长？

当公司有多个选择时，常用投资回收期来评估营销项目。公司只想知道回收投资需要多长时间，利润问题暂且不论。计算投资回收期的公式是：

$$\text{投资回收期} = \frac{\text{期初投资}}{\text{年均利润}}$$

在所举的咖啡例子里，投资回收期计算结果为：

$$\frac{212\ 000\ \text{美元}}{30\ 000\ \text{美元}} = 7\ \text{年}$$

如果利润逐年不同，则没有适用的公式。盈亏平衡点就是收回初始投资的衡量标准。

对风险性高的行业而言，7 年的时间有些太长了。这可能意味着需要重新制订整个营销计划。遗憾的是，我重新做了一遍。

7. 回过头去，修正计划

消费者→市场→竞争对手→分销渠道→营销组合→经济评估→**修正**

在此失望阶段，我再次回顾了本章一开始列出的营销战略制定过程。在我所遇到的情况中，你必须删减，或者彻底放弃你的计划。当然，如果运气好，也许还可以弥补。你还必须问自己一些十分棘手的问题。在咖啡项目中，我为解决好以下问题绞尽了脑汁：

> 我是否应该选择另一个细分市场为目标？
> 邮购这个发行渠道是否是一种选择？
> 是否应当不做广告而依靠一种低价位的方法推动我的产品的销售？

这些问题显示，营销过程很难定义，很难执行。它可能让人茫然不知所措，因为并没有“标准”答案。消费者的反应难以预料。要制订一个站得住脚、内在一致且互为补充的计划，需要创造力、经验、技术和直觉。营销工作还要求特别注意数字计算。学完本章，你便具备了 MBA 们解决问题的概念结构和专用术语，以迎接营销工作中可能遭遇的种种挑战。你没花一分钱学费，也没坐在教室听课，更没为参加一个付费很高的高级讲座而焦虑不安。请算一下这份投资的盈亏平衡点吧！

下面，我列出了在学校时用来指导个案讨论和（开卷）测验的笔记。一个综合的营销战略必须涉及这些重要问题。

营销战略概要

1. 消费者分析

- 这是个可生产产品，还是可售出产品？
- 买主是谁？谁来使用？
- 购买程序是怎样的？
- 谁是“具有影响力”的人？
- 产品对消费者有多重要？
- 谁需要该产品？为什么？
- 对于最终用户的价值是什么？
- 这是计划购买还是即兴购买产品？
- 对我们产品的认同感是什么？
- 产品是否能满足他们的需求？

2. 市场分析

- 市场的性质是什么？市场大小、增长、细分市场、地理、产品生命周期？
- 竞争因素是什么？质量、价格、广告、研发、服务？
- 市场趋势是什么？

3. 竞争对手分析

- 你公司的强项是什么？弱项又是什么？
- 你在市场处于什么位置？市场大小、份额、声誉、历史业绩？

- 你的资源是什么？行业关系、销售队伍、现金、技术、专利、研发？
- 谁在获得或失去份额？
- 他们哪方面做得好？
- 把你的实力同竞争对手的做一个比较。
- 进入市场的壁垒是什么？
- 你的目的和战略是什么？
- 有无应急方案？
- 短期和长期计划及目标是什么？

4. 制定营销组合

- 目标是谁？
- **产品**——与其他产品相匹配？有别于他人产品的地方、生命周期、感知、包装、特点？
- **地点**——抵达细分市场的最佳方法、渠道成本计算、渠道制图分析？
- 独占性、选择性、加强性分销？是否适合于产品？
- 谁拥有权力？
- 如何激励销售渠道？
- **促销**——购买程序怎样？购买程序之目标的钱数是怎样设定的？
- 推式战略抑或拉式战略？
- 媒体——类型、方法、信息？
- 激励经销商。
- 向消费者促销——购物券、竞赛抽奖。
- **价格**——什么战略？剥离式？渗透式？
- 追求数量还是利润？
- 定价基础为感知价值，还是成本加价？
- 价格与市场、市场大小、产品生命周期、竞争的关系如何？

5. 经济评估

- 盈亏平衡点。
- 固定成本/（售价 - 变动成本），将固定的营销和促销成本考虑在内！
- 平衡点与相关市场的关系。
- 回收期为多长？不包括沉没成本！
- 目标是否合理？是否可以实现？

需要掌握的主要词语

制定市场营销战略的 7 个步骤：

1. 消费者分析（consumer analysis）
2. 市场分析（market analysis）
3. 竞争对手分析（competitive analysis）
4. 分销渠道分析（distribution channel analysis）
5. 制定营销组合（develop the marketing mix）
6. 经济评估（determine the economics）
7. 修正（revise）

需求类别（need categories）——产品或服务所有可能的用途。

购买程序（the buying process）——进行购买的各个阶段。

介绍产品的重要特点（product involvement）——对于消费者来说，产品的重要方面。

细分市场可变因素（segmentation variables）——为寻找获利的目标，市场进行人口划分的方法。

相关市场（relevant market）——与你的产品有关的市场占有率。

产品生命周期（product life cycle）——产品从生产到消亡或可能出现新的增长期的整个过程。

SWOT 分析（SWOT analysis）——优势、劣势、机遇和威胁的比较性分析。

感知图（perceptual mapping）——能够表明某产品和其竞争对手的多因素对比图。

渠道毛利计算方式（channel margin mathematics）——分销渠道的每一层都有一个售价毛利，它是由分销渠道的下一层支付的。

4P 营销组合（the marketing mix of the 4P's）——产品、地点、促销和价格。

分销战略（distribution strategies）——独占性市场、选择性市场和大众性市场。

渠道力量（channel power）——分销渠道中有权决定相互关系的一方。

广告效果衡量指数（advertising measures）——覆盖面、频率、毛额定点数、总额定点数、媒体占有率、购买冲动。

定价战略（pricing strategies）——成本加成、渗透式、价值定价、剥离式。

盈亏平衡点（break even）——需要收回营销计划固定成本的销售量。

第2天 商业道德

- 相对性
- 利益相关者分析

MBA 所学的大多数课程都是十几年一贯制，而商业道德课则是新增加的内容。起初它只是一门时髦的选修课，但现在已成了哈佛、沃顿和达顿等商学院 MBA 课程的必修课。随着 20 世纪 80 年代一些知情者内部交易案被先后定罪，各商学院开始重视这一问题，并于 20 世纪 90 年代赶时髦似的增设了商业道德课。进入新世纪，安然、世通、安达信相继破产，加之庞氏骗局、次贷欺诈、会计假账事件的相继曝光，使得商业道德又成为需首先关注的议题。

上这门课时，由于其内容比较吸引人，所以课堂讨论总是十分活跃。同学们对一些有争议问题的辩论更是让我兴奋。一些“政治头脑敏锐”的同学出言谨慎，在老师和同学面前总是一本正经地把这一问题抬得很高；那些怕事的同学干脆冷眼观望，一言不发，其他人则不管是否合乎“政治常理”，想什么就说什么。本人属于最后一种，但我必须承认，课堂讨论时我所采取的许多不受欢迎的立场，仅仅是为了活跃气氛。不管怎么说，有关职业道德方面的问题，一直是演讲、写文章和学术论文关注的题材。由于在这一问题上常常没有什么明确的答案，所以我认为今后一段时间里仍会是学术界的热门话题。

"大家讨论的话题已经转到基本商业道德上来，我必须承认自己知之不多。"

MBA课程中包括这门课的目的，并不是要让学生们都成为公司的模范职员，而是旨在让学生们认识到商业决策中涉及商业道德这一方面。通过个案分析和角色模拟，学生们事先体验到了毕业后工作中可能面临的这方面的问题。

著名商学院培养未来工商企业领导者们具备能够处理各种挑战的能力。所有你能想到的"热门"话题，我们都在课堂上讨论过。诸如：

- 环保问题——污染、有毒垃圾处理、动物保护
- 公司重组——裁员
- 职员隐私——艾滋病、吸毒
- "多元化"问题——种族、民族、性别歧视
- 性骚扰问题
- 跨国公司的经营问题（MNC）——贿赂
- 其他——反托拉斯法、掠夺性不公平竞争、知情者内部交易等

企业的社会责任

提到商业道德，我们必须首先假设企业在做出商业决策时是以对社会负责的态度为前提的，也就是通常所说的具有**社会责任感**（social responsibility）。赞同这一观点的人士认为，公司应尽的社会义务远比最大限度地赚取利润重要得多。商学院也都鼓励学生们遵循这一“合乎政治常理”的哲学。大多数人认为，由于公司具有很强的实力，它们也都有义务担负起社会责任。公司也应在对所有**利益相关者**（stakeholder），包括公司的客户、供应商、雇员、所在社区以及股东，有利的情况下运作。公司领导层要对所有利益相关者负责。

与大多数人赞同的“合乎政治常理”哲学形成对立面的，是芝加哥大学米尔顿·弗里德曼（Milton Friedman）倡导的另一学派。他认为，企业的唯一任务就是赚取利润，“只要是在法律允许的范围内，企业就应在经营中谨慎地使用有限的组织资源，为股东带来最大的价值”。弗里德曼认为，究竟什么样的法律适用，这要由国家决定。营利性企业通过增加就业、提高雇员和股东的生活水平服务于社会。公司缴纳的税金，也是维持政府正常运作的资金来源。尽管在经济学理论学习中弗里德曼以捍卫资本主义制度而著称，但我所在的商学院在讲到职业道德一课时却并不赞同他的观点。

学校讲授此课程时，主要的内容集中在两个方面：**相对性**（relativism）和**利益相关者分析**（stakeholder analysis）。相对性研究的是，为什么我们在做决策时通常忽略了道德方面的问题；而利益相关者分析则提供了在面临道德方面的问题时应如何处理。

相对性

相对性的支持者们认为，我们无法将所有事务简单地判定为非对即错、非恶即善，世界上的很多事并非都是黑白分明，还有许多中间灰色地带。坚持相对性理论的人认为，评判职业道德的标准因个人、社会和文化环境的不同而有相对性。相对性论者即使遇到了某种窘境，也不认为痛心疾首就能找到真正的答案。教授们讲授相对性的目的，是让学生在今后遇到这些问题时心理上能有所准备。了解相对性，你需要认清它的 4 种基本形式，即：

> 幼稚相对性
> 角色相对性
> 社会相对性
> 文化相对性

幼稚相对性（naive relativism）认为，任何人都有自己取舍事务的标准。没有人可以对他人的行为做道义上的评判。对个人行为有影响的可变因素很多，局外人是不可能了解当事人做决定时所考虑的有关因素的。因此，当雅培公司（Similac）的高层管理人员得知雀巢公司可能正在向发展中国家推销有害婴儿健康的食品时，他并没有资格对雀巢公司的总经理进行道义上的评判。

角色相对性（role relativism），将个人的自我角色和在公众中的角色区分开来。公众中的角色要求具有特殊的"道德观"，这与个人从自身角度做决定时有所不同。例如，某渔业公司的老板个人并不希望看到该公司的渔网意外捕杀海豚，但是为了公司的利益，他身为总裁就不应让个人情感影响公司的整体利益。

社会相对性（social relativism）和幼稚相对性类似，人们通常以社会标准来做道德上的评判。“行业通常做法”、“俱乐部规则”、“职业行为规范”以及“约定俗成的做法”，是社会相对性论者的常用托词。在制造业，正是“行业通常做法”使童工法形同虚设，工厂照样雇用童工，孩子们失去了上学的机会。

文化相对性（cultural relativism）认为，世上不存在通用的道德准则，不能用本国的道德水准作为评判别国道德的依据。如果一个民族有自己特殊的信仰，局外人又怎能指手画脚妄加评判呢？还记得“入乡随俗”这一说法吧。随着全球国际化商业竞争的加剧，文化相对性概念变得越来越重要了。跨国公司遵循当地的风俗习惯和法规，而这样做在国内可能就触犯了本国的道德标准。关于种族隔离问题的讨论，是围绕着文化相对性展开的。跨国公司依据文化相对性理论，为自身雇用苦力参与南非金矿、钻石矿开发寻找借口。

有时，美国政府要求美国公司和公民不要沿用所在国商业上的通常做法。有些国家的公司为了得到商业上的利益和政府的特殊关照，普遍采用行贿的办法。美国颁布的《1977 年反海外腐败法》（the Foreign Corrupt Practices Act of 1977）明确禁止这种做法。

相对性概念，有助于 MBA 们认识并正确处理伦理和道德方面存在的一些熟视无睹的现象。这些内容为你提供了超出现有常规思路和行为模式的框架，其主要概念也是 MBA 们聚会时谈论的主要话题。

其他道德概念

在处理有关道德方面的问题时，相对性并不是理论上唯一适用的处理方式。其他的概念还有**自然法**（natural law）、**功利主义**（utilitarianism）和**普遍性**（universalism）。信奉自然法的人们认为，指导人们采取正确行为的标准，在我们周围的自然环境中和《圣经》中都有反映。功利主义者认为，只要一种行为能给大多数人带来最大利益，那它就是合理的。普遍性理论支持者提出，由于问题发展的结果往往无法受个人的控制，所以只要做决定时出于良好的动机，那么任何行为都是可以原谅的。

利益相关者分析

虽然解决道德方面的问题时并无万应灵丹，但掌握这方面的概念框架将有助于理清你的思路。利益相关者分析的方法，为你提供了权衡各种因素、做出决策的工具。

首先列出所有会受影响的各方名单，然后分析将要采取的某一项具体行动对各方所产生的利弊影响，下一步是研究被影响各方的**权利**和**义务**。例如，雇员有要求获得合理工资和安全工作条件的权利，同时也应有为公司创造效益的义务。在一些典型的利益相关者分析中，受影响各方通常包括：

- 决策者
- 执行官员、董事会
- 客户——及其所在行业
- 股东、债券持有人
- 供应商——及其行业
- 雇员——及其家庭
- 政府——联邦政府、州政府、地方政府及其机构
- 特殊利益群——工业、商业、环保、政治团体、工会组织
- 受影响的社区
- 环保——植物、动物、自然资源
- 下一代（MBA 们的热门话题）
- 竞争对手
- 律师和法庭

当然还能列出更多的内容。在分析阶段，将清单内容压缩，只研究受影

响最大的几个主要对象，然后做不同情况下的具体分析，并最终做出决定。下面列出这一分析方法的先后顺序：

1. 列出主要研究对象。
2. 确定对每一方的利弊影响。
3. 确定各自的权利和义务。
4. 考虑各自的相对权利。
5. 考虑你将做出的各种决定和方案的短期和长远后果。
6. 制定突发事件情况下的对策。
7. 做出判断。

如果你想按上面列出的每一条研究一个具体问题，那你只要找一本最近出版的《时代》（*Time*）或上网查一下谷歌新闻，从中选一个与道德方面有关的话题即可。准备一张纸，在纸上列出主要研究对象，分别列出其利弊、权利与义务。现在，你就有了 MBA 们分析当今道德问题的概念框架了。

例如，你可能选择了关于减少林木采伐以保护猫头鹰栖息环境的争论话题。用利益相关者分析方法研究这一问题的模式（见表 2.1）。

你也许并不赞同我分析这一问题所采用的结构方式，但就“道德”而言，其实并无“正确”的标准模式。人们可以从不同的角度探讨这一问题，并找到还需要列出的其他利益相关者。在此例中，至少木材公司的决策层在砍伐猫头鹰栖息的林木前，应该考虑利益相关者的反应。有了这种利益相关者的分析方法，MBA 们就能分析类似威胁猫头鹰栖息环境的道德问题，以做出明智的、考虑周全的决策。

公司通常在对外公布的企业社会责任报告中披露自身涉及的利益相关者分析。

表 2.1　研究猫头鹰问题的利益相关者

	利弊	权利与义务
木材公司	• 成本高 • 利润降低 • 私有林地价值增高	• 在合法范围内为公司股东创造最大价值
伐木工人	• 工作量减少，自由时间增加	• 合理开发自然资源 • 维持生计
伐木社区	• 工资水平低，当地经济受影响 • 商业衰落	• 合理开发自然资源
猫头鹰和树木	• 生存	• 生活
消费者	• 成本加大 • 休闲社区面积增加	• 从公有林地获益
政客	• 竞选之新内容	• 公众利益 • 选民欲望
环保组织	• 权利 • 媒介报道	• 言论自由
美国环境保护局	• 权力及影响力	• 保护环境 • 行业规范化

2002 年《萨班斯-奥克斯利法案》

由于政府监管和私人企业自我约束的力度不够，受 20 世纪 90 年代末期和 21 世纪初美国公司丑闻层出不穷的影响，美国国会被迫就公司道德风险问题立法。耻辱榜中包括泰科、施乐、奎斯特、Sunbeam、世通、Adelphia、安然、Global Crossing、Health-South、ImClone 和瑞士信贷第一波士顿、安达信等公司。牵涉流氓交易员的国际性丑闻更给公司造成数以亿计的巨额亏损，耻辱榜上有名的包括巴林银行的尼克·里森（12 亿美元损失）、住友的中泰男（18 亿美元损失）、爱尔兰联合银行的拉斯纳克（7.5 亿美元损失）。

虽然大家心知肚明公司雇员、会计师、律师一旦采取故意欺诈行为，再多的立法也防不胜防，但是国会认为，新的立法起码能让从事这种不轨行为的人感觉下手更难，能起到威慑作用。2005 年生效的《萨班斯-奥克斯利法案》和相关的对代理人约束的新规定主要包括四大方面：

财务会计准则

- 审计委员会必须完全由独立的董事担任，并且至少有一人是金融专家。
- 总经理和财务总监必须书面签字，认同公司的财务报表真实客观地反映了公司的财务状况和经营结果。
- 美国证监会有权成立新的公众公司会计监管委员会，取代行业自有约束不力的机制。

内部控制

- 公司总经理和财务总监必须亲自负责并确认公司财务报告内部管控机制。
- 外部审计师必须证实、报告公司管理层评估自身财务监控制度的意见之真实性。
- 404 条款要求安排对大型公司进行年度审计。

公司高管道德行为准则

- 公众公司的最高管理层和财务总监必须遵循道德行为规范准则。
- 公众公司不能给高管和董事发放贷款。
- 如果公司财务报告出现严重不符会计要求的情况，需要重新编制澄清问题时，公司总经理和财务总监必须返还全部的薪酬和奖励。

- 严禁公司官员和其他内部人士在退休金禁售期内，交易自身公司股票。
- 对披露公司不法行为的人提供进一步免于处罚的保护措施。

关联方道德行为准则

- 对律师提出新的职业责任要求。
- 对金融分析师提出避免利益冲突约束。

除了这些准则外，在纽约证券交易所和纳斯达克上市的公众公司，还需要遵循更多有关上市的要求规范，弥补《萨班斯-奥克斯利法案》没有强调的公司监管标准的问题。

《萨班斯-奥克斯利法案》对公司建立内部控制体系防范欺诈和贪污的要求相当复杂。负责反虚假财务报告的特雷德韦（Treadway）委员会（即 COSO 委员会），就公司的内部控制，准备了一份详尽的研究报告，称为《内部控制整体框架》。证监会认同该报告，认为可以作为公司管理者、审计师、专业顾问遵循《萨班斯-奥克斯利法案》要求的参照蓝本。

斯科特·格林（Scott Green）编写的《萨班斯法案内部控制指南》非常实用，很好地介绍了建立公司内部控制制度的实用指导。该书将几卷厚的 COSO 规章制度，浓缩成相关业务负责人可以实际操作的建立有效监控措施的行动方案。

1. 确定公司内部和外部的潜在威胁。
2. 确定公司内部现有的监控流程。
3. 利用监控效果评估工具，确定薄弱环节。
4. 建立内部控制机制弥补缺陷，加强有力监控。
5. 通过早期预警系统和管理数据，监督并测试控制体系的效果。

令人啼笑皆非的是，好像执行《萨班斯-奥克斯利法案》的效果并不理想，丑闻随之又出现了，例如2003年的共同基金丑闻（Putnam、Invesco和Janus）、2004年的保险业保费操纵案（Marsh & McLennan）、2004年房利美（Fannie Mae）会计报表造假。更有甚者，耶鲁大学公司监管国际学院的负责人也在2005年的一场报销丑闻中败露被抓。MBA需要意识到所处工作环境中的道德问题，思考自己应起到的作用。2008年发生的次贷崩盘，堪称由于债券评级机构、房贷代理人、银行家、投资者、房屋拥有着均缺乏商业道德造成严重后果的最典型案例。针对这一问题，2010年国会批准通过《多德-弗兰克华尔街改革和消费者保护法》（Dodd-Frank Wall Street Reform and Consumer Protection Act）。

需要掌握的主要词语

商业社会责任感（social responsibility of business）——企业应尽的社会义务远比为其所有者获取最大利润要多。

相对性及其4种形式（relativism and its four forms）——避免产生有关道德方面决策的原则。

利益相关者分析（stakeholder analysis）——对受商业决策影响的人进行分析的理论框架。

2002年《萨班斯-奥克斯利法案》（Sarbanes-Oxley Act of 2002）——为规范美国公司道德管理方面的行为而制定的联邦法律。

第3天 会 计

- 会计原则
- 会计概念
- 财务报表
- 比率分析
- 管理会计

会计是商业的通用语言。公司需要把整个公司的经营结果公诸社会。对公司经营情况感兴趣的人包括，公司的雇员、投资者、债权人、客户、供应商和公司所在社区的各界人士。在公司内部，会计方面的有关信息能为你提供控制、评估和安排生产的方法。无论会计的听众或观众是谁，也无论它起着什么作用，实际上会计就是数字。会计师们“数豆子”，把公司经营业务的情况记录下来，综合在一起，并对之进行分析。教授们也总忘不了提醒你，会计师的存在由来已久。

以前，会计师负责掌管大家在地窖里存放着的粮食。所罗门国王怎么会知道，干旱时粮食只够再用30天的呢？那是会计师告诉他的。随着时代的进步，会计师们也从最初的靠掰手指头、用算盘计数，发展到今天用计算机统计数据。会计研究的问题现在已不再是亲自数一数存放的粮食有多少了，它是一门研究和回答下述商业活动的基本问题的学科：

> 公司拥有多少资产？

"腓尼基人是最早当会计的。"

> 公司欠别人多少债务？

> 公司的经营状况如何？

> 公司如何筹措资金维持经营？

公司所有的活动最终都要以金钱来衡量。这也是为什么不管喜欢与否，你都需要会计。虽然这一领域显得乏味，但为了在商界站稳脚跟，你最好还是具备些实用的会计知识。知识就是力量，而身为 MBA，当然更应了解会计原理及其作用。更为重要的是，在决策过程中应能搜集、利用适用的会计信息。具备一些会计方面知识的律师，能够读懂财务报表，并从中找到有用的材料，这对问题的解决能起到很大的帮助。由于雇员的工作业绩也都是以会计数据来统计衡量的，所以具备会计知识是非常必要的。

当然，MBA 们学习会计的目的并非一定要成为通晓复杂会计原则的专家。所以，我这里只向你介绍最基本的概念，而不是把你培养成注册会计师（CPA）。鉴于商业活动的每一环节，包括筹融资、经营、销售，均需要使用会计师们提供的数据，因此仔细地阅读本章并掌握基本概念是非常重要的。

美国公认会计原则

会计中有数不清的原则，别试图将所有的原则都记住，但你应当对这些原则非常熟悉，以便和 CPA 们沟通。所谓会计原则，是指为使公司的财务报告之间具有公平的可比性而确定的标准。会计中的最重要原则是美国公认会计原则（Generally Accepted Accounting Principles，简称 GAAP）。这一会计原则是经过很长的一段时间才形成的，同法律上案例法形成的意义很类似。

随着商业活动新领域的不断出现，财务会计准则委员会（Financial Accounting Standards Board，简称 FASB）增补了新的原则。该委员会迄今已制定了一百多条原则。在谈到某一原则时，会计师们往往用数字代替。

在相继颁布补充新条例十多年后，财务会计准则委员会终于在 2009 年新推出了会计标准（ASC）汇编。虽然新汇编并未对会计原则做改动，但对会计分类进行了调整，以方便大家查询。目前 ASC 是美国公认会计原则的唯一参照标准。会计师们在查询相关内容时，依然沿用着 FASB 的数字代码。

对跨国公司而言，会计更是开展业务时需要关注的问题。国际会计准则理事会（IASB）也制定了一套相关的指导标准，即国际财务报告准则（IFRS）。

会计师们认为，这一标准的制定，突出了原则性，但对细节强调得不够，在实际使用中，给公司留出了“自己解读”的余地。相比较而言，美国采用的 GAAP 是基于“条例”原则，公司必须严格遵守。

2002 年，FASB 和 IASB 同意研究两个系统如何统一的问题，但到今天，仍未能就细则和施行日期达成一致。

会计的基本概念

为了弄懂会计，在涉及数据计算之前，你需要熟悉以下几个重要的基本概念。应该知道，会计原则并不能告诉你问题的全部。下面介绍的7个概念和名词虽不是法律条文，却是指导所有会计原则和会计报告的适用规定：

> 实体（the entity）
> 收付实现制和权责发生制（cash and accrual accounting）
> 客观性（objectivity）
> 稳健原则（conservatism）
> 持续经营（going concern）
> 一致性（consistency）
> 重要性（materiality）

实体

某一特定实体的经营活动，是通过会计报表反映出来的。会计师们在报表中采用的衡量标准和尺度必须清楚。出具报表的实体，可以是一家杂货店、一个生产厂家、一家公司或一个跨国性集团。例如，达登餐饮公司（Darden）是一个公司实体，红龙虾（Red Lobster）和橄榄花园（Olive Garden）连锁店则是其下属公司实体。

收付实现制和权责发生制

怎样“数豆子”是非常重要的。采用**收付实现制**，亦称**现金收付制**

（cash basis）会计原则，业务往来只在现金易手时才被记录下来。从公司的记账簿上，可以查寻到需要了解的小企业的全部会计信息。某家商店于2014年付了两年的租金，此时就把支付的全部租金费用记为2014年发生的成本，而不是将之分摊在两年。当一家小型机械加工点购买电动工具时，其成本也就随买随记，而不再考虑工具的使用年限。明白了吗？收付实现制会计原则能十分明确地告诉你现金何时易手、交易量是多少，但是，它并未把销售额同相应的经营成本挂钩。

许多具备一定规模的公司都采用**权责发生制**（accrual）会计方法记账。权责发生制是把由于发生业务造成的财务状况的变化记录下来，而并不考虑现金是否发生了变动。目标公司（Tareget）由于租用了场地，租金费用是每月都记录在案的；波音公司工人在工厂使用的铆钉枪的成本，是以其使用年限记在公司账上的，因为波音公司在采购上花费的款项巨大，所以用现金收付制就会歪曲财务报表的内容。由于通常情况下发生的业务与现金的流动并不是同时进行的，所以就引出了与权责发生制有关的两个问题：**分摊**（allocation）和**配比**（matching）。

会计期间内的分摊

由于利润表所反映的是某一段时间内的经营情况，所以如何确认某项业务是否发生在这一时间段内，就显得非常重要。假设IBM公司于2014年12月31日赊账卖给福特汽车公司一大型计算机，根据权责发生制，由于公司已签署了具有约束力的合同，所以公司就把销售收入记录在2014年的账上，而不是非得等到福特汽车公司2015年支付现金之后才入账。公司在销售发生的那一时点就可记账，这是因为此时福特汽车公司已承担了法律责任，必须接收计算机。IBM公司的财务部门在这时也将销售收入、发生的相应成本和实现的利润统计入账，而另一方的福特汽车公司则会根据此计算机的使用年限分摊这笔费用。

配比

和分摊费用的逻辑一样，在同一会计期间某一时间内发生的销售收入，要和已发生的相应的**销货成本**（Cost Of Goods Sold，简称 COGS）相匹配。通过这种方式，就能计算出公司实际的盈利有多少。例如，西夫韦公司虽然于 2014 年 12 月 31 日就售出了鲜水果，但直到 2015 年才付款给供应商。根据权责发生制，应将 2014 年的销售收入和 2014 年的成本相配比。2014 年西夫韦有销售收入，同时也就有了销售成本。同年内销售收入对应相应的销售成本，如果没有完善的分摊和配比会计制度，会计师们就会随意决定是否统计销售收入和相应的成本，轻而易举地操纵财务报告内容，以达到掩盖真相或拖延坏结果不报的目的。

交易的定义和客观性

会计簿记只要求记录已完成的或确有可"量化"其价值的业务往来。有些虽被认为会绝对发生但尚未完成的销售，绝不能入账。例如，凯斯公司（CaseIH）一位非常可靠的人向你发誓，说他那位名叫约翰的农民朋友肯定会买一台联合收割机，这时会计师仍持否定态度，因为从会计角度上看，这笔业务尚未发生：凯斯公司尚未交货，农民也未签什么有法律效力的合同文件。

在对一些问题持怀疑态度时，会计师要恪守**客观原则**。一笔交易必须要有足够的可以查证的证据说明，否则就不应记录在案。

例如，竞选公务员职位形成的信誉就不能计在账上。试问，这种价值该计为多少？阿彻·丹尼尔斯·米德兰公司（Archer Daniels Midland，简称 ADM）经常利用电视宣传告诫消费者，和世界其他地区相比，美国食品是如何如何便宜。尽管这些宣传令美国大众和国会议员们感激不尽，但会计师们又能怎样客观公正地用金钱来衡量这一"美意"的价值呢？另外，对专利和发明价值的评估也很困难。如果杜邦公司从发明者手中以 100 万美元购买了一项新化工产品的专利权，会计上就记下其 100 万美元的价值。这一专利具有量化了的市场价值。但是，如果杜邦公司的一位科学家只是在实验室里研究出了一种新工艺，那么在公司未将新工艺卖出去之前，会计师是不能把它记入账的。只有在有了明确的合同或在公司收到了已被银行认可的支票时，才能记入账。

2002 年垮台的世通公司，账面上把网络资产高估了 33 亿美元。会计师们做假账，将用户打长途当地接入的列为正常成本的费用划入网络资产。

会计制度上的稳健原则和历史成本原则

当公司有可能发生亏损，亏损额也大体上能被合理地估计出来时，即使亏损并未实现，会计师们也应将之记入账中。而在估计到公司会有收益时，会计师们只在收益实现时才记录入账。例如，国际纸制品公司（International Paper Company）的管理层 2012 年预计，如果公司在 2014 年将其在曼哈顿的总部房产卖出，可能会有一笔很大的利润。但公司在 2014 年以前就不能将这一预计的利润入账，因为届时公司总部能否迁址还是个未知数，公司管理层也许会改变主意，也许房地产市场会下滑。为了便于说明问题，我们假设在 2012 年国际纸制品公司计划于 2014 年清除埋藏于楼下的有害废物。这样，管理层就得聘请顾问，估计出清理费用是多少，并将这一成本计入公司 2012 年发生的费用中。只有这样，读公司财务报表的人才能意识到笼罩着该公司的这笔费用将于 2014 年发生。同样，许多公司忙于招架应诉的石棉案，也需要每年审定这一或有债务。会计上要求公司在编制财务报表时必须遵循**稳健**（conservatism）的原则。凡遇到概念含混不清时，就该保守一些。会计单据只包括那些可测量的有据可查的不动产、负债、销售和成本等。

稳健原则要求按业务发生时的原始数据记录其**历史成本**（historical cost）。国际纸制品公司在纽约总部的地价在20世纪80年代房地产业繁荣时候升值，然而，这种地价升值上的收益是不能记入账目中的，即使这块地是公司于17世纪只花几个没什么价值的小珠子从印第安人手中买下的，财务上其账面价值仍以当时购买该块土地所用小珠子的价值。会计师担心的则是，在出售该建筑物时，房产的价值也可能会贬值。

如果资产的现值低于记录的成本，那就是另外一回事了。稳健原则要求现在即把发生的亏损记录在案。否则，会误导阅读公司财务报表的读者。

库存货物的价值是按原始成本统计记录的。即使价格发生变化，库存货物的客观价值仍是公司以前购买时支付的费用。公司必须有能证明其成本真实性的有据可查的购货单据。例如，史泰博（Staples）办公用品公司账上显示曾购买过国际纸制品公司生产的办公用纸，其价值就是购买时的成本。如果新近购买同类型办公用纸的成本增加了，史泰博公司现有库存的价值仍按原来购买时的成本计算。

持续经营

财务报表把企业形容成**经营性**（operating）实体。会计记录中各科目项下确定的价值是以**持续经营**（going concern）中的企业为前提的。会计师假定公司在可预见的将来仍能持续经营，所以，财务报表中的价值不是“抛售”时的那种价格。他们用的是你已经知道的原始成本，例如，购买轧钢设备的成本非常昂贵，对一家正在生产的美国钢厂来说，具有很高的价值。而该设备在公司破产拍卖时，几乎值不了几个钱。对局外人来说，工业上的旧设备的价值有限。相应地，公司记录成本时是以公司使用的设备能正常生产为前提的。

一致性

对阅读财务报表的人来说，**一致性**（consistency）概念是非常重要的。会计原则要求某一实体年复一年地采用同一种会计制度。只有这样，分析人员才能将公司现在的数据和以往做比较。一致性原则，以及前面已提到的其他一些原则，都是为了尽量减少发生喜好投机的商人将坏的经营结果藏而不报的情况。

一致性原则要求公司年复一年地以同一种方法评估公司的库存。使用的主要方法有**先进先出法**（First In First Out，简称 FIFO）和**后进先出法**（Last In First Out，简称 LIFO）。采用 FIFO 方法，最早采购产品的费用先被记作成本，而用最新购买产品的成本记其库存价值；用 LIFO 方法，最后采购产品的费用先被记作成本，以前的购货成本则用来记其库存统计。会计方法独立于库存的实际变动。上面介绍的，只是会计方法而已。你也许会想，如果连你都能随心所欲地改变会计方法，那么诡计多端的会计师也就会年复一年地操纵财务报表了。所以，一致性原则要求公司一直使用同一种会计制度。

让我们进一步举例说明 FIFO 和 LIFO 这两种方法。假设有一位从事钱币交易的店主，手里有两枚一模一样的金币。一枚是他于 1965 年花 50 美元购买的，另一枚是他于 2014 年花 500 美元购买的。一位收集钱币的人以 1 000 美元买走了一枚。如果用 FIFO 法，店主记下销售收入 1 000 美元，成本 50 美元，会计账上有 950 美元的盈利，在账上反映的余下库存是过去的成本 500 美元。也就是说，最早购买钱币的成本最先被作为产品的销售成本来入账。用 LIFO 法，店主就会将销售成本按 500 美元计算，这样利润就只有 500 美元了，库存记录显示余下钱币的成本价值是 50 美元。最新发生的成本在计算中最先使用。至于被卖出的是哪一年的钱币，这并不重要。重要的是，虽然这只是一种会计方法，但选用的方法不同，对计算公司盈利和库存的价值会有很大程度的影响。

公司如果必须改变其原用的会计方法，而且有充足的理由，就必须在财务报表中最后的**注释**（footnote）中说明原因，解释到底发生了什么变化，这些变化如何影响了该年度的盈利和资产的价值。你可以跑，但骗不过会计师。

重要性

你可能会认为经会计师们认真准备后做出的报表应该是非常准确的，但财务报表中的数据并不是完全精确的。事实上。财务报表只是在**重要性**（materially）上基本正确，读者能够大致合理地了解到当时公司的情况。财务报表能基本准确地介绍公司的大致情况，这样，人们就可以在它的基础上做出相应的决策。对一个生产汽水的小厂来说，财务报表中几百元的差错很可能会完全改变报表的准确性，但十几元的错误可能并不会造成大的影响。相对而言，像可口可乐这类跨国大公司，其报表中几百万美元的错误并不会对人们的决策产生严重影响。

我想现在你已对会计师怎样分析企业，为什么大多数情况下都和普通人一样保守地分析企业，有了真正的认识。在本书的较早一版中，我选用了一张过去在 Arthur Andersen 会计师事务所当审计师时，挂在办公室公告栏中取笑会计师守旧的漫画。我离开该事务所后，该公司也走偏了，后因涉及安然事件财务欺诈而破产。现在只剩下“四大”会计师事务所了：普华永道、毕马威、德勤和安永。我新选了下面这张反映会计师事务所兼并后格局的漫画。

“先生，会计界又出新闻了。这次 2 +2 又改回 4 家会计公司了。”

财务报表

培训 MBA 的目的，不是让他们往计算机里亲自输入数据，而是让他们掌握如何解释会计师们准备的资料信息。财务报表是一段时间内记录下来的所有业务往来数据的汇总。会计的最终职能是准备出财务报表，并为有兴趣了解公司经营情况的人提供一份整洁的总结报告。要想了解一家公司的经营情况，你必须能够读懂 3 个主要的财务报表：

> 资产负债表（balance sheet）

> 利润表（income statement）

> 现金流量表（statement of cash flows）

资产负债表

基本概念

首先，你需要了解资产负债表中的基本用语。资产负债表中包括公司所有的**资产**（asset）、公司的**负债**（liability）和所有者权益。资产负债表显示了某一特定日期上述内容之间的平衡关系，也是公司在某一特定时点所拥有资产的总结。资产负债表是所有会计记录的基础，你必须熟记。下面列出的是其构成。

资产是指公司拥有的能对公司将来业务发展起作用的资源。

- 现金（cash）
- 库存（inventory）
- 应收账款（accounts receivable）
- 设备（equipment）
- 厂房（buildings）

负债是需要偿还的借款、负债和为他人提供产品和服务的明确的资金责任。

- 银行债务（bank debt）
- 应付账款（accounts payable）
- 客户购买产品预付款和服务垫付款（prepaid accounts or advances from customers to deliver goods and services）
- 应交税金（taxes owed）
- 应付工资（wages owed to employees）

所有者权益（owners' equity）是所有者投资在公司中的累计资金金额。所有者投资的形式可以是现金、其他财产或公司收益部分的再投资。

- 普通股（common stock）——由所有者投资
- 追加股本金（additional paid-in capital）——由所有者投资
- 留存收益（retained earnings）——所有者收益的再投资

会计恒等式

资产负债表是一张“平衡”表。会计平衡中贯穿始终的恒等式是：

资产（A）＝负债（L）＋所有者权益（OE）

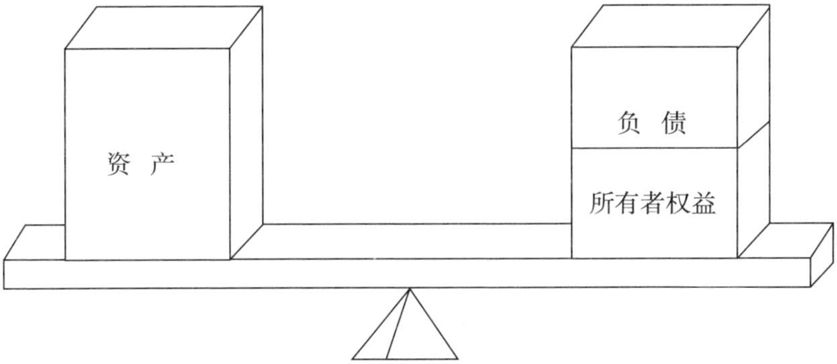

图3.1 “平衡”法则图

换言之，你所拥有的（资产）等于你借来的（负债）和你已投入的权益）的总和。这一等式解释着公司一段时间内财务方面发生的所有变化。切记！

“平衡”法则举例

现以当地一家新建的超级市场鲍勃杂货店为例，具体介绍“平衡”法则是如何起作用的3个例子：

1. 为准备开业，鲍勃买了一台收银机。图3.1的天秤中左边的资产增加，同时右边需偿还的银行借款（即负债）也就相应地增加。这时增加的资产也因负债的增加平衡了。

2. 为使杂货店开业，鲍勃将自己的一部分资金加上他父亲的资金投到项目中来，这时天秤中右边的所有者权益增加，左边的现金（即资产）也相应增加，使两边平衡。

3. 杂货店经营成功后，希望能够还清公司购买收银机所用的银行贷款（右边的负债减少），天秤左边的现金（即资产）也就会减少，使得两边平衡。

请记住，所有的业务往来，都遵循这一平衡概念。绝对不会存在资产负债表中只在一边发生变化，而另一边无对应的与之平账的业务。在资产等于负债和所有者权益之和（A = L + OE）时，人们就称之为会计记录是平衡的。如果不平衡，那会计师准是把账搞错了。

会计程序：复式记账

你可能已听说过，会计师们通过**日记账**（journal entries）记录下公司每一笔业务交易。会计师把记账用的簿记称为**总分类账**（general ledger）。用会计科目表（chart of accounts）列出各种科目下的详细内容。用**会计恒等式**（fundamental equation）中的同一种平衡的概念，将资产增加记在左边，称作**借**（debit）；将负债和所有者权益的增加记在右边，称作**贷**（credit）。无论是哪一种情况，日记账都要有两组数据：有“借”必有“贷”。当发生的业务往来属于资产减少时，记在右边的“贷”项下，负债和所有者权益的减少记在左边“借”项下。由于这种右边/左边的记账方法，手工记账操作时每一笔业务记录的格式像“T”形状，因而这类账也叫作“T”字形账，见图 3. 2。

具体解释一下。假设年初鲍勃和他父亲将项目中最初的 15 000 美元投资换成了发行给自己的 1 000 股股票。用日记账记录这笔业务的具体过程如表 3. 1 所示。

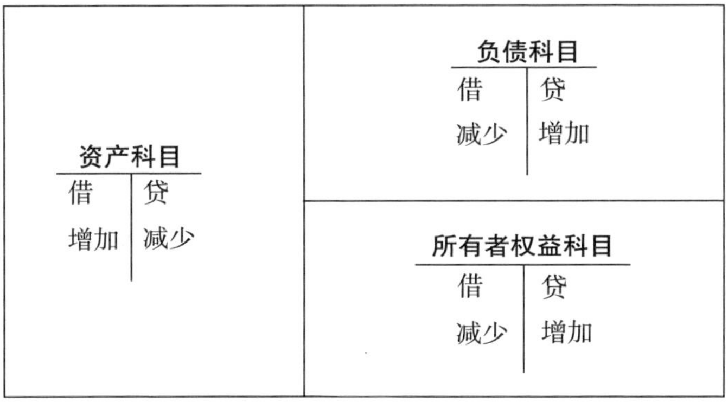

图 3.2　会计记账原则

表 3.1　资产负债表日记账#1

科目名称	（类型）	借	贷	效果
现金	（资产）	15 000		增加
普通股	（所有者权益）		15 000	增加

同样，偿还债务的日记账如表 3.2 所示。

表 3.2　资产负债表日记账#2

科目名称	（类型）	借	贷	效果
银行债务	（负债）	15 000		减少
现金	（资产）		15 000	减少

由于记录的每一笔业务都是平衡的，所以到期末，总结每一笔“科目”及其期末净值的整个资产负债表也是平衡的（A = L + OE）。

资产负债表举例

让我们仍以杂货店举例，看一看该公司第一年经营的结果如何。

鲍勃杂货店的资产负债表形式，具有零售业和制造业的普遍代表性，见表3.3。有3个问题需要引起读者注意：第一，总资产等于总负债和所有者权益之和；第二，资产在左边，负债和所有者权益在右边，这和日记账中借、

表 3.3　鲍勃杂货店资产负债表（截至 2014 年 12 月 31 日）
（经营的第一年）　　单位：美元

资产		负债	
流动资产		**流动负债**	
现金	5 000	应付账款	80 000
应收账款	10 000	应付工资	5 000
库存	100 000	应交税金	2 000
流动资产合计	115 000	流动负债合计	87 000
长期资产（非流动资产）		**长期负债（非流动资产）**	
设备	30 000	银行债务	10 000
减一年累计折旧	(3 000)	负债合计	97 000
净长期资产	27 000	**所有者权益**	
		普通股（1 000 股流通股）	15 000
		留存收益	30 000
		所有者权益合计	45 000
总资产	**142 000**	**总负债及所有者权益**	**142 000**

贷的记法一致；第三，资产负债表是指截至某一特定时间为止，如 2014 年 12 月 31 日。虽然由于买、卖引起的业务是在一段时间内发生的，资产负债表也只是对公司的资源和债务责任在某一特定时间内的简短描述。

流动性：流动和长期的划分

资产负债表的一个重要特征是：资产和负债均按各自**流动性**（liquidity）程度的不同而按顺序列出，即从最具有流动性的开始。流动性是指资产变现（现金）的能力。现金、应收账款、库存属于**流动资产**（current），因其在下一经营期内（通常指一年）易于变现（即有流动性），所以先列出。由于设备不易卖掉，因此就归为固定的、长期的，也称为**非流动资产**（Noncurrent Asset，简称 NCA），在资产负债表中列在流动项之后（参阅表 3.3）。

就负债类而言，欠供应商的应付账款、欠雇员的工资以及应交税金，均属流动负债。这些是短期负债，需在一年内付清。银行贷款是长期的或**非流动负债**（Noncurrent Liability，简称NCL），有数年的还款期限。

营运资本

营运资本（working capital）是会计和金融中的常用词，是指公司在日常业务中必须接触到的资产和负债。营运资本是最具有流动性的资产，能为阅读公司财务报表的人提供了解公司清偿债务能力的线索。因此，营运资本是指公司的流动资产和流动负债。衡量公司偿债能力的**净营运资本**（net working capital），是用总流动资产减总流动负债得出的。

总流动资产 − 总流动负债 = 净营运资本

在鲍勃杂货店的举例中，其净营运资本总额为28 000美元（115 000美元 − 87 000美元），也就是说，鲍勃杂货店有足够的流动资产偿还流动负债。从银行家的角度看，拥有大量净营运资本的杂货店的信贷风险较低，还得起债。反过来，收购公司的人或分析家们也许会认为，店主的库存管理不完善，也许手里压货太多，也许收银机里存的现金也太多。所以，精明的经营者会降低库存和手中的现金，将多余的钱用于分红。那么，究竟什么样的营运资本量才合理？不同的行业有不同的标准。

所有者权益是怎么回事?

所有者权益是指公司对所有者承担的长期责任。公司有责任和义务根据公司经营的好坏为投资的所有者带来收益。所有者权益不像银行贷款那样有期满和支付一系列利息的附带要求，所以在清偿债务时，其优先级排在负债之后。所有者只有在其他债务全部付清后，方可得到属于自己的那部分。所有者的收益，取决于公司经营的成功与否。如果公司还不起债，就会被迫破产。但如果公司只是付不出给投资者的红利，是不会出现破产这种麻烦的。

公司有盈利时，所有者则受益。否则，所有者有可能会损失全部的投资。这也就是身为所有者的风险。

将会计学中最重要的等式移项，即把 A = L + OE，变成 OE = A − L，你就可以看出所有者权益（OE）是公司资产减负债后的**残值**（residual）。所有者权益（OE）也叫**净值**（net worth），是偿还其他所有债务责任后的“净值”。20 世纪 80 年代，臭名昭著的房地产巨头唐纳德·特朗普（Donald Trump），曾经拥有过几十亿美元价值的地产。但据报道，1990 年，他在地产上的资产净值是“负数”，因为他的债务已高出其在纽约和亚特兰大市投资地产的价值。

所有者权益是随着公司业务的发展而增加的。公司从事着买卖业务，提供并接受各种服务。如果运气好，一段时间后，公司通过经营这些业务积累了财富。如果在一段时间后净资产增加，这时公司的所有者权益也就增加了。

资产负债表中所有者权益科目可有两种办法改变：或者投资者更多地投资，或者要求公司“留存”收益。在资产负债表中之所以列出“**留存收益**”（retained earning）一项，也就是为这个目的。如果所有者希望将收益划出来，就可以要求公司分红（dividend）。分红降低了累计的留存收益。

在编制公司财务报表时，如果会计师们认为有必要，还得准备一份**所有者权益表**（statement of owners' equity）。这一极为详细的报表列明了所有者的投资数额、股票交易和每年分得红利的情况。这些项目下的变化直接影响着资产负债表中所有者权益的多少。虽然所有者权益表，也叫**所有者权益变化表**（statement of changes shareholders' equity），是一份不很重要的报表，但是，对所有者权益变化大的公司来说，就显得非常重要了。公司常编制此表以满足公众对公司所有者的变化的好奇心。

请在学习下面的利润表前，再花一些时间回顾一下鲍勃杂货店的资产负债表。

利润表

资产负债表中列出的是截至某一特定时日的公司资产的平衡情况，**利润表**则描述了某一特定时段内的业务活动和往来。这段时间也许是一个月、一个季度或者一年。产品销售后有**销售收入**（revenue）以及与收入有关的相应的**支出**（expense）。当用权责发生制把收入和支出合理地匹配后，两者之间的差别就是**利润**（income），即：

收入 - 成本 = 利润

利润表举例

让我们以鲍勃杂货店为例，研究一下其第一年的经营情况，见表 3.4。

利润表术语

和资产负债表一样，利润表也有一些需要注意的特点。在利润表中，对费用成本的划分尤为重要，这是因为需要计算各种不同的利润。每一种利润都揭示了鲍勃杂货店经营结果详尽的内在因素。阅读此段内容时，请随时参阅鲍勃杂货店的利润表。

毛利　利润表开头部分计算的是**毛利**（gross margin）。

毛利 = 销售收入 - 销售产品和服务的“直接成本”

此时，读者就可以确定一个公司是否盈利，而不用考虑公司其他管理费用上的负担。鲍勃杂货店的毛利是其销售收入减去销货成本（COGS）。销货成本包括杂货的成本和所有与杂货产品销出直接有关的成本，例如从批发商仓库转运货物的费用。制造加工业的公司的利润表中，内容则包括生产成本、原材料和工资。像鲍勃杂货店这类小公司，其销货成本的计算公式如下：

期初库存 + 本期采购 − 期末库存 = 销货成本

如果公司的毛利为负，表明要么其成本高得失去控制，要么行业价格结构使公司无法盈利。例如，一个小型电子制造商想和日本录像机制造商如索尼、日立、松下竞争，它就会遇到这种情况。美国的这家小厂不可能高效率地生产出有竞争力的产品，更不可能因为较高的生产成本而大幅度提高自身产品的价格。

表 3.4　鲍勃杂货店利润表（截至 2014 年 12 月 31 日）　　单位：美元

销售收入		5 200 000
销货成本		3 900 000
毛利		**1 300 000**
减销售、总务、管理费用		
工资	1 000 000	
租金	150 000	
公用设施	75 000	
广告	18 000	
设备已分摊成本（折旧）	3 000	
其他	10 000	
		1 256 000
营业利润（息税前）		**44 000**
减：利息费用		1 000
税前利润		**43 000**
减：所得税		13 000
净利润		30 000
每股净利润（30 000 美元/1 000 股）		30.00

营业利润 利润表中接下来列出的是公司的**营业利润**（operating profit），即缴纳利息和税金之前的利润，称为息税前利润（Earnings Before Interest and Taxes，简称 EBIT）。利润表中越往下走，扣减掉的成本也就越多。在衡量公司的营业利润时，公司所有的其他直接与收益有关的成本费用已全部被扣减掉。鲍勃杂货店报表中扣除的是雇用工人的工资、租金、公用设施、广告以及其他许多小费用。

权责发生制要求将**固定资产的已分摊成本**（allocated cost of fixed assets），亦称为折旧或摊销，从收益中扣减掉。根据配比原则，公司生产产品的有关费用和这一阶段相应的收入匹配。会计师们将设备、工具、厂房和其他固定资产的成本除以各自的使用年限，以估计出公司在创造利润过程中使用这些资产的成本。在鲍勃杂货店的举例中，他用 30 000 美元购买了支架、手推车、收银机。因为鲍勃杂货店估计这些东西的使用寿命是 10 年，所以，在其利润表中就从这一期间内的利润中相应地**匹配分摊**（match and allocate）了每年 3 000（30 000/10）美元的费用。很多分析师计算公司盈利时，都用息税折旧摊销前利润（EBITDA）计算收入未扣减利息、税金、折旧和摊销成本前的金额。

“**其他费用**”（other expenses）是利润表中因项目过小，不足以单独列出的各项的总称。在鲍勃杂货店的例子中，利润表还包括修理让人心烦的购物手推车轮子的成本，以及因支票拒付发生的损失。

净利润 得出营业利润之后，下面要扣减的是和生产无直接关系的各项成本，以计算利润。首先是本期内利息费用。可以说，公司借钱是为了支持公司的经营。但是，为公司融资的方式和公司的经营是两回事。会计师们在计算营业利润时不包括利息，因为其他公司在类似项目上投资所用的资金，可能是从银行以不同条件借到的贷款中的不同部分，也可能是投资者的钱。投资者的红利未被扣除。所有者的红利是从利润表最下部分的**净利润**（net income）中扣除的。

如果在营业利润中包括利息，相似的公司可能就会由于各自融资方式的不同而使营业利润大不相同。在不同的管理班子领导下的同一家公司，可能决定用所有者追加投资的钱来解决公司对资金的需求。这些现金就不用付利息，因而公司的营业利润就会显得高些。如果这家公司需要的资金全部是借来的，那么其营业利润就会因扣减利息成本而减少。所以，将利息费用单独划出，营业利润就能充分反映出“经营”公司的成本，而不是“融资”的成本。

和营业利润中不含利息的逻辑一样，人们也将税务费用单独列出，这样营业利润中就不涉及非营业费用。不同的税务安排造成的税务费用也大不相同。由于应缴纳的税金通常与高水平税务会计师如何将经营结果做手脚有关，所以税金费用也列在经营结果之后作为一分开扣减项，之后得到的才是衡量利润最终标准的净利润。净利润是公司收益的底线，也是新闻媒介衡量公司成败的标准。

利润表日记账的记账方法

会计师们在尽职尽责地“数豆子”的同时，还做出了日记账，使之和公司每年的净利润对应。净利润是一确定时间内从销售收入中扣减费用后的结果。净利润也是同期内的资产的净增加值。日记账记录下全部的收入和成本，也记录下了相应的资产的增减。会计师们在记账准备资产负债表的同时，也记账准备着利润表。

在会计年度里每项收入和成本的总和都被记录下来，以计算整个年度的最终净利润值。在年终相应地计算出净利润后，为下一新年度做准备，则将本年度内发生的总收入和总支出冲销为“零”，而冲销时造成的差异，也许是净利润，也许是亏损，结果则被记录在资产负债表中的留存收益项下。会计年度，也称**财政年度**（fiscal year），可以从一年中的任何一个月开始算起，不必非得是每年的 1 月份。

日记账的记账形式，和资产负债表中的记账形式是一样的。为了跟踪利润表，收入记在贷方（右边），支出记在借方（左边）。

利润表的日记账和资产负债表的日记账是相互关联的。销售收入意味着公司收到了某种有价值的东西，一种资产；换回了付出的其他价值，即费用（支出）。在鲍勃杂货店的例子中，销售意味着库存的杂货换回了现金的流入。鲍勃杂货店的会计按表 3.5 所示方法记录每周的收入和成本。

表 3.5　利润表日记账#1

会计科目	（类型）	借	贷	效果
现金	（资产）	100 000		增加
销售收入	（利润表）		100 000	增加

同样，和销售对应的成本记录如表 3.6 所示。

表 3.6　利润表日记账#2

会计科目	（类型）	借	贷	效果
销货成本	（利润表）	95 000		减少
库存	（资产）		95 000	减少

为了说明全年利润表的记账过程，假设以上两项是全年发生的唯一两笔收入和支出。净利润应该是全部销售收入 100 000 美元减全部销货成本 95 000 美元，净利润应为 5 000 美元。这一净利润值同时反映了记账时的净资产的变化。现金增加 100 000 美元，库存杂货减少了 95 000 美元，净资产增加 5 000 美元。

年终时公司的净资产增加了 5 000 美元，和本年度公司的净利润相等。鲍勃杂货店就将这一变化记在资产负债表中留存收益项下的增加。他还要冲销（close out）所有收入和支出科目，使之为零，以准备重新开始记录下一年的业务活动。见表 3.7。

表 3.7 利润表年终结账记录

会计科目	（类型）	借	贷	效果
销售收入	（利润表）	100 000		调整
销货成本	（利润表）		95 000	调整
留存收益	（资产负债表中所有者权益）		5 000	增加

请注意：日记账这时是平衡的。利润表记账做调整，调整后将净收入增加值加在资产负债表中的留存收益项下。本年度中销售的100 000美元收入记录在右边，年终时就调回到左边冲销。资产负债表上的资产、负债和所有者权益余额，就永远不停地再次递延至下一会计年度。清楚了吧！现在你应该通过这几段缩减内容的文字，了解了需要花一年时间才能学到的会计中简要的记账过程。

利润表和资产负债表之间的联系

从鲍勃杂货店实际的利润表中读者可以看出，该店一年来有盈余，净利润是30 000美元。比单纯计算利润更重要的是，要了解利润表究竟和资产负债表有什么联系。利润表可以说反映了一年中许多经营活动的结果。资产和负债也在本年内因发生的许多业务往来而上下波动着。在年终，公司资产负债表中的净资产，由于本年度的业务经营，在总额上有所变化。由利润表中计算出来的净利润，说明了净资产是怎样发生变化的。由于鲍勃杂货店刚开业一年，留存收益为30 000美元，和第一年的净利润恰好相等。在下一年度，该值就会由于收益和分红的变化而受到影响。

现金流量表

现金的重要性

俗话说，“有钱则灵”。没有资金，则公司难以运作。例如，以伦纳德

(Leonard) 公司举例，这家食品包装机械公司向鲍勃杂货店提供印刷包装设备。如果伦纳德公司以每台 500 万美元的价格向卡夫食品公司出售 3 台压印机，每台利润为 200 万美元，伦纳德公司的利润表上就有 600 万美元的利润。但是，伦纳德公司是在夏天制造此设备的，卡夫食品公司直到秋天收到货后才付款。工厂的雇员 7 月份如果拿不到工资，而非得等到 10 月份，那么他们会极不高兴。

由于现金对公司的经营至关重要，其最重要的作用是能避免破产，所有财务报表必须包括**现金流量表**（statement of cash flows or cash flow statement）。你还记得我曾提到会计师们制定的关注公司目前经营情况的 FASB 原则吗？因为知道资金的“来源”和“用途”是商业经营中最重要的，所以现金流量表的引入被金融界普遍认为是重大改进的一项内容。

许多“盈利”企业纷纷倒闭的最主要原因，有时就是因为对公司现金管理不善。很多以净利润衡量成败的公司，只有在出现现金短缺或面对恼怒的债权人追债时才如梦方醒。克莱斯勒公司 1979 年就发生了这种情况，该公司只好伸手请求联邦政府的支援。

没有远见，只看公司利润表的投资者，常常会上当。例如，麦克唐纳·道格拉斯公司（McDonnell Douglas）这家常接国防合同的承包商，虽然收入不错，但公司却隐藏着危机，《福布斯》（*Forbes*）杂志曾报道说：

> 从表面上看，麦克唐纳·道格拉斯公司并没有那么糟。报表中的每股收益是 10 美元以上，上一年度是 5.72 美元。但略扫一下数字就会发现，即使不会马上发生，公司今后的盈利也有危险。问题首先出在现金流量上。到下一年的第三季度，现金流量是负 3 500 万美元……而且缺少现金的问题可能会变得更严重……

20 世纪 80 年代**杠杆收购**（Leveraged Buyout，简称 LBO）盛行时，人们用现金流量作为分析公司的工具。收购者偿还收购时借用的大笔借款，很大程度上取决于被收购目标本身现金流量水平能否满足要求，而这方面的大部分信息在现金流量表中均可找到。1989 年，KKR 集团（Kohlberg Kravis Roberts，简称 KKR）收购了雷诺兹-纳贝斯克公司（RJR Nabisco），这在当时是涉及资金量最大的一笔杠杆收购。公司依据该公司的现金流量偿债能力，从银行借贷了 264 亿美元的债务。

现金流量表和资产负债表的联系

现金流量表也同样遵循会计学中的平衡原则。我先向大家介绍一下会计的计算公式，这样你就可以了解初看起来很让人搞不清头绪的报表的内在逻辑关系。掌握了这一公式的计算步骤，就易于搞懂现金流量表所举的例子。下面列出的这一公式可不是为了唬你，我只想介绍得更清楚些。

根据会计恒等式，我们知道：

$$A = L + OE$$

$$\text{资产} = \text{负债} + \text{所有者权益}$$

但由于资产和负债又都分别含有流动（短期）和非流动（长期）等项，所以等式可以扩展为：

$$CA + NCA = CL + NCL + OE$$

$$\text{流动资产} + \text{非流动资产} = \text{流动负债} + \text{非流动负债} + \text{所有者权益}$$

将流动资产项进一步细分，可得到如下的单个构成成分：

$$\text{现金} + \text{应收账款（AR）} + \text{库存（INV）} + NCA = CL + NCL + OE$$

将等式进行移项调整，将现金单独列在等式的左边，则：

$$\text{现金} = CL + NCL + OE - AR - INV - NCA$$

从此等式中可以看出，等式右边流动负债（CL）的增加，意味着左边现金的增加。供应商处增加的赊账，能使公司腾出一部分现金用在其他方面。相反，资产的增加，例如增加库存，就会使现金减少。这是符合一般常识的，即购买库存需要现金。等式中一边的增减，都会影响到等式另一边总量的变化。

我在学校学习时，大家都认为会计学中现金流量的内容最让人摸不着头脑。但如果我同学中哪位从未学过商务的“和平队”志愿者都能掌握这些内容，我深信你也能把它学好。掌握了上面介绍的内容，下面向大家介绍一下现金流量表的重要性，并以鲍勃杂货店为例将这一部分的内容介绍完。

现金流量表用途

现金流量表是避免流动资金出现问题的管理工具。通过利润表和资产负债表，得出公司现金流量的情况。下面列出的是现金流量表回答的最主要问题：

- 现金流量和收益之间是什么关系？
- 如何保证能有红利？
- 如何清偿债务？
- 经营产生的现金如何使用？
- 管理层强调的财务计划在现金流量中有无反映？

通过使用现金流量表，管理者可以通过下述 3 种业务活动来规划并管理现金来源和需求：

- 经营活动
- 投资活动
- 融资活动

以上各项活动在现金流量表中都明确列出。

现金流量表举例

先以鲍勃杂货店作为理论上的研究对象，之后再具体分析现金流量表（见表 3.8）。

单从这些数字上看，很容易让人糊涂，抓不住现金流量表的实质。所以，我们不妨逐个分析每一项的内容，解释其内在含义。在 MBA 的会计学教学中，学校更注重培养学生领会数字的内在含义。而在本科生教育中，学校更重视会计结构的教育，为的是让学生成为注册会计师（CPA），而不是具备 MBA 学位的管理者。

研究下面内容时请参阅鲍勃杂货店的现金流量表（见表 3.8）。

经营活动

在经营活动这一部分，会计师计算着每日经营活动收入的现金。利润表中列出了鲍勃杂货店会计利润是 30 000 美元，但并未说明其在经营活动中用去或带来多少现金。正如我在前面已经介绍过的，有许多公司按照权责发生制会计原则做账，并用这种方法计算净利润。现金流量表将权责发生制基础上的净利润，转换为收付实现制基础上的净利润。为了达到这一目的，我们需要将净利润做两方面的调整，使之变成收付实现制。

步骤 1：调整净利润中的非现金项成本　确定现金流量的第一个步骤是，调整利润表中净利润。在计算利润时被作为经营成本扣减的非现金项，这时都应被加回。我们在利润表中已介绍过“折旧”这一概念，实际上，公司的现金并未拿走。鲍勃杂货店只是在购买手推车、收银机和货架时用过现金，但在这些资产的有效使用期内，折旧只是一种“会计成本”，是用来把购买这些资产的现金费用与因使用而带来的销售收入相匹配。所以必须将折旧费用再加回来，现金并未真的被用去。关于购买设备的具体内容，后边的投资活动部分将做介绍。

表3.8 鲍勃杂货店现金流量表（截至2014年12月31日）　　单位：美元

经营活动		
净利润		30 000
加：非现金成本		
折旧（设备已分摊成本）		3 000
		33 000
运营资本调整		
本年度增减		
流动资产		
应收账款　（增）减	(10 000)	
库存　（增）减	(100 000)	
流动负债		
应付账款（供货商）　增（减）	80 000	
应付工资　增（减）	5 000	
应付税款　增（减）	2 000	
		(23 000)
经营活动现金流		10 000
投资活动		
购买设备	(30 000)	
投资自由现金流		(30 000)
融资活动		
从银行借款	10 000	
售出股票给所有者	15 000	
分红给所有者	0	
融资活动现金流		25 000
本年度现金		5 000
年初现金		0
年末现金		5 000

步骤2：根据运营资本的变化调整净利润 受经营活动的影响，一年内发生的流动资产和流动负债的变化，应在计算净利润时做相应的调整。营运资本的增减对净利润有影响。通过会计恒等式，我们可以确定它对现金的影响。

当鲍勃增加像货架上的存货这类流动资产时，采购货源就用去了一部分现金。在现金流量表中，此项是减项。当赊账给客户时，他收到现金的时间拖后了，因此就占用了一部分他本可用在其他方面的现金，在现金流量表中这也是减项。反之，库存减少，即销售量增加，提高了鲍勃杂货店的现金收入。如果应收账款也有所减少，即客户及时付款，那么公司就有了更多的现金收入。注意：流动资产增加占用现金，流动资产减少带来现金。

流动负债的变化，对现金产生相反的影响。在鲍勃杂货店这一例中，他从供货商那里赊账80 000美元。鲍勃杂货店欠供货商和雇员大笔钱时，意味着他从别人那里赊账（信用），可将现金用在其他方面。从某种意义上来说，信用为他带来了现金。如果鲍勃杂货店的负债减少了，也就是说，他通过付款减少了负债，这时手中的现金也减少了。注意：流动负债增加能增多手中的现金，流动负债减少会用去现金。

计算会计年度内现金的净变化，用期末的流动资产和流动负债减去期初的流动资产和流动负债便可得到。由于鲍勃杂货店在第一年期初的余额均为零（为简便起见），所以期末余额等于该会计年度增加值。流动资产的增加是现金“用途”项，流动负债的增加是现金的“来源”项。

假定鲍勃杂货店的现金流量表是正确的，我们从利润表中可以找到净利润一项，把它和资产负债表对照一下，流动资产项下流动资产加流动负债（CA + CL）的变化等于现金流量表中的变化。全都对上了！

投资活动

现金流量表中投资活动这部分的内容，顾名思义，是讨论公司在长期投资中现金的来源和用途。相应地，投资活动这部分反映的是资产负债表中长期资产部分现金方面业务往来的影响。当公司购买或出售诸如厂房、设备之类的长期资产时，由这类业务引起的现金变化，就反映在现金流量表中的投资活动部分中。在鲍勃杂货店的例子中，他用 30 000 美元的投资购买设备。如果他将这些设备售出，收回的现金就将在报表中反映出来。对照一下，看看资产负债表中长期资产投资的变化，在现金流量表的投资业务部分中是如何反映的。

融资活动

公司融资的方式有两种：管理者要么借钱，要么从投资者那里筹资。借款引起的长期负债的变化，在资产负债表中能反映出来。投资者的介入，会在资产负债表中的所有者权益项下的变化中反映出来。

鲍勃从银行债务 10 000 美元，增加了现金总量。在资产负债表上，“银行债务”从 0 增至 10 000 美元，是资金的来源。当公司偿还银行贷款时，在现金流量表融资活动部分中，就作为使用资金而反映出来。

参照鲍勃杂货店的资产负债表，所有者权益一项在右边。资产负债表中显示的是，投资者出资 15 000 美元现金作为启动资金。在资产负债表中是用发行“普通股”表示的，在现金流量表上则作为现金的来源反映出来。

我们知道，所有者权益部分中还包括留存收益（RE）。前面还介绍过，如果将净利润在本会计年度内留在公司内部或作为红利支付给投资者时，留存收益就会有变化。鲍勃和他父亲决定继续将收益“留”在公司，以解决公司对资金的使用需求。相应地，在融资部分并未有什么分红。如果所有者决定分红，就会被表示为资金的使用项。

经过一年的经营，鲍勃杂货店比年初时多了 5 000 美元的收入，通过现金流量表，就能明白这是怎么发生的了。

一旦编制好，现金流量表意味着什么？

退一步看，问题会更清楚一些，否则在复杂的结构中你也许会转不出来。现金流量表说明的是一年内现金的净变化，在现金流量表中底部列出。再看一下，这虽听起来简单，但是，安达信公司同我一起工作的新来的注册会计师，在准备详细的报告时并没有真正弄通这些概念。你现在懂了，对 MBA 来说，找到现金在哪里发生变化是至关重要的。

- 公司看似盈利，但是否必须靠大量举债借款方能维持？
- 公司的业务是否大量占用现金，而在利润表上显示的利润却很少？

这是资产负债表和利润表都回答不出来，但又都是非常重要的问题，也是现金流量表之所以存在的必要的原因。

公司经营情况良好，公司的经营活动能带来现金收益。这在调整运营资本变化的净利润中反映出来，这是经营活动部分要表明的内容。

公司是否需要将大量的资金，投在诸如新设备或新技术之类的固定资产上？公司是否由于经营不断需求现金而被迫出售公司资产？这类问题在投资活动部分中能被反映出来。

一些在崩溃边缘挣扎的公司，只好靠变卖资产惨淡经营。为了筹集急需的资金，1991 年泛美航空公司已经衰落到变卖其十分赚钱的欧洲航线给竞争对手。泛美航空公司最终还是在 1992 年宣告破产。

为了维持经营已投资的业务，公司是大量借款，还是求助于投资者筹集资金？从融资活动这一部分，你能找到答案。在鲍勃杂货店的例子中，他既从银行借了钱，又用自己的钱投了资。

无论资金来源和用途是什么，现金流量表在很大程度上能让你了解公司经营状态的好坏。对许多专门从事金融分析的人士来说，在所有报表中最重要的是现金流量表。

会计学概念框架

内行人士在分析财务报表中的大量数据时，常会用到会计恒等式：

资产 = 负债 + 所有者权益

通过现金流量表，我们知道由于资产、负债和所有者权益的变化，引起了该会计年度现金的变化。资产负债表中反映了资产和负债的变化，所有者权益的变化是利润表中净利润的变化引起的。这 3 个基本财务报表紧密地联系在一起。

会计恒等式、资产平衡表和该会计年度每一项日记账，总是平衡的。等式中每一部分的变化，都会牵动其他部分的相应变化。通过掌握财务报表之间的内在的基本关系，你也就掌握了会计学中的最实质的内容。祝贺你！

财务报表的比率分析

知道了会计师如何编制财务报表，现在让我们再掌握**比率**（ratios）这一分析财务报表的工具。一份财务报表本身的绝对数字的作用，通常是有限的。我们通过比率的方法，能分析出数字和数字之间以及同行业公司与公司之间真正有用的信息。在鲍勃杂货店的举例中，利润通常较低，所以鲍勃杂货店必须有大量的销售额才能获取真正的利润。珠宝店销售额虽不大，但每件产品的利润都很高。这也是用比率来分析比较同一行业内公司的经营状况，或对公司过去的历史进行对比的原因。

比率主要有四大类：

- 衡量偿债能力：手里有多少东西可以变现用来偿债。
- 衡量资本结构：公司是否负债很重，公司筹措的资金来自投资者吗？公司如何筹措资金？
- 衡量经营活动：公司的资产安排、使用合理吗？（MBA 们不仅会使用资产，还会安排它的使用。）
- 衡量获利能力：公司在资产、销售基础上的获利能力有多大？

从理论上讲，有数百种可能的比率存在，但大多数都离不开我们从上述 4 类比率中归纳的 8 种基本比率。用鲍勃杂货店的财务报表，我计算出该公司的 8 种比率，现列出如下：

流动比率

1. 流动比率（current ratio） $=\dfrac{\text{流动资产}}{\text{流动负债}}$

公司能轻松地还账吗？如果比率大于 1，说明公司有偿债能力，有余力从流动资产中安排支付流动负债。

$$\frac{115\ 000\ \text{美元}}{87\ 000\ \text{美元}}=1.32$$

资本结构比率

2. 财务杠杆 $=\dfrac{\text{总负债}+\text{所有者权益}}{\text{所有者权益}}$

$$\frac{142\ 000\ \text{美元}}{45\ 000\ \text{美元}}=3.155$$

当公司负担的债务高出所有者的投资时，我们就称其为**杠杆作用**（leveraged）。对获利的公司来说，较高的负债，因公式中分母较小，所以比率很大。同样的收益被较小的股本来除，大于2的比率说明公司负债较高。在介绍获利能力比率中，我将对杠杆作用的概念做进一步的解释。

3. 长期负债对资产比率 = $\frac{\text{长期负债}}{\text{负债 + 所有者权益}}$

$$\frac{10\ 000\text{ 美元}}{142\ 000\text{ 美元}} = 0.07 = 7\%$$

因为偿还债务是公司在给投资者分红之前必须完成的责任，所以公司债务的多少是衡量其风险程度的一个重要标准。该比率大于50%时，说明公司的负债高。取决于公司现金流的稳定情况和时间的不同，50%的比率被认为风险是相当高的。像较稳定的电力设施公司，它们的销售额和现金流都是较稳定的，所以50%的比率也较为普遍。倒是华尔街的投资分析人士反而认为这些公司的债务安排偏于保守。

经营比率

4. 资产利用率（也称资产周转率） = $\frac{\text{销售收入}}{\text{总资产}}$

$$\frac{5\ 200\ 000\text{ 美元}}{142\ 000\text{ 美元}} = 36.6\text{（次/年）}$$

该比率说明的是公司运用资产效率的高低。一个通过利用给定的资产挣出更多销售收入的公司，被认为是对资产的管理十分有效。不同行业有不同的适用比率。对许多行业来说，36这一比率是相当高的，但对古董店来说，周转率为3的就已经很高了。稀有的古董常需等识货的收藏者前来购买。对杂货店而言，每年36.6次的周转速度是很正常的。这是因为超级市场货架上的商品每周都被售出。牛奶、卫生纸等日用消费品的周转量一周就达数次，但辛辣的调料卖得就很慢。

5. 库存周转次数 = $\frac{\text{销货成本}}{\text{每期平均库存量}}$

（计算平均库存的简单方法是用期初库存加期末库存除以2）

$$\frac{3\ 900\ 000\text{ 美元}}{100\ 000\text{ 美元}} = 39\text{（次/年）}$$

6. 库存销售天数 = $\frac{\text{期末库存}}{\text{销售成本/365}}$

$$\frac{100\ 000\text{ 美元}}{3\ 900\ 000\text{ 美元/365}} = 9.36\text{（天）}$$

以上两个经营比率能说明公司库存安排使用的合理与否。经营的商品是不是因卖不出去都落上了灰？还是货刚上架就销售一空？像杂货店这种周转次数高的行业，一年内商品周转的次数很多，手里准备的库存也就只够用几天。这类日用品周转快当然是因为其容易损坏，所以人们常需购买。

获利能力比率

7. 销售利润率（ROS） = $\frac{\text{净利润}}{\text{销售收入}}$

$$\frac{30\ 000\text{ 美元}}{5\ 200\ 000\text{ 美元}} = 0.005\ 769 = 0.58\%$$

“利润率”的计算较为容易，投资分析人员也常用它来计算资产负债表和利润表中每一部分的回报率。另一个常用到的比率是**资产报酬率**（Return On

Assets，简称ROA）。

8. 净资产收益率（ROE） $=\dfrac{\text{净利润}}{\text{所有者权益}}$

$$\frac{30\ 000\text{美元}}{45\ 000\text{美元}}=0.666\ 7=67\%$$

负债和股本金之间不同比率的搭配，对比率的影响较大。如果公司的负债高，股本金少，那么净资产收益率就会受到很大的影响，人们称之为**财务杠杆**（financial leverage）。这在前面讨论资本结构比率时，我已经提到过。为了说明这一点，假设2014年鲍勃和他父亲就已决定把公司的股本金抽走，只留下很少的一部分，还把2014年挣得的30 000美元净利润从公司中全部抽走用以分红，以后公司对资金的需求则通过借钱的方式解决。如果当时他们真的这么做了，那么资产负债表中就会反映出长期负债总值是40 000美元（10 000美元+30 000美元），股本金只剩下15 000美元（45 000美元-30 000美元）。由此造成的**负债权益比率**（debt to equity ratio）就会从7%增至28%，净资产收益率就会从67%增高到200%（30 000美元/15 000美元）。这说明使用的财务杠杆对比率的影响甚大。选择较低水平的股本金可以“杠杆式”地把净资产收益率增加到很高的水平。

净资产收益率是人们公认的用来衡量企业成功与否的标准。倘若公司管理层的目标是通过杠杆举债以获得更高的盈利，这就会伴随着风险成本。负债越高，公司需支付的利息负担也就越重，公司如果经营不好，就还不起债。2008年雷曼和华盛顿共同基金就是由于管理层冒着破产的风险，高额举债，最后彻底破产。

杜邦图表

做学术研究的人很善于把一个简单的概念强加上一个响亮的名称。在你学到的MBA专用词汇中，如果没有杜邦图表（Du Pont chart）一词，就称不上完备。杜邦图表是通过展示各个比率的构成要素，说明财务报表中最重要的比率之间的相互关系，详见表3.9。

通过列出各比率之间的内在关系，我们可以看出，一旦某一比率的构成发生变化，就会影响到其他比率。比率的选择项是一致的，例如，当总资产减少时，资产周转率和资产报酬率都会变化。这是因为总资产在此两项比率的计算中都是作为分母项。相反，总资产的减少会增加财务杠杆的作用，因为它在比率中正好是分子项。

表3.9　杜邦图表

利润率		资产周转率		资产报酬率（ROA）
$\frac{\text{净利润}}{\text{销售收入（销售额）}}$	×	$\frac{\text{销售收入（销售额）}}{\text{总资产}}$	=	$\frac{\text{净利润}}{\text{总资产}}$
资产报酬率		财务杠杆		净资产收益率（ROE）
$\frac{\text{净利润}}{\text{总资产}}$	×	$\frac{\text{总资产}}{\text{所有者权益}}$	=	$\frac{\text{净利润}}{\text{所有者权益}}$

比率与行业有关

和其他比率一样，获利能力也与其所在行业有关。由于各个行业需求的不同，盈利水平也各有不同。重型工业制造商，如钢厂，其资产报酬率低于10%。这类炼钢厂规模大，拥有大量的生产设备。而像服务性行业的猎头公司，其资产获利能力可能高达100%。这些公司的资产可能只需要些现金、办公家具和应收账款，而这类猎头公司真正的财富是雇员们发现目标、说服目标的能力。这在资产负债表上是反映不出来的。

获利能力还取决于行业的竞争程度。在杂货店行业，激烈的竞争造成该行业的销售利润率低到了1%。鲍勃杂货店第一年的利润率是0.58%，低于同行业平均水平。鉴于这只是他创业的头一年，有盈利就该祝贺他。

财务报表的任何一部分，都可以以某种比率同另一部分进行比较。这只需用计算器用一个数除以另一个数就行了。但最有用的还是那些能真正反映公司内部经营情况的比率。这些比率的实际意义，只有在与同行业内其他公司比率的比较中，才能体现出来。同样，通过比较这些比率的平均值，我们才能得知投资各种不同行业的吸引力究竟有多大。每一企业和每一行业，都有各自具有代表性的统计数据可供参考。

你可以从罗伯特·莫里斯协会（Robert Morris Associates）公布的《年度报表研究》（*Annual Statement Studies*）中，找到不同行业的这些比率。这本极有参考价值的资料，在各大图书馆均可找到。该资料包括300多家制造业、批发商、零售商、服务业、承包商和金融公司的各种经营和财务比率。

管理会计

管理会计（managerial accounting）和比率分析一样，是用会计数据分析和管理公司的经营状况。管理会计使用的工具并不是比率，而是通过制定**标准**（standard）、**预算**（budget）和**分析差异**（variance）的方法，经营管理公司，解释经营结果。先编制出公司在某一时间段内的经营预算，再对实际结果与预算的“差距”进行分析，找出原因。在制造行业，许多公司已形成了每月做预算、做分析的习惯，而且大都能及时采取措施进行处理。

为了衡量经营情况，工厂管理人员必须制定可供比较的标准。这就不仅要求会计师们，还要求其他人也能提出意见。在汽车制造业，生产经理们制定出消耗原材料的标准定额；工程师们精心采集数据；工厂经理们同销售经理们一道预算出生产产量，保证高效率地安排生产，以满足预计的市场需求；销售经理制定产品的标准价格和产量。借助于这些制定出的衡量标准，管理会计师们对实际结果进行分析，研究为什么实际数据会与预算有偏差。这种方法能分析出发生正面或负面影响的原因，有助于公司管理层的决策。

价格和数量差异

有两种基本的差异，即**价格差异**（price variances）和**数量差异**（volume variances）。和财务报表中的比率一样，用简单的数学公式计算即可得出这两种差异。

价格差异

价格差异有助于管理者了解预计销售收入与实际销售收入之间的差异，究竟有多少是由于销售价格的变化引起的。

（实际销售价格 - 标准销售价格）×实际销售量 = 销售价格差异

数量差异

数量差异是假设产品在价格不变时，不同销售数量对总销售收入的影响。

标准销售价格×（实际销售数量 - 标准销售数量）= 销售数量差异

假设戴姆勒–克莱斯勒公司计划在 2014 年 7 月份销售 10 000 辆道奇 Caravan 小货车，每辆售价 30 000 美元，总销售额为 3 亿美元。8 月份研究人员收到会计部门的统计数据，表明 7 月份实际的销售额是 5.8 亿美元。由于公司采用了促销手段，给买方提供 1 000 美元的扣减，以每辆 29 000 美元的价格售出 20 000 辆车。销售差异是 2.8 亿美元［(20 000 × 29 000 美元) –

（10 000×30 000 美元）]。这就解释了发生差异的原因。

这种差异纯属价格变动引起的，这里价格差异是负的 2 000 万美元 [（29 000美元 - 30 000 美元） ×20 000 辆]。但是由于公司比原计划多售出 10 000辆，销售数量的差异是正的3 亿美元 [（20 000 辆 - 10 000 辆）×30 000 美元]。两项的差异是 280 美元（ -20 美元 +300 美元），与预算总销售额的差异相等（580 美元 - 300 美元 = +280 美元）。这种差异分析法能让戴姆勒-克莱斯勒公司负责 Caravan 车的总裁们意识到，销售额的增加主要是由汽车销售数量的增加造成的。相反，因减价促销造成的负值价格变动，通过汽车销售数量的增加得以弥补。若将价格和销售数量差异加在一起，其和等于预算外的每月销售差异。差异分析法能使负责 Caravan 车的总裁说明，为什么能超额完成他所负责的部门的预算。

采购价格、有效性和销售数量差异

采用同样的两个基本公式，即销售价格差异和销售数量差异，公司生产部门也用这种方法计算差异，以便于控制和管理。

采购和使用生产原料也有**采购价格差异**（purchase price variance）。

采购价格差异 = （标准价格 - 实际价格） ×实际采购或使用量

生产产品所用的原材料和人力同标准数会有不同。和销售数量差异一样，这些差异被称为**有效性差异**（efficiency variance）。例如，制鞋工人实际使用的皮革比预算的多时，生产效率会更高。底特律汽车装配线上的工人组装汽车所用的时间可能比预计的长。

原材料或人工有效性差异 = （标准使用量 - 实际使用量） ×
原材料或人工标准成本

仍以 Caravan 车为例，根据喷漆车间 7 月份的预算，每辆车应使用 8 加仑油漆，每加仑油漆的成本是 10 美元。实际上，生产出来的 20 000 辆小货车平均每辆油漆的使用量是 7 加仑，每加仑的成本是 12 美元。公司的会计师们计算出下面的差异供公司的总裁们决策：

原材料价格差异 = （10 美元/加仑 - 12 美元/加仑） × （20 000 辆 ×7 加仑）
= -280 000 美元油漆价格差异

这是由每加仑支付的成本比预计的要高造成的。通用汽车公司的总裁们大可不必束手无策，他们可以依据上面的数据要求采购代理人在下一个月开出更好的条件。

原材料有效性差异 = （8 加仑 -7 加仑） ×20 000 辆 ×10 美元/加仑
=200 000 美元（正值差异）

这是因为使用了比计划要少的油漆所致。

和比率一样，如果细较起真儿来，变化差异多得足能让会计分析人员从现在一直忙到下一个世纪。但从大体上讲，只有两种类型的变化差异：价格差异和数量差异。当你听到别人提起“管理会计”时，即应想到差异。

成本会计和作业成本法

相对而言，成本会计方法能比较直观地确定生产产品或者提供服务所发生的成本。这种方法和管理会计有着密切的关联，所有分析“标准”的确定，都是由负责核算成本的会计师们根据收集整理的数据得出的。在制造产品的过程中，我们可以较为容易地确定直接人工、直接原材料的成本是多少，但是，在确定生产这些产品的管理费用时，则非常困难。更为重要的是，如果管理费用处理得不好，可能会出现不能如实反映产品或者公司某一部门盈利情况的错误。管理费用必须如实地和实际发生的出处挂钩，因此被称为作业成本法（ABC）。也就是说，管理费用要如实反映生产产品并将产品运送到用户手中所发生的管理方面的成本支出。在过去，管理费用与原材料和人工成本相比，所占比例相对较小，但是如今，公司在电话、水、电、气、咨询、计算机系统上发生的费用大得惊人。

例如，公司某一部门取得的较高销售收入，是通过向购买次数少但购买量大的少数几个用户销售产品实现的。这样，和其他管理小客户、需要反复订货的部门相比，这一部门就应该少摊一些电话、水、电、气等管理费用。如果这时会计师们只按照销售收入而不按照销售量分摊管理费用，那么这种方法实际上并没有如实地反映产品的盈利情况。如果生产一种产品的工艺流程自动化程度比其他产品高，那么按照直接人工的工作小时分摊计算机系统的费用则会产生误导。在公司中时常发生的情况是，会计师们脱离实际，人为或者机械地分摊管理费用。这样会造成让经理人赖以生存的财务数据实际上并不准确。由于忽略了按照作业成本法分摊管理费用，这些看起来并不重要的小细节，会造成整个产品线或者整个部门停产、撤销；或者公司不再自己生产，转而外包。

挑剔的会计信息使用者

正如在“商业道德”一章中介绍的，2002 年出台的《萨班斯-奥克斯利法案》，试图让会计师们更诚实守信。作为合格的《MBA 十日读》毕业生，你需要了解会计师们造假账（cook the book）的通常做法。一旦公司出现欺诈问题或者破产清盘，“刑侦”会计们就会努力寻找问题出在哪里。这里我总结一下通常会发生问题的地方。

会计师们瞒报收益的10种通常做法：

1. 将费用划拨为资产。世通公司将日常的成本采购当地电话接入服务篡改为网络建设投资。
2. 低估销售提成费用、折扣、减价额。低估这些费用，提高利润表象。
3. 低估赊账销售，造成坏账拨备。这种做法增加了利润表象。
4. 增加资产负债表外的债务责任。安然的特殊目的公司是资产负债表外的实体，公司2002年破产时，给公司带来几十亿的债务负担。
5. 录入不实收入。奎斯特（Qwest）通讯公司把未实现的、只有在采购其他通讯公司后才能出售的光线网络，高达11亿美元的虚假收入，记在公司利润项下。两笔业务根本未发生，但是两家公司均记做收入统计利润。
6. 过分拖延公司财产的折旧年限。维斯特废物处理公司（Waste Management）在1998年东窗事发，垃圾填埋场低报年折旧年限价值达35亿美元。
7. 篡改库存。公司低估需要注销的库存资产。低估这一部分可以提高利润表象。
8. 故意调整公司异常收入和损失。低估重组的费用成本、高估出售资产的收入，会计师们吹高利润。在某些特定情况下，这些内容划入会计科目的利润表项下，不影响经营利润。
9. 通过高估未来成本和利润，并通过今后的调整，新建特殊的留存收益。利润高时，高估成本少缴税。这种“饼干桶”式的自留地，有助于公司操纵并减少公司盈利的波动。公司一旦需要额外的利润，会计师们就会调低以前高估的成本，挤出利润来。
10. 根据高管业绩挂钩奖励机制要求，故意操纵业绩。取决于奖励的计算方法，高管可以和会计师勾结，操纵与个人收入有关的财务数据，掩盖自己的实际收入。

会计总结

我希望你在阅读本章时并没有感到太吃力。我试图用短短的几页纸，根据本人注册会计师的实际工作背景以及 MBA 所学的内容，向你介绍有关会计方面最重要的基本概念。如果这些内容对你来说是头一次接触，很可能现在你还没有真正完全掌握。但你应当记住下面这些概念：

- 资产 = 负债 + 所有者权益。
- 有 3 个基本的相互独立的财务报表：资产负债表、利润表和现金流量表。
- 会计记录和报表总是平衡的。
- 用比率可以解释分析报表。
- 用差异可以分析经营结果。

简言之，这些就是会计学的小把戏。在商学院，会计学是最令自由自在的 MBA 们发憷的功课。本章也让你了解了令学生们头疼且熬夜苦读的是什么内容。

需要掌握的主要词语

收付实现制（cash basis accounting）——只在现金易手时记录交易的方法。

权责发生制（accrual basis accounting）——不考虑现金流量变动，将收入和支出匹配起来记录交易的方法。

资产负债表（the balance sheet）——某一时点公司所有资产、所有者权益和负债的列表。

会计恒等式（the fundamental accounting equation）——资产 = 负债 + 所有者权益。

净营运资本（net working capital）——短期资产－短期负债。

利润表（the income statement）——描述某一特定时段业务盈利情况。

毛利（gross margin）——收入－直接售货成本。

现金流量表（the statement of cash flows）——某时段企业产生和使用现金的描述。

折旧（depreciation）——在设备有效使用周期内分摊的设备使用成本。

分析财务报表的 8 种基本比率（the 8 basic ratios for financial statement analysis）——分析报表以及将之与行业标准比较的方法。

价格数量差异（price and volume variances）——一种通过分别分析实际价格和数量与预算的差异，研究经营状况的方法。

业务成本法（activity based costing）——按照实际用途分摊管理费用的方法，而非基于主观意向。

第4天 组织行为

- 解决问题的模式
- 心理学课
- 激励
- 领导
- 创造力
- 办公程序
- 权力
- 组织模式和结构
- 系统理论
- 组织演变
- 抵制变革

刚毕业的MBA：我找到答案了！由计算机试算软件的计算结果得知，我们应当按地区特征的方法而不是按产品来重组公司。通过裁减不必要的员工和减少出差，我们一年至少能节省300万美元。我们在课堂讨论时对布兰顿·李（Brandon Lee）公司模拟实施了一个类似的方案，效果非常好。

老板：听起来很棒。你刚来公司7个月，现在就想做彻底的机构重组。我想你一定已经收集了一个冗余员工的名单吧？

刚毕业的MBA：呃，我可没有想那么远。

组织行为（Organizational Behavior，简称 OB）课的目的是教会 MBA 们如何对付工作单位里人的挑战。定量分析技巧也许能在教室里提供神奇的理论性答案，而组织行为则试图引导年轻的 MBA 们理解人的要素的敏感性，并将他们的工商管理技能用于现实世界。

许多组织理论与你在当地书店所能找到的关于自我意识及敏锐性训练的书籍并无不同。这种相似的原因是，那些书的作者正是在 MBA 教程里提出学术理论见解的教授们。

和学术期刊上的文章相比，这些有关重振公司“新活力”和时间管理方面的“一秒钟经理人”的畅销书籍，能给作者带来更丰厚的稿酬。

组织行为是个敏感的题目，它常使 MBA 们原形毕露。看起来似乎很开化的学生们在试图解决手边的问题时，性别歧视、偏见和贪婪等丑态在课堂上暴露无遗。尽管如此，上组织行为课对于疲惫不堪的 MBA 们来说是一种解脱，因为不需要进行复杂的定量分析或大量阅读。与其他 MBA 课程一样，熟知术语并适时使用之，能使你在工作中建立信誉。

组织行为课所教授的内容，若被完全掌握则是 MBA 今后工作中对自己事业最有影响的一门课。MBA 们如果没有待人接物的技巧，那就好像拥有动力工具但没有电线而不能使用。

解决组织行为问题的模式

正像营销课中提供的制定营销策略 7 个步骤一样，组织行为学提供了以下分 3 步解决组织机构方面问题的方法。

> 问题识别

> 分析

> 制订行动计划

问题识别

解决组织问题的第一步是了解问题的根源。真正的问题常常被表面现象所掩饰。人们很容易被误导只去处理表面，而不是解决导致问题发生的真正原因。除非及时处理了主要问题的根源，否则，新问题还会发生。MBA 们在校期间学习了几种如何找到问题根源的分析技巧。

事与愿违的距离

当管理人员所认为“应当”发生的情况与“实际”发生的情况之间存在着距离或“偏离”时，就出现了问题。要确定是什么问题，就必须从所有参与者的角度来分析形势，列出他们的**事与愿违的距离**（want got gap）。

一家大型服务公司，在意识到引进一项关键的新电脑技术失败后，聘请了一位新副总裁汉克·海尔福（Hank Helpful）去解决电脑部的问题。他的判断是，失败由部门间争斗所致。他觉得电脑部是封闭的，总是与公司其他部门协调不到一起。汉克眼里的这个距离是这样的：

我想要的→距离←我得到的

部门间通力合作→距离←部门相互封闭

这位副总裁认为，还存在着其他距离。电脑部认为，它作为公司的经营臂膀没有得到应有的尊重，该部门工作人员觉得他们得到的是二等公民的待遇。这两方面的感觉都是事实。然而，其他销售和经营部门也有它们各自的距离感，他们需要及时、能够承受费用的电脑服务。

在大多数情况下，组织问题常常难以诊断。经理们常常不知道存在着什么样的距离。存在着距离吗？一个经理可能看不清发生问题的实质。这常常是产生麻烦的首要原因。

问题的层次

一旦你知道了存在着什么距离后，这时重要的是了解这些问题是如何影响组织的。问题对公司的影响有以下 3 个方面：

- 某些人之内或之间
- 某些群体之内或之间
- 整个组织内

在上面电脑部的例子里，问题存在于所有 3 个方面。每个层次的问题都要着手处理，才能成功地予以“解决”。人与人之间的对立感存在于个人层次；部门间的争执是个群体间问题；公司采用有竞争力的新技术遭到失败，是组织问题。

问题的根源和因果链

工作效率高的 MBA 首先把目标放在找出最重要的问题，率先予以解决，这些问题被称为问题的根源。消除了根源，就消除了症状。问题的根源，例如，对电脑部不够尊重，会导致大量的其他问题。

找到问题的根源图表方法是画一条因果链。用因果链来表示公司部门间的问题，如下所示：

起因的问题→问题根源→经营问题

缺乏相互影响：个性区别→缺乏对技术人员的尊重→项目失败

分析

在确定距离并做完因果链之后，MBA 们将问题与其起因联系起来。除了画出因果链之外，在此分析阶段，你应努力去理解起因。它们为什么会存在？有哪些环境因素在起作用？通过提出这类问题，你就能开始面对那些可以通过管理行动予以纠正的起因。如果遇到个别难以克服的问题，那就必须试用不同的解决办法。在上面的例子中，开除不合作的员工就是副总裁可以选择的一个办法；培养敏锐性和部门间讨论，也是一种可能的选择。正如营销计划一样，成功解决问题的可行渠道也有许多。

制订行动计划

学校要求 MBA 们在工作中处理这方面问题时要果断和积极——这是 MBA 中的一个常用术语。经过彻底分析后，MBA 们应当能够制订一个计划。这个行动计划包含 6 个重要步骤：

1. 制定具体目标。
2. 确定行动内容、所需资源和责任。
3. 制定一个行动时刻表。
4. 预测结果，制订应变方案。
5. 按照时间顺序（time sequence）制订详细的行动计划。
6. 以第一步制定的具体目标为基础，实施、监督执行并做出评估。

你可以想象得到，用 MBA 的方法解决问题并不简单，需要时间和精力。为增加你的 MBA 词汇，你应把你可能采取的各个行动称为**行动工具**（action lever）。这种说法听上去很有力度而且有层次感。某一具体行动工具可以是奖励、控制或一个计划系统。

组织行为学的意义在于，培养 MBA 们避免因未考虑人的因素而犯战术错误。MBA 课程向 MBA 们灌输当今处理这些问题的理论和方法，以便他们能够使用之。

个人和组织层次的组织行为课题

我们在前面讨论了用以分析问题和执行解决方案的框架，以下部分讨论的题目是，其决定因素过程背景。MBA 课程合乎逻辑地先从讲解有关个人的理论和课题开始，然后讲解包含更多人的逐渐复杂的组织问题。在这个过程中，要求学生们运用他们新学到的技术，对越来越复杂、挑战性越来越强的案例进行分析并制定解决方法。

MBA 心理学课程：APCFB 模式

为了透视人们工作中的行为方式的原因，MBA 课程包含了图 4.1 所示的 APCFB 模式的一些形式。该模式旨在解释连接外部事件和员工行为的认识过程。**假设**（assumption）影响人们的**知觉**（perception），知觉影响人们的**结论**（conclusion），结论又激起**情感**（feeling），最后，情感驱动了经理们观察到的**行为**（behavior）。通过理解这个过程，MBA 们也许有机会对他们的行为以及同事的行为起到良好的影响作用。

有了分析工具，MBA 们相信他们能够理解任何事情。然而，人们内心的困惑阻碍了彼此完美的沟通和理解。我们往往戴着有色眼镜看待事物，常常不能准确地觉察事物，还阻碍了我们表现真实的想法。我们每个人都有内在的“防御系统”，以防止自己受到心理伤害，同时还阻碍我们在心理上正确理解他人。例如，如果主管算数方面能力很差，出于自卫，他可能会对一个分析家的技术报告挑毛病，借以掩盖自己这方面的无能。

MBA 们有机会影响人们的假设，即人们对客观世界的主观认识。这些假设构成了我们的价值体系。假设包含的内容按其可接近程度的顺序罗列如下：

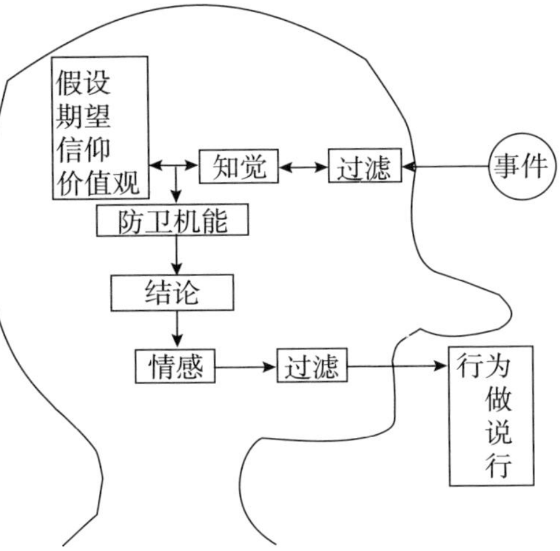

图 4.1　APCFB 心理学模式

资料来源："Why People Behave the Way They Do," Case UVA-OB-183, Figure 5. Copyright © 1986 by the Darden Graduate Business School Foundation, Charlottesville, Virginia

> 期望（expectation）

> 信仰（belief）

> 价值观（value）

期望以及**信仰**，在某种程度上是可以通过清晰的管理意图和行为而改变的。**价值观**是根深蒂固的假设，即使能够改变，也需要时间。

当一个经理能够引导其下属的价值观时，就可能产生真正的生产力。从个人而言，我认为创造力和自由非常重要。如果我的经理能够很好地激发我的内心意念，他就能引导我做出最佳的工作表现。例如，当我的老板寻求一个深层次的营销分析时，他给我提供了一个表现我的创造力的机会，我们的目标就是一致的或相当的，因为我们的目的相同。于是，理想的行为产生了。一个组织中的个人目标如果都能一致，组织就能更有效率。**目标一致**（goal congruence）是 MBA 中常用的词汇——不仅听上去动听，事实上也很有意义。

让我们举一个策划经理的例子。他希望激发下属的创造力，制订一个能适应瞬息万变的市场竞争方案。在此之前，这些需要有创造性的工作都由他自己做，而雇员只是敲敲数字。为促使他们行为上的改变，他必须学会容忍创造过程中的尝试和失误。由于过去员工的失败常招致解雇和嘲讽，雇员们在配合他的要求时表现迟缓。以往经历仍然对大家有负面影响。为了促使预期中的变化发生，他需要不断地通过奖励下属的创造力来建立信任。

懂一点心理学，对于如何激发人们的积极性是很有帮助的。

激励的期望理论

激励是所有组织都想驾驭的脱缰野马。**期望理论**（expectancy theory）列出了产生个人积极性的因素。经理也好，员工也好，甚至你自己，都可以运用期望理论来试着理解雇员的行为。

激励 = 对工作绩效的期望 × 对工作绩效将获得奖励的期望 × 奖励的价值

这个等式能帮助你找到问题的根源，等式的各个部分均能解释积极性的某一方面。如果一个营销经理负责销售一种销量走下坡的车型，而他把市场份额输给了一家在产品质量和促销方面均强过他的竞争对手，他可能会觉得无论自己怎么做都会失败。这样，他的积极性就会降低。如果一家公司从来没有奖励过有卓越表现的雇员，也将导致不满。当然，如果奖励仅仅是打开高级洗手间的一串钥匙，那么经理就会考虑另谋出路。

三位学术大师，赫兹伯格（Hertzberg）、马斯洛（Maslow）和麦克莱兰（McClelland）认为，行为是由满足需求的欲望所激发的。弗莱德·赫兹伯格断定，激励的强化，可以通过工作中激励因素或满意因素的最大化以及不满或维持因素的最小化来实现。升职或奖励可以是一种满意因素。维持因素不一定带来欢悦却是期望中的事。一个安全的工作地点和维持生计的工资就是典型的维持因素。在阿伯拉翰·马斯洛眼里，激励员工的作用在于满足个人

不同层次的需求（hierarchy of need）。这种需求层次呈金字塔形状，吃喝的需求在金字塔的底部，往上是安全感需求、归属感需求和地位需求，而实现**自我价值的需求**（self-actualization need）被认为是需求等级的尖顶。当一名员工在实现一个具有挑战性的目标后体验到个人成长和自我满足的感受时，他的需求便得到了满足。

最后，大卫·麦克莱兰提出，人有三种基本需求：成就需求、权力需求和归属需求。无论用什么理论，经理们必须认识到雇员的需求。

工作岗位的设置

理解和影响雇员积极性的另一个方法，是研究工作岗位是如何设置的。每一项工作都有某些说明职责的核心工作内容，这些职责导致雇员重要的心理状态造成不同结果。结果是工作绩效的明显现象，而心理状态则隐藏在人们的心中。如果忽略了人的因素，那么质量和效率便会受影响。

MBA 们遇到的人事问题，可能就是因工作岗位设置造成的。通过对核心工作内容仔细研究，能起到事半功倍的效果。例如，洛杉矶的一家零件厂雇用并培训了一些技术不熟练的工人，为另一家工厂生产喷气式飞机组装部件，雇员们没有积极性，他们加工出的产品质量也差。与这些工人谈话后，经理们意识到，工作对于他们无任何意义，他们不知道自己在生产什么。为解决这个问题，工人们被带到飞机组装厂，看看他们的产品被安装在飞机哪一部分。他们也遇到了那些由于收到有缺陷产品而造成工作不便的装配工。明白了自己工作的重要性后，雇员的生产积极性提高了，次品减少了。过去漫无目的的组装工作有了意义，他们的工作绩效因而大为改观。最终的结果是，工人为能做好工作而感到自豪。MBA 中描述这种员工欢悦的术语是职业**工作生活质量**（Quality of Work Life，简称 QWL）。当雇员得到机会尽展才华时，MBA 们称之为**授权**（empowerment）。如今，你很难找到一本不带这个词语的商务书。

工作岗位设置的模式如图 4.2 所示。

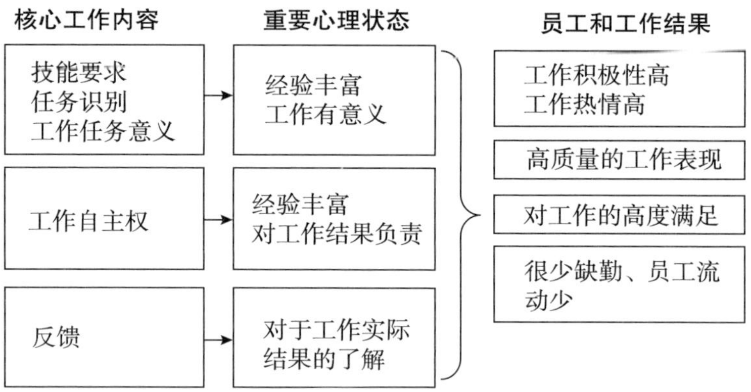

图 4.2　工作岗位设置模式

资料来源："Introduction to Job Design," by Professor William Zierden, Case UVA-OB-91R, Figure 1. Copyright © 1975 by the Darden Graduate Business School Foundation, Charlottesville, Virginia

MBA 的个性特征

商业院校向年轻的学生教授商务技能，同时还努力激励他们最大限度地发挥自己的潜能，把 MBA 们培养成真正有创新精神的领导者。

领导才能

著名商学院自称是未来商务领导人的摇篮。以此为目标，组织行为课致力于探索**领导才能**（leadership）及其责任。有些学校甚至把学生们送到森林里以获取野外求生的体验，释放他们的领导才能，开发集体合作精神。领导者制定目标方向，领导者提出新点子，领导者从情感的角度接触人，而经理们则是对事件做出反应。经理们解决问题，而领导者则接受挑战。当然，在著名商学院里，所有人都幻想自己是未来的行业领袖。为助你成功，本书第 10 天结尾部分，介绍了 10 分钟领导力培训。

领导才能的 VCM 模式

这种模式认为，领导者的个人形象有以下 3 个特征：

- 远见（vision）
- 承诺（commitment）
- 管理技能（management skill）

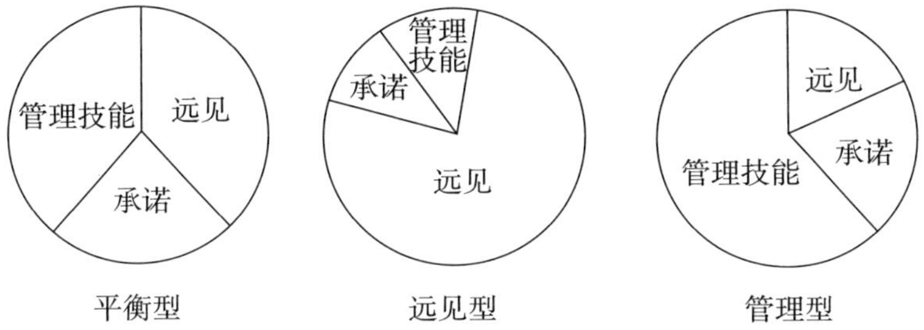

图 4.3 领导风格

资料来源："Survey of Managerial Style," by Professor James Clawson, Case UVA-OB-358, p. 14. Copyright © 1988 by the Darden Graduate Business School Foundation, Charlottesville, Virginia

领导者表现出的这些素质的比例各不相同（见图 4.3），没有哪个比例是最佳的，关键取决于个人和工作环境。史蒂夫·乔布斯可以被看作远见型的，他在 20 世纪 80 年代看到了个人电脑易学易用的潜力。在财会行业，远见的重要性并不那么重要，而管理技能和对长时间工作的承诺则是成功的关键。

领导风格

天下有多少人，就有多少种领导队伍的方法。领导风格（leadership patterns）存在于**以老板为中心**（boss-centered）和**以下属为中心**（subordinate-centered）的范围里。在 20 世纪 60 年代，高级官员们争先恐后地参加测试，看看自己处于这个范围的什么位置。按照一个管理坐标，他们可能被分为“独裁者”或“庸才”。有些老板直接运用他们的权威，强迫雇员服从。他们动脑，雇员跑腿。有些老板则给雇员以使用自己的智慧、组织完成任务的自由，老板的作用仅仅是提供大方向。领导者采用哪种领导方法，是由以下3个基本力量决定的：

- 领导者的内在力量
- 下属的内在力量
- 形势的力量

如果领导对下属没有信心，就不能把任务下放（放权）。如果雇员没有能力独立工作的话，完全授权就不适宜了。如果雇员对行业形势了如指掌并知道如何处理，那最好还是授权给他们。

对于一个领导来说，了解自己的性格特点是非常重要的。你可以想象，一个缺乏安全感的领导，无论在什么情形下都可能选择独断的领导风格。所以说，自知之明是很重要的，它会使你避开不适宜的管理风格。

> 我的缺点和优点相同……永远没够。我只能事必躬亲。这给我带来了问题——大家认为我谁都不信任，可我必须知道发生的一切。
>
> ——吉奥基欧·阿玛尼，《福布斯》

创造力

MBA们不仅要学习理解领导才能，还要学习通过挖掘自己的创造力（creativity）而成为领导者。每个人在创造力最强时都有灵感丰富期，对有些人来说，可能是在淋浴的时候，也有人是坐在马桶上或车里的时候。创造性的念头常常稍纵即逝，你必须在出现这些念头时就捕捉住它。克里克·汤姆逊（Chick Thompson）所著的《引爆灵感》（*What a Great Idea!*）

建议，在最容易产生灵感的地方，我们应当随时备有一支笔、一台录音机或一支油笔（淋浴时用）。

还有一种方法，叫作**思维图**（mind-mapping）技巧。取一张白纸，开始思考一个创造性的难题，然后写下主题并圈上。以一种完全随意的方式，继续在主题词旁边记下并圈上所有有关的念头，然后把它们如轮轴一般连接起来。每一个轮轴周围又有其他轮轴，如此等等。不要担心，一些想法可能很幼稚，但自有用得着的时候。都做完后，从这个连接的乱图中可能会浮现出有用的东西。我就是用这种方法来考虑这本书的书名、宣传和出版计划细节的。你不妨一试——反正没有什么可损失的。

图 4.4 是为本书命名时所做的简化思维图。

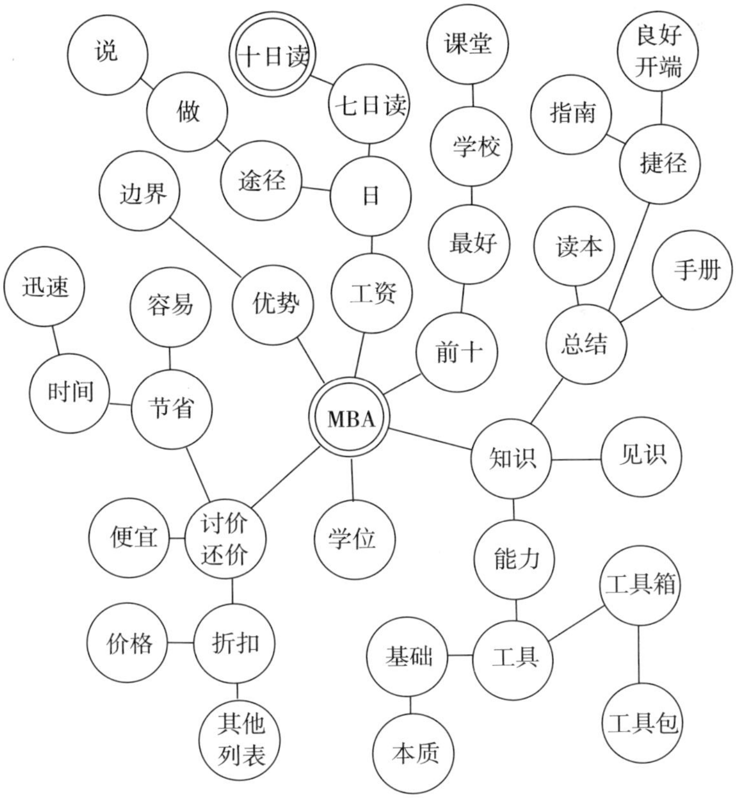

图 4.4　书名思维图

企业家精神（entrepreneurship）

涉及企业家领导力和创造力方面的议题，也是MBA们最热衷关注的话题之一。虽然大家认为企业家是教不出来的，但著名的商学院都尝试着对此领域有所研究。其研究结果显示，企业家们具备下列几种特质：

- 沉着面对不确定性和处理混乱局面
- 相信命运掌握在自己手中
- 不屈不挠、意志顽强
- 不惧失败
- 善于抓住机遇

培训MBA具备企业家精神的课程包括如何创建新公司、征集商业计划书等。另外，请成功的校友返校与大家交流，不仅可以激励大家，也可以促进相互了解。

A型和B型行为（type A and B behaviors）

讲授组织行为课的教授们在教材中引进了行为分类的概念，作为个人理解时用的辅助工具。由于大多数就读于前十所著名商学院的MBA们承认，他们的A型个性帮助他们在大学课程中名列前茅，那么他们看来应当是了解自己的这一特征的。A型行为最初是由两位心脏病专家梅尔·弗德曼（Meyer Friedman）和雷·罗斯曼（Ray Roseman）于1959年发现的。他们发现，患有严重冠心病的病人经常有以下特征：

- 获取成就的竞争需求
- 时间紧迫感
- 咄咄逼人
- 对他人和世界怀有不满

A 型行为的其他表现有：爆发性、高频率讲话、打断他人谈话、生活中急功近利和缺乏耐心。A 型人总是试图同时做好几件事情。每日时间安排效率手册，正是为这类人设计的。A 型人对生活经常不满意，表现出一种毫无目的的敌意。他们以外在的成就来评价自我价值。一种肯定的症状就是，在非竞争情形下也要与他人竞争。一个同学讲过这样一件事：“在一次面试中，一位比萨公司的官员让我大吃一惊。他吹嘘说，在公司年度骑车项目的检查中，没有一个同事比得上他。”此君是 A 型人。

类型行为范畴的另一端是 B 型人。B 型人享受生活，过得比较轻松。有些 B 型人也会溜进商校学习。大多数人处于这两种类型之间。但愿勇往直前的 MBA 们在意识到 A 型人的症状后，能够稍加控制自己的行为，以阻止冠心病的发作。否则，MBA 们在酒吧里讨论行为类型的话题就该转向谈冠心病了。

MBA 的办公程序

组织行为课除了让学生们意识到自己的潜能和缺点之外，还教授一些实用的人际交往技能，从而帮助我们在工作中取得成功。

积极倾听

积极倾听（active listening）能够真正地听，是最具价值的技能之一。积极倾听帮助你对形势有个清晰的了解，以便你有效地进行处理。它与谈话的区别有以下3个方面：

- 你对信息做出反应，但不去引导
- 你对个人信息做出反应，但不提出建议
- 你分析被访人的感觉和谈话的内容

积极倾听者将谈话的主动权让给对方。只要谈得投缘，对方就会倾诉真实的动机、感情和信念。经过积极倾听过程后，你可以开始说话，再次表现出像个无所不知的MBA。

绩效评估

组织改善工作中经常被误用的管理工具之一就是绩效评估（performance appraisal）。使用评分表有时对信息的及时反馈和个人发展颇有效果，然而，大多数情况下，因时间耽搁，这项工作已失去意义。有效的评估应当有以下3个类型的目标：

> 组织目标

> 反馈和评估目标

> 指导与发展目标

组织目标（organizational goal）旨在保证适宜的工作绩效、层次、位置安排、职务升迁和薪金。**反馈和评估**（feedback and evaluation）方面的内容为劳资双方提供正式的工作绩效程序和证明文件。**指导与发展**（coaching and development）应当是评估工作的首要目标。对于不能令人满意的绩效，我们如何改进而不是惩罚？老板和下属应当坐在一起商定具体的目标和改进的时刻表，这就为将来制订计划的后续工作提供了基础。

但问题是，经理们却通常避开这一评估过程，下属也采取自卫的态度。评估工作必须及时，参加的双方必须都要做好准备。老板应当培养一种真正沟通（即双向）的公开气氛，并明确说明评估的目的。尽管评估工作非常简单，但把此事做好的时候却不多。

评估工作除为雇主提供了改进的可能，也为合法开除员工提供了合理的档案文件。没有这些文件，一个不服气的员工可能会控告公司的不正当解雇。

惩戒

有时会要求 MBA 去处理麻烦。正如我们上课讨论时所说的，MBA 应当按照以下 4 个步骤来**惩戒**（reprimand）下属：

1. 首先查清事实。问一下你自己，是否是你导致了问题的产生。
2. 提出警告，说明你需要谈一下该问题。
3. 停顿一下，表示你的不愉快。直截了当地说出你的看法，不要大喊大叫，那样只会起反作用。
4. 表现出关切的态度。“我不赞成你的做法，但你还没多大问题。”“让我们吸取教训，忘掉它。”关键是要做得坚定、清楚，然后接着去干别的事情。

“一位好的经理，能在斥责与表扬之间找到平衡。”

适应你的老板

MBA 们并非总是老板，大多数人开始是低职位的分析人员、计划人员或助理。具有讽刺意味的是，这些职位在经营课里被描写为公司冗员时应予裁减的职位。即使 MBA 们发现自己身处更高一层管理位置时，可以肯定，他们还有个老板要对付。总裁上面还有董事长呢!

上层关系的处理与你处理与下层的关系同样重要，所以我把这部分内容写进了此书。为了使 MBA 有领先他人一步的优势，教程中包含了如何**适应你的老板**（manage your boss）这门课。在 1980 年 1 月份的《哈佛商业评论》（*Harvard Business Review*）中刊登了一篇这样的文章,[①] 作者是约翰·格柏若和约翰·科特，文章写得很好。

工作上成功的第一步就是了解老板及其背景，其中包括:

- 他们所说明的和未说明的目标
- 他们所承受的压力
- 他们的强项、弱点和盲点
- 他们喜欢的工作风格

第二步是反省，评价自己及自己的需求，包括:

- 你自己的强项和弱点
- 你的个人风格
- 你对于依赖或抵抗权威人士的倾向性

第三步是结合前两步，确定并维持这样一种关系:

- 适合于你的需求和风格
- 具有双方相互期望的特征

---

① 资料来源：*Harvard Business Review*，“Managing Your Boss” by John J. Gabarro and John P. Kotter (January/February. 1980). Copyright © 1979 by the President and Fellows of Harvard College; all rights reserved

- 随时向老板汇报——老板们最恨发生意想不到的事情
- 相互信赖和真诚相待
- 有选择地使用你的老板的时间和资源

在建立这种关系的初期，先问自己几个问题，你就可以避免将来在工作上栽大跟头。有些老板喜欢正式的关系、备忘录和有议程的会议，有的老板更喜欢非正式的便条和经常性的、随意性的会议。聪明的 MBA 们应主动询问老板喜欢如何交流，而不是去猜测。事业发展常常寓于平衡之中。我的桌子里至今还保留着格柏若和科特的文章，提醒我如何适应我的老板。

了解工作中的权力

如果 MBA 们想要权力，那么他们应当更多地了解他们所追求的目标。实际上有 5 种形式的权力：

> 强制
> 奖赏
> 感召
> 法定
> 专家

强制权力（coercive power）是以恐惧为基础的。不符合要求的后果，可能是某种惩罚。具有强制权力的人可以对一个雇员施以影响，直接开除、降职或调动。消防队队长负责工作排班，如果你们搞不好关系，也许你就会轮到更多的夜班工作。

奖赏权力（reward power）是基于对接受表扬、认可或收入的一种期望。它与强制权力相反。

感召权力（referent power）来自别人的仰慕，无论此人正式的工作职位如何，这部分人据说具有魅力，能够激励和吸引追随者。销售明星在销售机构里扮演的就是这种角色。

法定权力（legitimate power）来自在公司管理结构中拥有的正式地位。具有这种权力的人，可以运用权力来奖励、惩罚和影响机构中其他人的生活。一个当班工头有权力分配生产线上的职责。

专家权力（expert power）来自某人自身的技能、知识或经验。拥有这种权力的人有能力操纵他人，而这一点与他们在公司里的地位并无关系。一个基础职位的电脑技工，有权把一位公司高级官员带到他狭小的电脑室，老板必须求他帮助。高水平的技术人员能修好电脑，所以只有他们能使用数据库，这样就保护了他们的专家权力。经理有责任跨部门培训人员，以防止机构中产生这类小土皇帝。

在公司的政治游戏中，MBA 们要认清公司里有权力影响自己生计的人。

MBO 和 MBWA

二者都是 MBA 中常用的缩略语。MBO（management by objective）指目标管理。这种管理方式是由管理大师彼得·德鲁克于 20 世纪 50 年代倡导而流行的。老板们通过与下属“谈判制定目标合同”的方法，将任务授权下去，而不确定具体执行方法。目标管理的经理们注重结果，而不是过程。例如，在菲多利公司，一位副总裁可能会为其区域销售经理们制定销售目标，而由经理们自行决定需要什么战略战术来实现目标。目标管理方式在你的员工非常能干时是合适的。跨国公司的主要执行官们可对他们在海外的经理人实行目标管理。他们在美国的老板们对于必须如何才能在该国市场上获胜，常了解有限。当你希望培养员工的管理技能、挖掘他们的创造力和主动性时，目标管理是很适宜的。但其缺点是：谈判、签合同需要花费很长时间。因此，目标管理应当在合适的情形下使用。

MBWA（management by walking around），即走动式管理。这一理论的倡议者是电脑巨人惠普。惠普的官员们被要求走出自己的办公室去建立关系、激励下属，并与公司的活动保持直接的联系。走动式管理是个简单的概念，但已成为 MBA 管理理论的一部分。

组织层次问题

除了心理学课程和学习 MBA 办公程序外，组织行为学非常重视对组织进行广泛深入的研究，运用重要的理论并辅以专业名词。

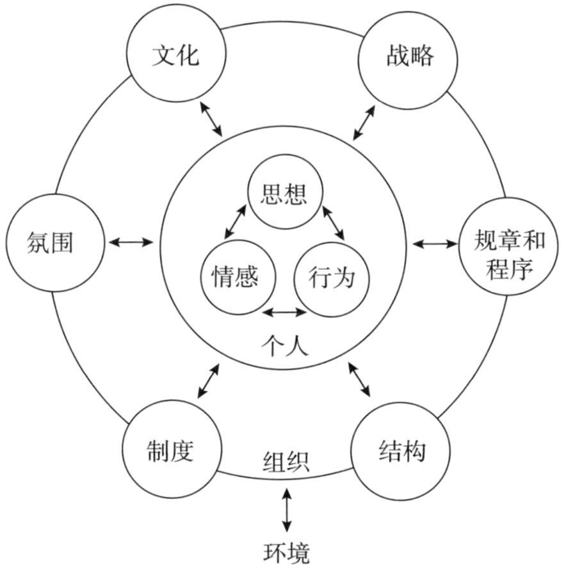

图 4.5　基本组织模式

基本组织模式

要了解一个组织，你必须考虑它所有的组成部分。组织是相关部门的网络，各个部门通力合作，以支持高效的经营活动。MBA 的一个新词统称其为**组织架构**（organizational architecture）。

图 4.5 中有一点值得注意的是，人处于中心位置。原因是，构成组织的不是砖和灰，而是人。组织影响着相关的所有人。前面几节所述的理论注重的是个人，下面我们用 MBA 术语从宏观的角度来讨论组织。

正如图 4.5 所示，机构的定义有 6 个组成部分。有些可以望文生义，有些则具有特殊的 MBA 意义，需要注明。

战略

战略（strategy）是争取市场成功的一项明确或轮廓性的计划。一家航空公司决定用低价或更好的服务来吸引顾客时，这就是公司战略。（我在本书的后面将用整整一章的篇幅来讲解这一题目。）

规章和程序

规章（policy）是除小公司以外的所有组织里以手册形式出现的正式规则，而**程序**（procedure）是一家公司业务运行的外在形式。带薪假期和福利，属于编辑成册的规章。类似于如何将废纸分类以便回收，虽然没有明文规定，却是人人皆知的程序。

组织结构

组织结构（organizational structure）一词是 MBA 必须掌握的专门术语。它是公司召开会议时常讨论的话题，也是管理组织行为的一个重要工具。结构表现的是组织的权力构成和说明，这些“正式”关系通常在**组织结构图**（organization chart）里以图表形式来解释。大多数公司用这些结构的某种综合图来实现它们的目标。直接涉及公司产品或服务的生产或营销人员称为**一线员工**（line employee），为前线提供意见、服务和支持的称作**职员**（staff）。一线员工和职员可以按以下系列组织起来：

> 职能型
> 产品型
> 客户型
> 地区型
> 事业部型
> 矩阵型
> 不定型

职能型 职能型（functional）是把工作按任务进行划分，例如广告、财会、金融和销售等。这些部门对公司高管负责。见图 4.6。

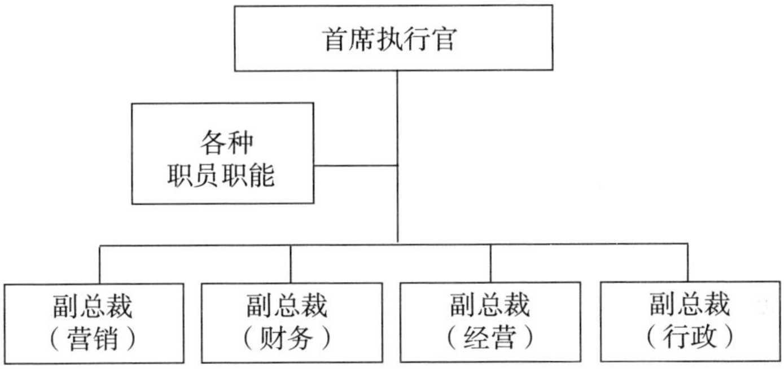

图 4.6 职能型

产品型 按产品结构把生产一个具体产品所需要的全部功能组合起来。产品经理们对具体产品的管理犹如管理公司的一个个小企业，例如，百得公司（Black & Decker）分成几个独立单位，分别负责生产动力工具、小型家电和配件。见图 4.7。

客户型 你猜得不错，客户（customer）结构的焦点在客户身上。见图 4.8。各种活动，例如生产和营销，与其他功能结合起来，以满足客户的具体需求。客户结构常见于服务业。银行经常按照客户类型来划分责任，例如，有些贷

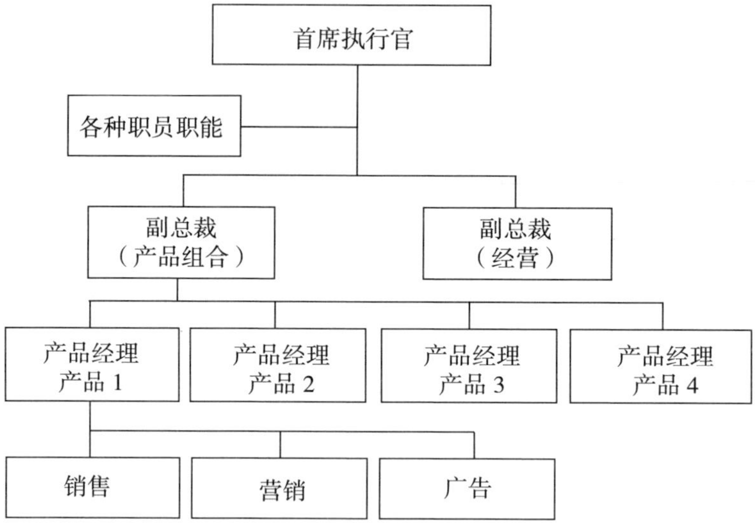

图 4.7　产品型

款专员经过具体培训后为公司客户服务，而其他人则为个人客户服务。每人都具有“专业”知识来处理各自客户的具体需求。

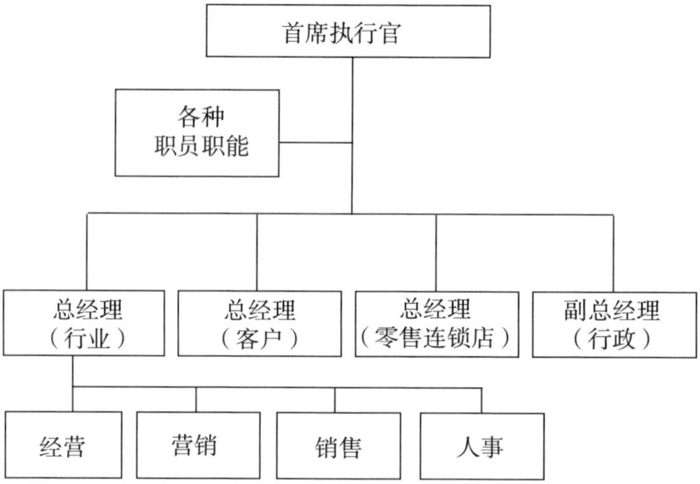

图 4.8　客户型

地区型　这种方法是按照地区来分配工作。地区（geographic）结构跨过了客户和产品结构，而通过设立地区办事处来管理业务。见图 4.9。跨国企业尤其

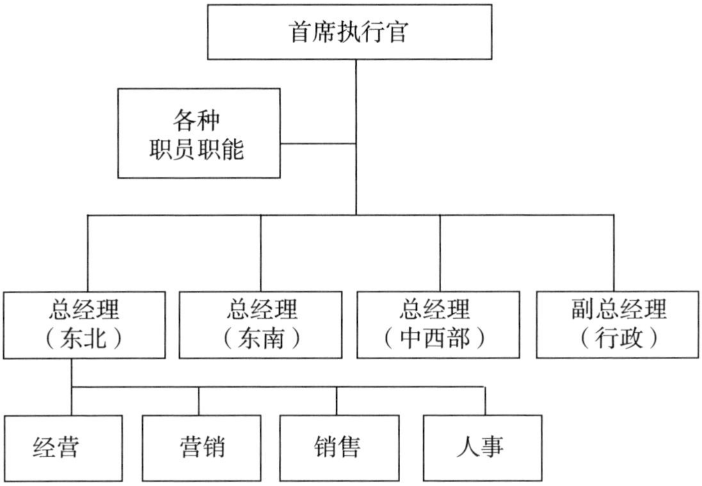

图 4.9　地区型

如此，其每个国家的分公司可采用自己的组织结构。

事业部型　事业部（divisional）是母公司伞下的独立经营体。与前面 4 种结构不同的是，部门基本上自主经营。一切都是自己来做，从营销到购买原材料。然而，大多数部门都利用母公司进行融资。见图 4.10。如通用电气

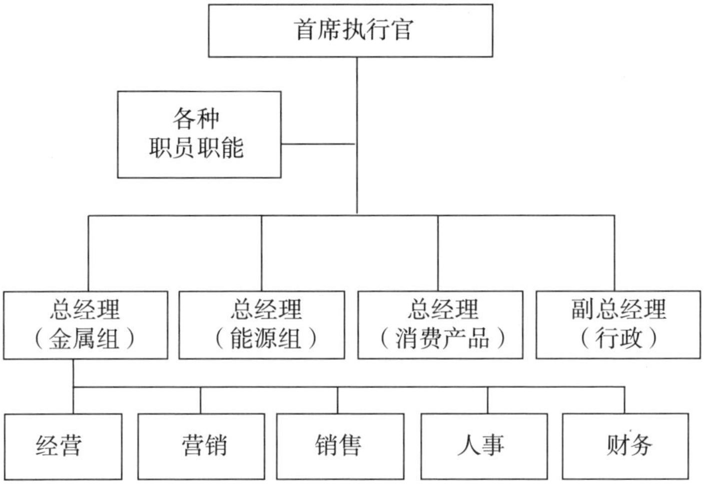

图 4.10　事业部型

公司，就采用事业部型结构，下属企业包括NBC环球（NBC Universal）、通用电气能源集团（GE Energy）、通用电气金融服务公司（GE Capital）、GE Homes & Business Solutions和GE Technology Infrastructure。这几家公司虽由同一母公司控股，但分别经营。各个部门内部可能有其他组织结构。

矩阵型 矩阵型（matrix）结构离开了集中指挥的原则，即每个雇员只有一个老板的原则。这里，指挥渠道有两条或者更多。见图4.11。矩阵型结构常用于大型、复杂的项目，要求有高度的专业化技能。在此结构下，产品和职能型结构并存。雇员们要向负责分配给他们的产品项目经理汇报，同时还要向负责具体活动（例如生产、财务和营销）的主管经理汇报。你能想象得到，这种组织结构可能显得很乱，它要求职员既有灵活性又很专业。国防和电脑行业，经常选用矩阵型结构进行大型的开发项目。

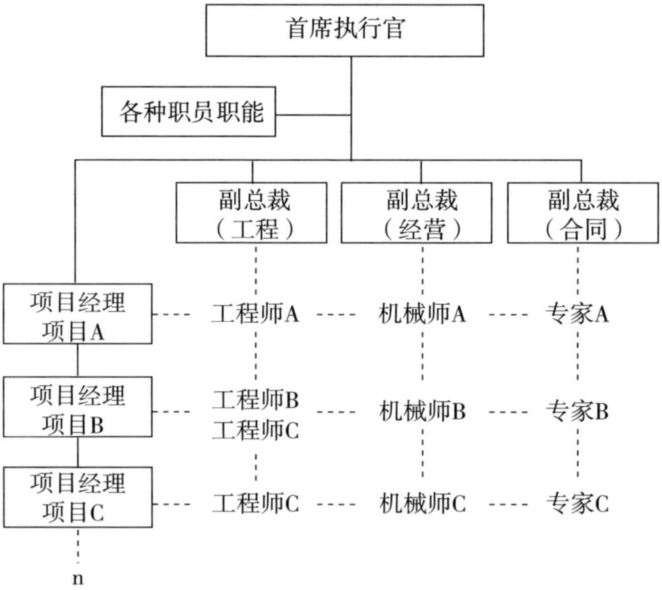

图4.11 矩阵型

不定型 这是我个人最喜欢的结构。不定型（amorphous）结构根本就没有正式结构，它是只自由鸟。见图4.12。在这种结构的公司里，具有高度积极性和建设性的经理们根据手边的任务来创建和结束工作关系。在这种公司里，事件决定着结构的变化。脸书公司最初就是采用不定型结的。

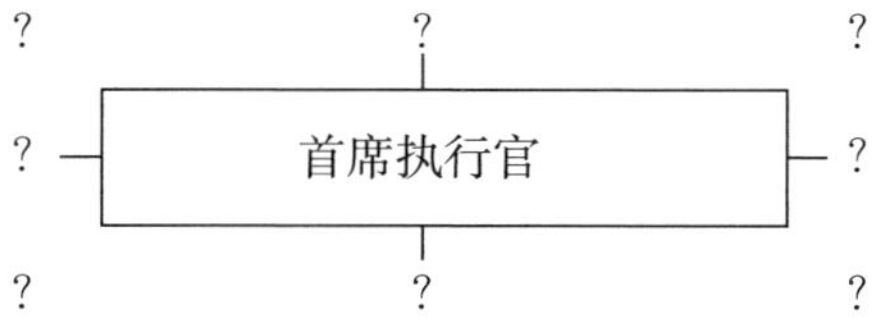

图 4.12 不定型

混合型 这种公司是由多种经营结构组成的混合体，大多数公司都是这个类型。通用电气是个事业部型结构的公司。然而每个部门里，有地区型生产企业、矩阵型结构的研究人员和客户型结构的销售公司。图 4.13 的例子里，公司由职能型或产品型的混合体组成。品牌经理负责他们的产品和营销，但不能完全控制企业的融资和经营。

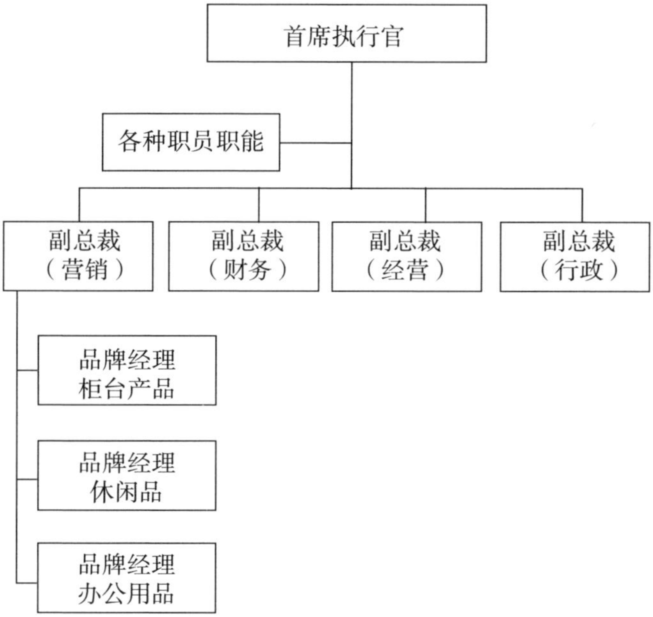

图 4.13 混合型

结构的选择会严重影响公司的经营。经营活动与所建立的、用以生产和提供服务的公司结构之间，必须是适宜的。

经理们应当选择一个能够反映他们目标和战略的结构，所建立的结构应使每个人都能以最有利于实现目标的方式相互作用。非正式的汇报关系是自发产生的，在人事部门存档的机构图中无法找到。意识到并了解正式和非正式结构的存在，对于执行一项成功的行动计划是至关重要的。

与汇报关系相关的一个重要问题是**控制范围**（span of control）。范围是指向经理汇报的人数。在公司重组、缩小和衰退时，这个话题就变得时髦了。大公司在采用缩小控制范围的方法时，常常辞退由 MBA 所担任的中层经理，剩下的经理们就拥有了更多的职员。如果一家销售公司将 1 个地区经理负责 3 个地区的政策改为 1 个地区经理负责 4 个地区，那就要削减 25% 的地区经理人数。MBA 们称这种解雇为**力量削减**（Reduction In Force，简称 RIF）、**减量**（demassing）或**重组**（restructuring）。经理们用这些名词为大量解雇职工找到了托词。控制范围政策，是强有力的组织工具。

制度

每个公司都建立**制度**（system），来分配、控制和监督人、财、物。制度本身就起着一种信息交流的作用，通过收集信息将其输送给有兴趣的使用者。制度有 6 类：

- 资金分配、控制和监督——财务、投资和预算制度。
- 物品分配、控制和监督——库存和生产制度。
- 人员分配、控制和监督——人力资源规划、员工档案资料和年度业绩评估。
- 前景预测——战略规划、营销—销售方案、经营开发活动。
- 员工奖励和激励——薪酬方案、奖金方案、共享利润方案。

“大卫，你被解雇了。我们和你的合作还是很愉快的，公司有个礼物要送给你。”

- 综合——以上 5 类的混合。管理有方的公司用综合制度来预测销售情况，而这种预测又反过来决定了要满足市场需求所需要的生产计划。

了解公司的制度是至关重要的，因为制度是变革的工具。制度不仅提供了公司变革的途径，有时也是变革的障碍。

氛围

氛围（climate）是一个抽象名词，它描述的是一个公司成员的情感状态。许多公司都以高薪聘请顾问做满意度研究，确定公司的“氛围”如何，以便改进。在把人作为最宝贵财富的服务业，例如，律师事务所、投资银行和咨询公司，公司的气氛对于决定其服务质量起着重要作用。

文化

文化（culture）又是一个抽象名词。公司文化是行为、思想、信念、标志、象征和人为产物的总和，它随着时间的推移影响公司每一个人。公司文化中有些可能显得非常荒谬，例如作为一个不成文规定，所有的男士都必须身着款式一致的衬衫或领带夹。公司文化甚至包含某种预期的员工举止，“高级官员必须经常工作到晚 6 点以后”、“在任何时候都必须表现出非常忙的样子”。招聘的一个主要条件常常是感觉被面试人对公司是否“合适”，如果一个人看上去与公司的文化不“合适”，那么他或她在许多招聘者的眼里可能就不会是个高效率的员工。

组织的 6 个要素（战略、规章和程序、组织结构、制度、氛围和文化）不停地相互作用。在争取实现公司目标的过程中，每一要素与要素之间、要素与环境之间都相互影响。问题界定或行动计划的过程要求经理全观公司的 6 个要素，以确定需要哪些行动手段，才能实施积极的变革。如果环境变了，这些要素必须随之改变。MBA 们喜欢把那些能够变化的公司称为**学习型组织**（learning organization）。

那些陷在陈旧的思维和行为模式里的公司，是为其心理思维定式所束缚。收费甚高的顾问们经常为僵化的公司提供咨询意见，建议它们怎样才能破除束缚，以便做到变革并且成功。下次谈论时就用思维定式这个词，你也就更像 MBA 了。

人才流动金字塔

一个公司的结构不仅决定了雇员的组成方式，也决定了他们在公司里能够如何发展。每进一步，每提升一次，人就获取了更多的权力。人，要么离职，要么被辞退，要么升迁。MBA 们寻找这种人力资本流动轨迹的一种方便的工具就是金字塔形图。

追踪一个公司人员流入流出的轨迹，我们能够清晰地看到人员流动的原因在于，销售量、技能缺憾和僵硬管理等。图 4.14 有助于指出一个机构内部人员流动的“漏洞”和“阻碍”。雇员从图的左边进入机构的各个层次，然后在金字塔内上升。如果一个层次向另一个层次的流动很少，这种阻碍可能会使许多人变得烦躁，从而流向金字塔的右边，即漏洞的一面。用这种制图方法可以分析出歧视问题，例如，用“有色眼镜”看待女雇员和对待少数民族雇员的升迁问题。

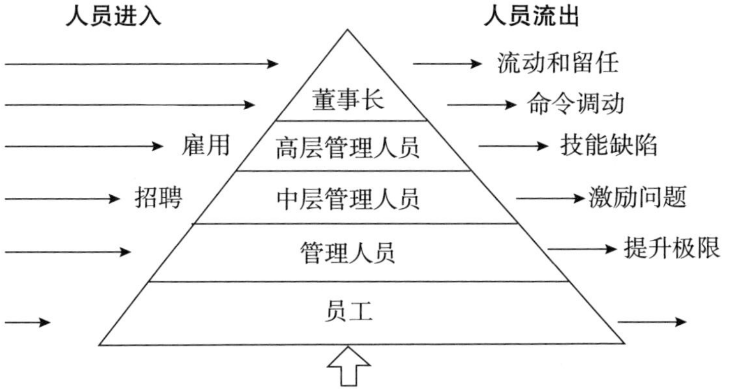

图4.14　人才流动金字塔

系统理论和机构分析

系统理论（systems theory）是把组织视作一个活的有机体。学术界提出，正如动物有内分泌系统、消化系统和神经系统一样，组织体系也有类似的**子系统**（subsystem），这样才能生存。画出图来，机构像一条草履虫。见图4.15。

管理子系统（management subsystem）是制定目标、计划和控制措施的器官，一如大脑。这是当官的干的活。

适应子系统（adaptive subsystem）是公司的眼睛，监视着周围环境。该系统同时保证公司的产品和服务在一个变化中的环境里是适宜的，以确保生存。由市场调研人员、客户服务代表和销售人员搜集的信息，使公司具有适应性。

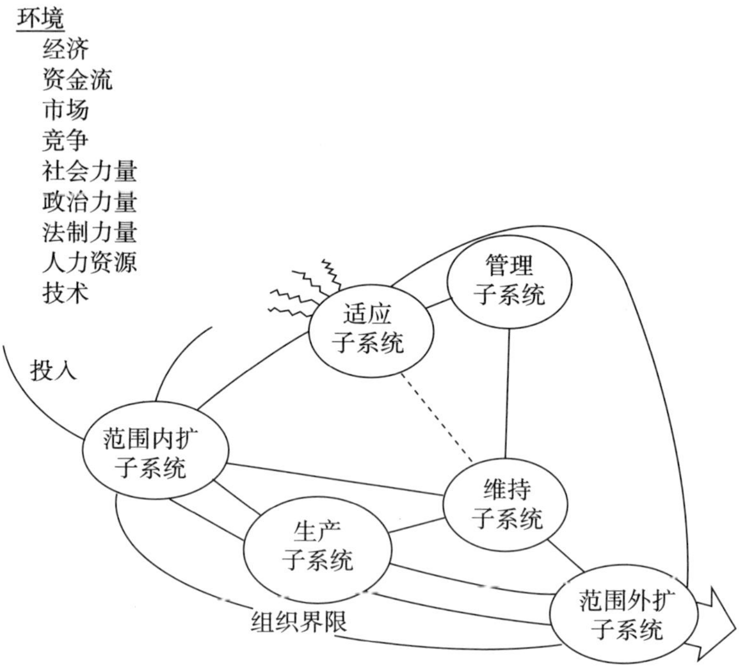

图 4.15　系统理论

资料来源："Systems Theory and Organizational Analysis," by Professor James Clawson, Case UVA-OB-214, Figure 1. Copyright © 1983 by the Darden Graduate Business School Foundation, Charlottesville, Virginia

范围内扩子系统（boundary spanning in subsystem）是嘴巴，它控制着机构的进食。在一个公司里，这个子系统包括人员招聘、购买原材料以及资金筹措。

生产子系统（production subsystem）是公司的肠子，它将投入变为产品和服务。在一个生产型公司里，指的是工厂。

范围外扩子系统（boundary spanning out subsystem）。营销班子帮助公司生产其产品和服务；人事部门处理未达到公司标准的雇员的调职等事宜；最后，公共关系部努力为公司的各项活动树立良好形象。

动物在呼吸和各个系统正常运行时，**维持子系统**（maintenance subsystem）努力使各个子系统统一在一起维持高效率的运作。这个小脑通过协调身体的活动，来保持组织的平衡。维持子系统的内容包括雇员激励机制和公司的内部新闻发布等。

系统理论提供了又一种分析组织的办法，以便对其结构进行检查或改变它的运行方式。

组织演变

哈佛商学院教授拉里 · E · 格雷纳（Larry E. Greiner）于 1972 年 7 月以此为题为《哈佛商业评论》写了一篇引人瞩目的文章，描述了组织所经历的成长痛苦。

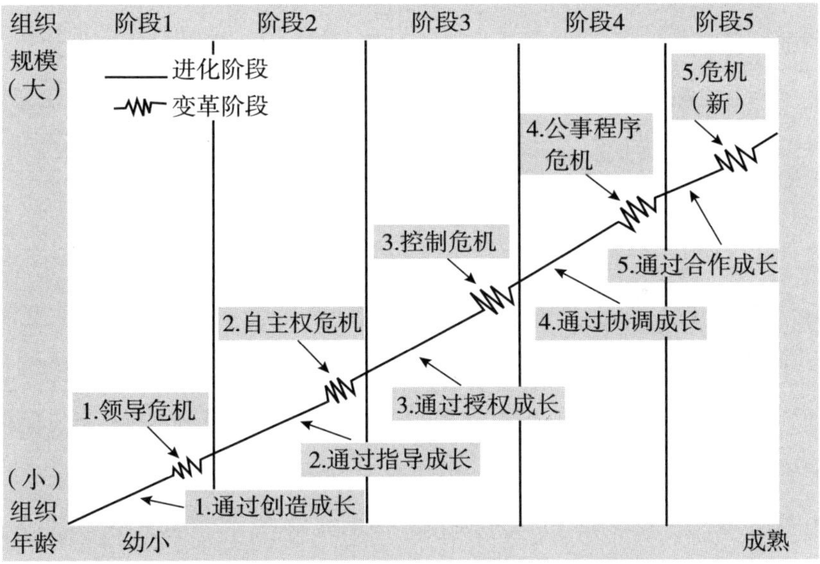

图 4.16　组织演变

资料来源：*Harvard Business Review*. An exhibit from "Evolution and Revolution as Organizations Grow" by Larry E. Greiner，Volume 50，Number 4（July/August 1972）. Copyright © 1972 by the President and Fellows of Harvard College；all rights reserved

格雷纳认为，组织表现出 5 个可预见的成长阶段，即演变阶段（evolution)，以及5个危机时期**变革阶段**（revolution）。见图4.16。他的理论很快就应用于许多组织。在组织成长的不同阶段，需要根据组织内部和外部环境的变化，对管理方式做出相应的加强或放松的调整。

苹果公司的演变和变革，就是一个极好的例子。苹果电脑从史蒂夫·乔布斯和沃兹尼克的创造阶段一跃而起。从1976年起，这两位企业家如同坐上了高速火车般飞速发展，直至公司到了1983年失去控制险些脱轨。苹果公司面临着一个成长型公司的领导危机（leadership crisis），没有人能够有效地管理日常经营。乔布斯是个傲慢而有远见的演说家，而沃兹尼克则是个神奇的技师。

公司随着创造性下降，开始出现问题。苹果Ⅱ跌了跟头，新型Lisa电脑失败。这时，约翰·斯卡利（沃顿1963届MBA），从百事可乐被请进公司。斯卡利重组了苹果公司，削减了总部的过度开支。史蒂夫·乔布斯及其一帮人要求更多的**自主权**（autonomy），以开发一种突破性产品，斯卡利同意了。这一**授权**（delegation）促成了麦金塔电脑（Macintosh，俗称Mac机）的诞生。

Mac机开创了又一个飞速成长阶段。然而，乔布斯无法在一个成长公司官僚机构中工作，于是他又创建了NeXT公司。1989年，老化的Mac机型面临着激烈的竞争。随着1990年利润滑坡，苹果公司又一次面临**控制危机**（crisis of control）。麦克尔·斯平德勒被任命为首席运营官，协助董事长斯卡利管理公司并使公司回到获利能力日益增长的轨道。到了1992年，他们成功了。但到1995年，又陷入危机。史蒂夫·乔布斯回到苹果公司，在1998年靠推出iMac和G3重振雄风。之后相继于2002年推出iPod音乐播放器，2007年推出iPhone，2010年推出iPad。

选择变革的战略

除了关于公司的决策和公司结构的理论之外，MBA们在校时还学到了在面临困境时如何处理的经验。无论行动计划多么“周全”，变革的阻力总是存在的。尽管计划考虑得很严密，仍有可能撞墙，就像本章开头那位新毕业的 MBA 向老板所提的建议那样。所幸的是，约翰·科特和里奥纳德·施莱辛格于 1979 年 3 月在《哈佛商业评论》上撰文“选择变革的战略”，为 MBA 们提供了一个令人满意的模式。行动计划完全取决于实际情况。

实际情况→改变现状所需的行动

公司缺乏信息→教育和沟通策略

盐湖城有一家墨守成规的生产公司，雇员们对公司的盈利情况一无所知。从老板坐着的高级轿车判断，他们觉得一切都好。遗憾的是，公司在赔钱，除非生产力得到提高，否则裁员不可避免。在这种情形下，应当向雇员们通告公司的实际情况，以便他们给予全面合作，工作更有效率。

你需要信息，你的力量太小→参与战术

堪萨斯市一家金属制造厂聘请一个顾问来治理旷工问题。该顾问并不认识工人们，不知道他们的个性，也不了解这个城市。她没有权力要求员工配合调查。她首先必须取得工人们的信任，开始与他们谈论造成那么多病假的原因。她需要他们的合作和参与，以便为工人和管理层就问题进行定性并解决之。

调整问题→支持和推进战术

随着全国范围的办公室计算机化，秘书工作起了变化。不再用单一的打字机了，而是要求秘书们在电脑上使用文字处理程序。公司需要对职员进行再培训，而不是雇用新手。公司必须聘请计算机专业职员来帮助调整工作。

你期望的变革会带来损失而反对者有能力阻拦你→谈判和协议战术

20 世纪 80 年代，美国汽车行业引进了机器人。日本的进口货夺取了美国的就业机会。通用、福特和克莱斯勒选择了与强大的汽车工人联合工会谈判的方式，允许按照新技术要求修改工作规程。如果几家公司采取强硬态度，将自己的意志强加于联合工会，那么工会有可能罢工，最后的结果是双方都蒙受损失。通过合作，双方都有生存的机会。

你别无选择，也没有资金来推进工作→处置（不做选择）

亏本公司常常除了裁员减薪外别无选择。新泽西州特兰顿有个电子开关生产厂家给工人两个选择：或降低工资，或失去工作。工人们选择了降低工资，但公司还是失败了。

你需要速度而你又拥有决定权→采用命令和高压战术

这种局面常见于咨询、法律和会计行业。屡见不鲜的情形是，开始由一个客户要求一个“昨天就该完成的”项目。合伙人打电话给一位助理，要求“前天”完成任务。合伙人紧催，那个助理赶紧行动，合伙人拥有权力。问题是，雇员们被逼急了，离职了。对这些公司来说，所幸的是，有一大批急不可耐的 MBA 顶替了他们的位置。如果你选择了高压战术，你必须肯定拥有这个权力，并且愿意承担由此引起的后果。

组织行为总结

最要紧的是，MBA 们应当三思而后行。当需要采取行动时，他们必须彻底分析形势，首先从个人的角度，然后从公司优势的角度，以制订一个协调一致且行之有效的计划。MBA 们绝不是要学成什么“组织专家”，而是在拥有了一些理论和框架后，一旦出现问题时，他们能更加有效地付诸行动。

需要掌握的主要词语

事与愿违的距离（want got gaps）——组织行为问题。

因果链（causal chains）——问题与问题之间的关系。

行动计划（action planning）——解决组织行为学问题的一系列特定活动。

APCFB 模式（APCFB model）——一种人类心理思维模式。

目标一致（goal congruence）——带有共同目标的一群人共同工作效率更高。

期望理论（expectancy theory）——激励是使雇员将行为转化为回报的一种方式。

领导才能的 VCM 模式（VCM leadership model）——领导艺术的远见、承诺、管理技能方面。

积极倾听（active listening）——倾听以获取经验和洞察力。

5 种形式的权力（the 5 forms of power）——超越职务称谓之上的权力。

基本组织模式（the basic organizational model）——战略、规章和程序、组织结构、制度、氛围，以及文化。

结构（structure）——公司自身的组织方式。

控制范围（span of control）——一位管理人员直接控制的人员数量。

思维定式（paradigm）——公司习以为常的处理事物的想法和方式。

制度理论（systems theory）——组织的运作类似人体机能运作。

演变阶段和变革阶段（the evolution and revolution pattern）——组织在其生命周期内所经历的一系列成长期和危险期。

第 5 天 数量分析

- 决策树分析
- 现金流量分析
- 净现值
- 概率论
- 回归分析与预测

数量分析大概是 MBA 课程中最具挑战性，也最重要的部分，是学习金融、会计、营销和经营等课程时用到的基本工具。因此，即使你对数字和统计很不在行，也不要轻易跳过去，而应努力掌握本章内容。

掌握了数量分析技巧的 MBA，和其他人比起来显得更出众。MBA 们用复杂的图表、使人印象深刻的语言，引起老板的注意。如果运气不错，陈述的意见还会正合老板的心意。

运用数量分析的原理来解决项目中的问题，是 MBA 们的主要工作。数量分析有助于 MBA 们客观、公正地处理复杂问题。这些技巧背后的理论并不那么重要，重要的是如何运用它解决项目中的实际问题。但值得一提的是，不论数量分析这一工具在数学上显得多么精确，它都取代不了 MBA 们自己的独立判断。

“费尔，我倒真是希望这些统计图是毫无意义的。”

决策理论

决策理论研究的是如何将复杂的问题分解，使之成为易于处理的几部分。如果没有处理复杂问题的基本方法，这些问题就可能转眼之间变得不可收拾。举例来说，用数量分析的方法可以帮助石油开采者决定是否钻井。由于石油勘探本身具有风险，且无法排除，所以可用**决策树分析图**（decision tree diagram）将解决问题的替代方案、项目风险和不确定性结合在一起做通盘的考虑。

决策树分析的5个步骤如下：

1. 确定所有可能的替代方案和相关的风险。
2. 计算每种替代方案所需的具体财务数据。
3. 确定每种替代方案的不确定性。
4. 将前3个步骤画成树型图。
5. 确定最佳方案并考虑项目非财务方面的问题。

决策树图包括在可能出现替代方案的交点上的**方案枝**（activity fork）和**概率枝**（event fork）。例如，对石油开采者来说，是否钻井这一决定就代表了一个方案枝，在决策树上用方块表示。如果不同的替代方案本身并不确定，这时就有了概率枝。油井产出石油的不确定结果就有“概率”问题，在决策树图上用圆圈表示。如图 5.1 所示。

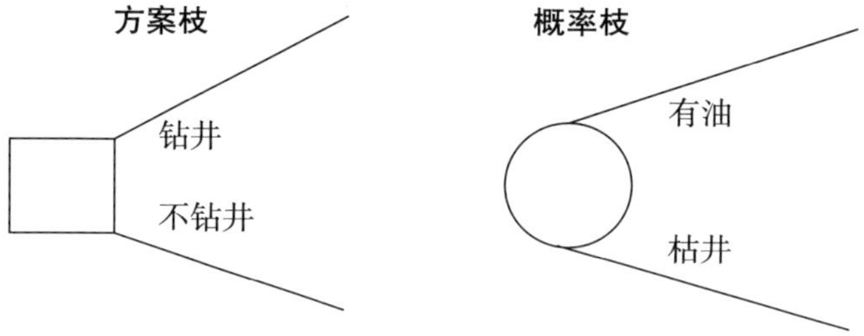

图 5.1　决策树图

决策树图举例

下面举例说明如何用决策树图做出决策。来自美国得克萨斯州的萨姆·休斯顿（Sam Houston）先生，正欲决定是否行使在一块有开采价值的开采区钻井采油的权利。他该不该采呢？如果成功地采到油脉，估计利润将高达 100 万美元。在调查了所有可能的方案后，他列出了下面的单子：

1. 萨姆已花了 20 000 美元购买了采油权。
2. 如果萨姆花 50 000 美元聘请地质学家从事地质分析，就可以降低风险。这有助于增加他开采的成功率，降低不必要的钻井成本。
3. 是否冒险不做地质分析，直接花 200 000 美元钻井？
4. 萨姆咨询了石油专家。他们认为，萨姆拥有的开采区内即使不做任何地质分析，成功的概率也有 60%。

5. 专家的经验是，如果地质分析结果令人满意，确实有一些油的概率是 90%，失败的概率是 10%。
6. 如果地质分析的结果是否定的，萨姆仍可以继续开采，成功概率只有 10%，失败概率是 90%。
7. 萨姆也可以决定根本不开采。

将上面列出的每一步构成决策树图的一部分。用决策树图将萨姆·休斯顿先生的替代方案综合在一起。

在你饶有兴致地画决策树图之前，一定要确定哪些因素与决策无关。在本例中，萨姆花在购买钻井权上的费用 20 000 美元就是与决策不相干的，是沉没成本（sunk cost）。这笔钱已花出去，如同沉入井中。萨姆钻井也好，不钻也好，钱反正是拿不回来了。因此，沉没成本应排除在决策树考虑内容之外。

画决策树

画决策树的第一步，是确定什么内容是需最先决定的，即“**树枝**”（fork of the tree）。萨姆是否选择先做地质分析？如果做，后面的一系列工作就会随之而来。地质分析在树图中是以第一个“枝”处的方块表示的，见图 5.2。

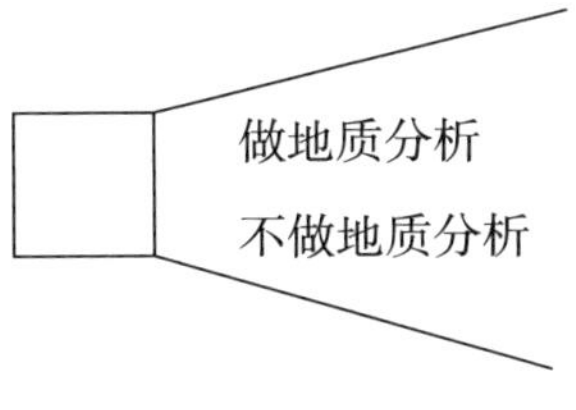

图 5.2　钻井方案枝

如果萨姆做地质分析，其结果也许是肯定的（60% 的概率），也许是否定的（40% 的概率）。如果不做分析，他仍能选择是否开采（见图 5.3 方块处）。不管地质分析报告的结果如何，萨姆仍能选择是否开采。但是，一旦钻机开钻，有没有储量丰厚的油层，萨姆可就无法控制了。即使有油，能否赚钱，萨姆也不得而知。

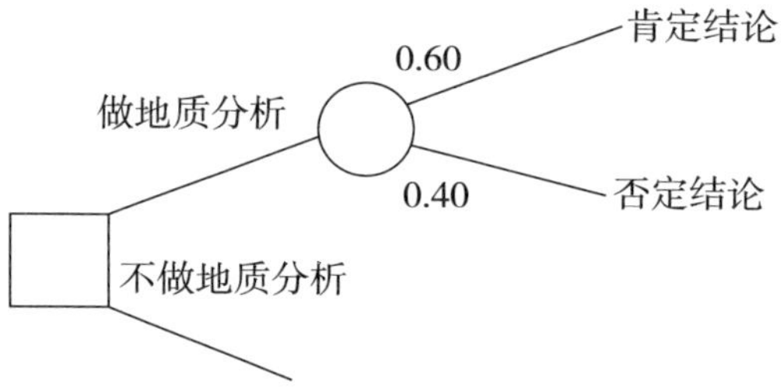

图 5.3　钻井概率枝

下一步是要在图中填上财务数据，犹如“树上的叶子”。见图 5.4 和图 5.5。如果有油，将来的收益能有 100 万美元。每口油井的钻井费用是 20 万美元，每口井的地质分析费是 5 万美元。

若想了解每一决策带来的潜在的财务结果，需用“概率圆圈”（event circle）处概率枝的数字乘以估计的收益，即［（1 000 000 美元收益 ×0.90 概率）+（0 美元收益 ×0.10 概率）=900 000 美元］，这就得出了此点的期望值（Eexpected Monetary Value，简称 EMV）。在任何圆圈处，概率的总和必须是 100%（此例中为 0.90 +0.10 =1.00），以表明所有的概率都被考虑了进去。每一个枝都具有排他性，在该圆圈处选择的替代方案概率的总和是 100%。

在**方案方块**（activity square）处，决策者有选择最佳结果的能力。在确定最佳替代方案时，要从替代方案的收益中减掉相应的成本。你需从最右端开始计算，逐步退回到左边，得出财务数据。这一方法称为从树图中“倒推”（或“修枝”）得出的最佳决策。在方块枝处，应选择具有最高资金价值的方案；在圆圈处，用估计的收益乘以相应的概率。

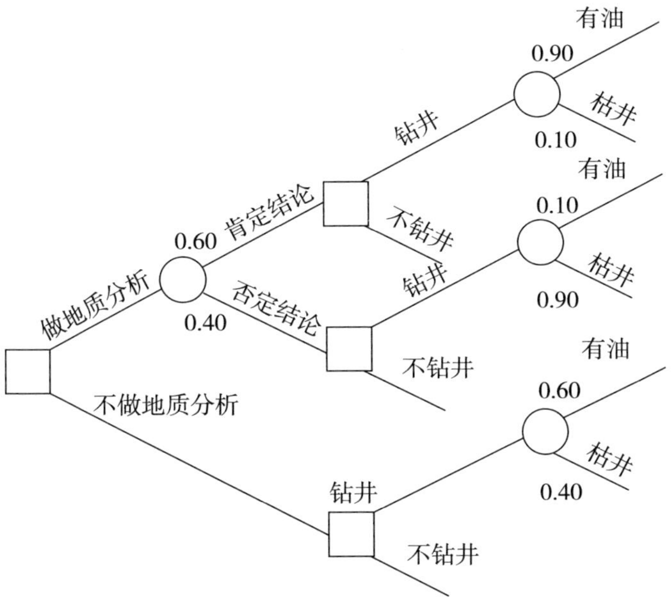

图 5.4　钻井决策树 1

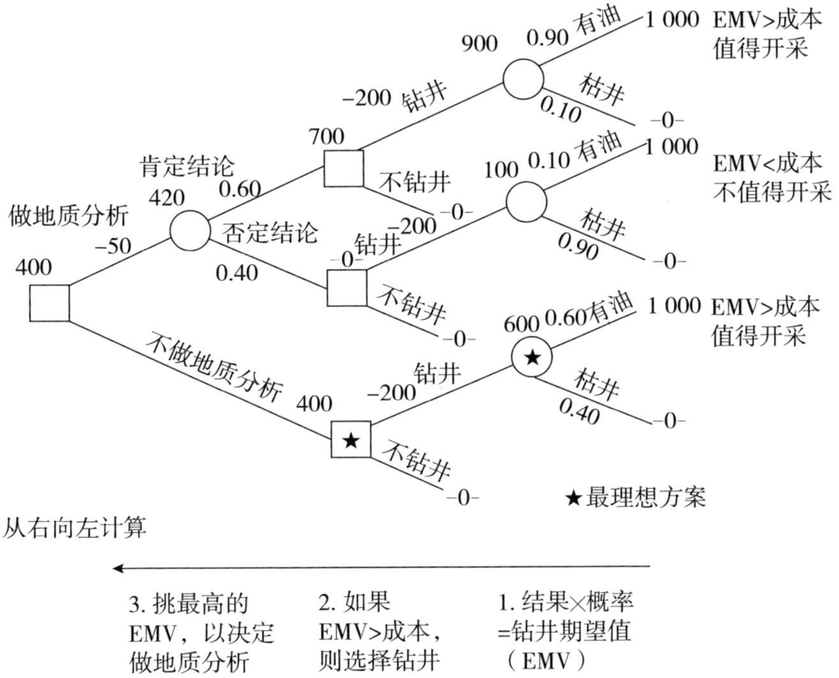

图 5.5　钻井决策树 2（单位：千美元）

从此决策树分析得出的结论是：放弃地质分析，不必那么小心翼翼。如果从事地质分析，得出的期望值是370 000美元（420 000 - 50 000）；不做地质分析，得出的期望值是400 000美元。显然，你应选择有最高期望值的方案。这一概念相对简单的方法，可用于分析新产品开发、房地产开发和商店库存水平的决策中。不论做的决策是什么，决策树的这种结构迫使决策人需综合考虑所有的替代方案，分析所有的不确定性因素（常常是尽力猜测概率是多少），并尽可能详细地计算出方案的资金结果。画决策树时，决策人还得清楚地列出假设条件，因为别人对同一问题的看法可能会不一样。通过对决策树的比较，分析人员能够更系统地讨论某一假设上的不同意见。

“画了树就拿到了B的成绩。”这是我们在决策树问题考试时的口头禅。用画决策树的方法，我们就能把貌似简单的问题的复杂性看得更清楚一些。因此，在长达4个小时的考试中，只是画个准确的决策树图就是个挑战。要想画得熟练，平时不苦练不行。

现金流量分析

现金流量（cash flow）是从事**杠杆收购**（Leveraged Buyouts，简称LBO）时常用的名词，也是财务分析的基础。华尔街的专家们也许会考虑想要投资项目的质量究竟怎样，但是，最终起决定作用的还是其金钱上的收益。分析现金流量所用的数据，和会计师准备现金流量表时选用的一样。现金流量分析用以解答以下简单的问题：

投资成本是多少？每年收益是多少？

公司的收益可用来还债、分红，用于研发、购买新设备或投资房地产开发。分析现金流量的目的，是确定既定的项目什么时候有现金流量，以及该项目的现金流量是多少。

在进行投资时，投资的目的可能不止一个，但是现金流量分析只考虑钱方面的问题。公司的广告可能在公众心目中树立了商誉，留下了很好的印象，然而如果这种印象不能用金钱来衡量，也就不用做现金流量分析了。

现金流量分析普遍适用于从采购设备到收购公司的业务活动。所以，让我们重提第一个问题：现在的投资是多少？将来的收益有多少？回答此问题的步骤是：

1. 确定投资的价值。
2. 计算收益的大小。
3. 确定实现收益的时间。
4. 量化收益的不确定性。
5. 收益值否？

需要考虑的一个重要问题是，现金流量分析只是分析现金流量，而不是盈利的多少。例如，硅谷的一家新建但已成功的计算机公司**账面利润**（accounting profit）可能有 300 万美元，但如果公司需要用 2 000 万美元投资研发，另 3 000 万美元新建厂房，那么该公司的现金实际上是净支出的。在这种情况下，公司能否盈利只能有待将来了。

利润表上的会计利润，是对短于整个投资期的某一时间段内长期投资的短期评估，而现金流量分析则是对某一项目整个投资期内的评估。

下面列出的各项数字是进行现金流量分析时首先需要确定的：

现金使用（cash uses）

- 建设成本
- 最初库存
- 设备购买

- 应收账款增加（允许顾客赊账）

现金来源（cash sources）

- 设备卖出
- 增加应付账款（从供货商那里赊账）

确定项目期内资金的使用情况：

现金来源

- 销售收入
- 特许权使用费

现金使用

- 销售产品成本
- 销售费用
- 一般管理费
- 税金

利润表中出现的**折旧**（depreciation），与现金流量分析无关。假设某一设备的使用年限是5年，公司每年就从收入中扣除设备1/5的成本，被扣除的这部分成本叫折旧。第一个重要问题是，在现金流量分析中，期初用现金购买设备，因此列入现金使用项下。折旧实际上只是从会计利润中扣除的“虚”项，这样能减少应缴纳的税金。在会计学一章鲍勃杂货店的举例中，虽然商店的收银机和购货手推车刚开业时就买好了，但其分摊的折旧费用是按10年计算的。

第二个重要问题是，现金流量分析中不含融资成本。投资决策不同于融资决策。通用电气公司的项目成千上万，融资的类型也各式各样，例如债务（债券、银行借款）和股票。把债务和每一个具体项目上使用的资金对应上是不可能的。现实中，财务部门只负责公司对现金需求的借款安排，而决定哪些项目需要使用资金则是公司预算部门的事。如果两种决策（借钱、用钱——译者注）能对上，那么所有靠债务贷款投资的项目，看起来会比一开始就使用公司资金投资的项目要好得多，但实际上没什么区别。

现金流量分析举例

由于市场对高纤维食品的需求激增，超过了工厂现有的生产能力，桂格燕麦公司（Quaker）正考虑投资 100 000 美元，为堪萨斯城的工厂新添一台麦片自动包装设备。如果购买这套设备，今后每年就能增加 80 000 美元的销售收入。销售产品的成本只有 20 000 美元，利润需按 30% 的税率纳税。销售额的增加，要求存货相应地增加 10 000 美元。为了尽量减少占用资金，桂格公司在从农场购买燕麦、从供应商那里购买包装盒时，赊账 8 000 美元。这样，由于提高了公司应付账款额，从而使净流动资金增加了 2 000 美元。

3 年过后设备将报废，但报废的设备在墨西哥的工厂还可以使用。桂格公司准备以 10 000 美元的价格将其卖给墨西哥的 Molino Grande 公司。详见表 5.1。

表 5.1 现金流量的时间性——桂格麦片包装设备项目 单位：千美元

	现在	第 1 年	第 2 年	第 3 年
投资	-100			
收入		+80	+80	+80
销货成本		-20	-20	-20
税款*		-9	-9	-9
库存增减	-10			
应付账款增减	+8			
卖出设备	—	—	—	+10
现金流量总额	-102	+51	+51	+61
*税款计算				
收入	80			
成本	-20			
毛利	60			
折旧	-30	(100-10) /3		
税前利润	30			
税率	×0.30			
税款	9			

在此例中，现金流量的时间性在确定项目的价值时起着至关重要的作用。通常情况下，用条形图表示不同时间的现金流量。每一期内，累计的现金流量流出和流入，分别用低于和高出水平线的图形表示（单位：美元）。图 5.6 反映了桂格公司的现金流量流动情况。

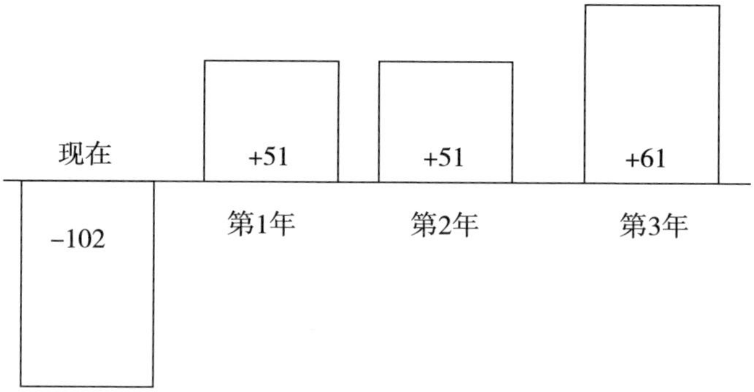

图 5.6　现金流量图 A

假设现金流量相同，但现金发生流动的时间提前，其现金流量流动情况如图 5.7 所示。

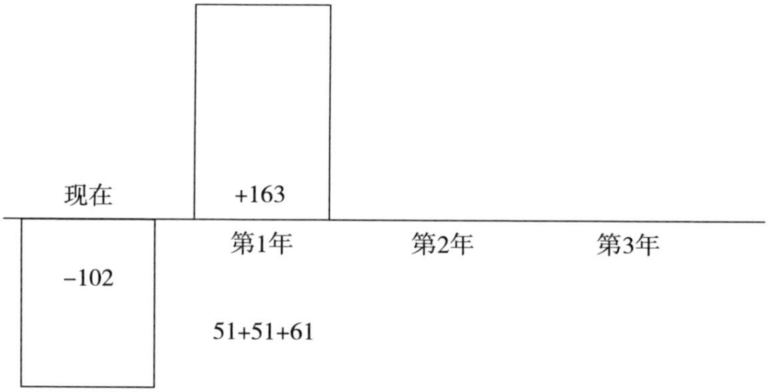

图 5.7　现金流量图 B

或者拖延，其现金流量流动情况如图 5.8 所示。

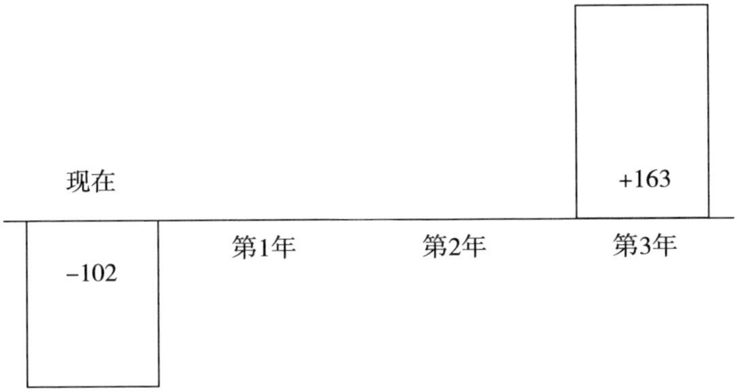

图 5.8　现金流量图 C

图 5.9 说明了现金流量时间的重要“价值”。

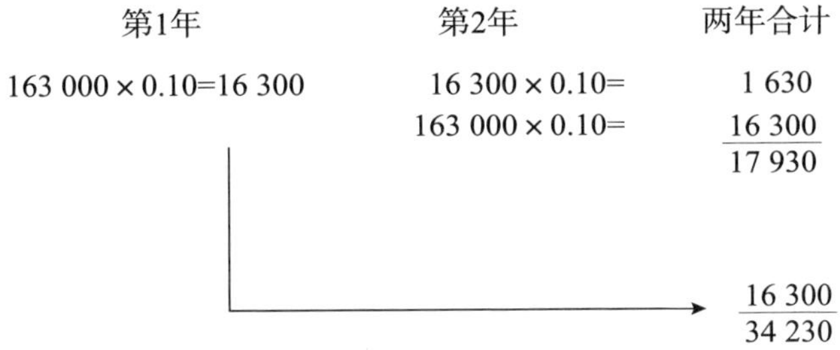

图 5.9　累计价值计算（单位：美元）

累计价值

当麦片项目有了现金收益时，桂格公司不会闲置资金，而是将其再投资。所以，如果按上例所示，桂格分别挣得 51 000 美元、51 000 美元和 61 000 美元，公司在 A 例中的现金收入要比 B 例中多出两年的。

如果公司有投资机会，回报率为 10%，那么 B 例中的收益将比 C 例中的收益高出 34 230 美元。

方案 A 第 3 年年底现金流量的**累计值**（accumulated value）是 163 000

美元加挣得的利息收入 34 230 美元，共值 197 230 美元。显然方案 A 较好。

更简单一些的计算方法是，用公式计算出资金的累计价值，也就是**终值**（future value），即：

资金在 x 期内的终值 =（现值）×（1 + 再投资率）^{时间期限}

以 10% 回报率计算 1 年后 1 美元的价值 = 1 美元 ×（1 + 0.10）^{1} = 1.10

你不用每次都得记住乘数因子，可根据附录中的数据计算。许多财务计算器有这种功能（我个人认为最好的计算器要属惠普 17B 和 19B 这两种型号）。有台好的 HP 计算器，除了证明你 MBA 的身份以外，别人还会觉得你对计算数据很在行。

根据附录 A 中的表格，可找到不同利率下的终值因子和投资期内的累计价值。在回报率为 10% 时的因子是：

累计因子

今天的 1 美元 = 今天值 1 美元
投资的 1 美元 = 1 年后值 1.100 美元
投资的 1 美元 = 2 年后值 1.210 美元

用 B 例中的因子，第 1 年年末收到的 163 000 美元，再投资出去两年后直到第 3 年年末，其累计价值是：

第 1 年的 163 000 美元 × 1.210 0 = 两年后值 197 230 美元

或：197 230 美元 − 163 000 美元 = 再投资后的收益 34 230 美元

在评估项目或期限较长的投资时，重要的不仅仅是现金流量金额的大小，更重要的是时间性及怎样用获得的利润进行再投资。

净现值

一个靠工资吃饭的人，希望 30 年后能有足够的退休养老金。那么从现在开始，他应该开始存多少钱？在分析这个问题时，累计价值分析法不失为一个好工具，却不能解决怎样评估投资和项目的今天的价值。我们应该用货币今天的价值来衡量投资。桂格公司麦片项目今天价值多少？这一项目怎样和另一家设备类似但成本是 150 000 美元、使用寿命只有 4 年的项目做比较？

现金流量分析是确定项目现金的流量，**净现值**（Net Present Value，简称 NPV）分析法则是用现金今天的价值确定现金流量的价值。通过这种方法，就可以对期限不同的项目进行比较。

例如，苹果电脑公司深信，一种新型的 Tangerine 计算机一定能为公司净挣 5 亿美元，但开发这一机型却要用时 10 年。这样一来，投资这个项目也许并不明智。因为这 5 亿美元不仅可能由于通货膨胀而贬值，再说苹果公司还可以将这笔钱投在机器、人、技术上，以降低工厂现在的生产成本。即便净现值分析的结论认定 Tangerine 项目可行，但从战略上考虑也许仍有不可取之处。这时，MBA 们就要运用他们管理上的判断力来做决定了。

证券分析人士对购买股票和债券的分析，和对购买设备的分析是一样的。股票能分红，债券将来能有利息收入。证券的价值是基于未来现金流量的现值。如同桂格公司用净现值方法评估购买新设备的优势一样，其他公司也用之评估新项目，同时还考虑项目的广告效应。在考虑如何解决因意外伤害致死的官司时，律师们也采用净现值法将死者未来能挣得的收入折现。

需要牢记的基本点是：今天的 1 元钱要高于将来收到的 1 元钱的价值。

桂格公司麦片项目 3 年内的收益是 163 000 美元（51 + 51 + 61）。和原先的计算一样，若将 163 000 美元的现金流量投在其他公司的 10% 回报率的项目，或有 10% 利息收入的其他投资中，其回报将能多出 34 230 美元。

你愿意投出 163 000 美元，3 年后只收回 163 000 美元吗？当然不愿意！倘如此，你就是放弃了**现金的时间价值**（time value of money），或者说，你放弃了 34 230 美元！

用这一简单逻辑，净现值分析法就是把将来的现金流量进行贴现，以得出现在的价值。净现值和累计价值正好相反，其计算公式如下：

$$净现值 = （将来的收入） \times （1 + 贴现率）^{-时间期限}$$

从今天开始 1 年后收到的 1 元钱，按 10% 的贴现率计算，其今天的价值（现值）是：

$$1 美元 \times (1 + 0.10)^{-1} = 0.909\ 09$$

用这一公式，从**贴现系数表**（discount factor）中可查出，1 美元资金在不同期限内、不同贴现率下相应的净现值。假设有 10% 回报率的再投资机会和相应的风险，根据贴现系数，将来的 1 美元资金的现值，不同期限内的价值是：

贴现系数

今天的 1 美元 = 今天的 1 美元
1 年后收到的 1 美元 = 今天的 0.909 09 美元
2 年后收到的 1 美元 = 今天的 0.826 45 美元
3 年后收到的 1 美元 = 今天的 0.751 31 美元

所以，桂格公司项目的现金流量可按下述方法评估：

将来的现金×贴现系数=净现值

年初	-102 000美元×1=-102 000美元（今天）
1年后	51 000美元×0.909 09=46 363.59美元（今天）
2年后	51 000美元×0.826 45=42 148.95美元（今天）
3年后	61 000美元×0.751 31=45 829.91美元（今天）
	桂格项目净现值=32 342.45美元（今天）

任何项目的评估都取决于现金流量的大小、时间期限和贴现率（在此例中贴现率为10%）。

贴现率大小的选取，具有相当大的主观性。贴现率［也称**障碍率**（hurdle rate）］越高，将来收到的1元钱的现值越低（见附录）。之所以称之为障碍率，是因为项目的贴现率越高，项目就得挣回更多的现金才能达到净现值保持不变。这时项目的障碍变得高了，要越过去才能持平。在分析投资项目将来收回资金有风险时，例如油井项目，选择高贴现率就很有必要。如果对项目的回报确有把握，例如，投资于提高劳动生产率的设备，或美国国债，选择低贴现率则更有保证。不善于利用MBA这方面专长的公司，常常只用一种障碍率分析所有的投资项目，这就忽略了项目各自不同的风险。无论在什么情况下，除非是巧合，都不应用公司从银行的借款的利率作为贴现率。**决定项目贴现率的因素应是项目风险**。风险很低的公司，有时能将用低利率借到的贷款投资于风险很高的项目。

内部收益率

内部收益率（Internal Rate of Return，简称IRR）是净现值的一种衍变形式。简言之，将投资额的未来现金流量按某一贴现率贴现，贴现后的总现值正好和今天投资金额的总额相等，这时的贴现率就是投资的内部收益率（即净现值等于零时的贴现率——译者注）。

确定内部收益率，必须经过多次计算比较（试差法），直至项目的净现值等于零（当然，用 HP 计算器就很容易得出 IRR）。桂格公司项目的内部收益率是 26.709%。计算的过程如下：

用“26.709%贴现系数”

今天	1.00 ×（－102 000）美元＝－102 000 美元
1 年后	0.789 20 ×51 000 美元＝40 250 美元
2 年后	0.622 85 ×51 000 美元＝31 765 美元
3 年后	0.491 55 ×61 000 美元＝29 985 美元
	NPV＝0

内部收益率可用来评估并排出项目的优先级，却未考虑项目的资金占用量。于是，就会造成投资规模虽然小，但因为回报相当高，因而排在了投资规模大收益也不错的项目之前。如果通用电气公司斥 10 亿美元的资金用于研发，投资于大项目上的资金占用也就很大，但项目的内部收益率却可能较低。

用内部收益率方法排列项目优先级顺序，还忽略了用于净现值分析中的障碍率贴现系数。障碍率，正如前面已介绍过的那样，是对风险的修正。如果其他条件相同，桂格公司投资购买设备这一项目的内部收益率，可能要比默克（Merck）公司投资瑞士高风险的癌症研究项目低，但桂格公司项目的净现值却可能较高。桂格公司的项目因风险较低以及相对小的现金流量，选择 10% 的贴现率贴现是合适的，因而 NPV 值也较高。癌症研究项目风险太高，所以用 50% 的贴现率分析。**请注意：选用的贴现率越高，未来现金的现值就越低，同时意味着项目的风险也越高。**

概率论

概率论（probability theory）是统计学的委婉语，因为统计学是一门连商学院里最聪明的注册会计师（CPA）也胆怯的课程。实际上，概率论一词能更准确地描述如何运用统计学来解决问题。在考虑石油钻井出油的概率时，萨姆应采取什么方案？在美国前十所商学院 800 名已婚的 MBA 学生中，有多少人会在学习的头一年里疏远其配偶？这些都涉及概论率的概念。由于许多商人惧怕统计，于是 MBA 们就有了发挥才能的机会。MBA 课程强调统计的实用性。如果你对统计不熟，请不要跳过本节。我虽然无法只用几页纸就让你变成个统计通，但我敢保证，只要你耐心读下去，就可以掌握今后工作中遇到实际问题时所应具备的基本分析技能，也知道应于何时求助于别人。MBA 课程最重视传授各门课程解决具体问题的实际经验。

MBA 们在校学习的时间只有两年，教授们并未期望大家能成为这方面的技术专家，只是希望学生们在遇到这方面的问题时，知道如何求助专家。

概率分布

在事物可能出现多种结果的情况下，就会有结果的分布。每种可能都有一种概率。通过认真的分析，有时也凭直觉和判断，事件可能结果的概率之和是 100%，这和决策树中的情形一样。表示分布结果的图形叫作**概率群**（probability mass）或**密度分布函数**（density function）。如果可能出现的结果很多，曲线就会平滑，这就是**概率密度分布函数**（probability density function）。如果可能出现的结果较少，曲线就不匀称，称为**概率群分布函数**（probability mass function）。

降雨分布举例

西雅图降雨量的分布就是一种概率分布。我们把假设收集到的数据列表如表 5.2 所示，其分布图附后，见图 5.10。

表 5.2 西雅图每日降雨量数据表（2014 年 3 月）

每日降雨量（英寸）	天数	一月中天数的百分比（%）
0	5	16
2	6	19
4	8	26
6	6	19
8	3	10
10	3	10
	31	100

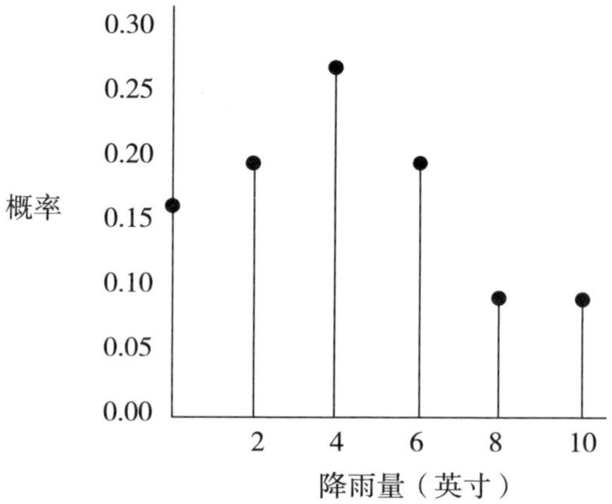

图 5.10 降雨量概率群分布函数

二项式分布

抛掷硬币得到的结果，有一正一反两种可能。如果把得到两个“正面”结果算作成功，那么，抛掷两个硬币的结果分布就有以下几种可能：

两个都成功	正面/正面
一个成功/一个失败	正面/反面，反面/正面
两个均失败	反面/反面

抛掷硬币的结果是分布的最基本情况，称为**二项式分布**（binomial distribution）。二项式分布的结果有两种：成功和失败。二者发生的机会相等。

貌似神秘的二项式理论，也可用来分析股票市场的实际问题。在分析股票时，某月内股票的回报如果为正，则称其为成功；为负或持平时，就称其为失败。对 1957～1977 年美国电话电报公司股票价格的研究表明，对每月都进行分析以确定成功出现的频率，人们发现，在 56.7% 的情况下，结果是成功的。

将分析的数据按每 3 个月（季度）一组列出，研究人员发现实际成功的频率如下：

成功次数	发生频率
0	0.088
1	0.325
2	0.387
3	0.200
	1.000

数学家把抛硬币的结果列表，用以解决所有的二项式分布问题。在美国电话电报公司的例子中，利用二项式表格之前需要了解的数据是：

r = 可能成功的次数 = 0～3

n = 试验次数 = 3（一季度内 3 个月）

p = 成功概率 = 56.7%

利用这些数据，从二项式表中得出的期望结果应是：

成功次数	期望频率
0	0.082
1	0.318
2	0.416
3	0.184
	1 000

令人惊奇的是，二项式的分布和电话电报公司的实际情况相当接近。在已知假设的成功概率（p）后，每一季度内赚钱月份的情况就可以从二项式表中得到。因此，二项式分布对负责投资组合的基金管理者、公司负责销售的董事和研究人员分析项目的概率，确有实用价值。

正态分布：钟形曲线之谜

正态分布（normal distribution）是应用最普遍的理论，通常称为**钟形曲线**（bell curve）。哈佛大学用钟形曲线确定学生考试成绩，曲线表明，15%的学生考试刚刚擦边及格。见图5.11。达顿商学院的教授们凭借自己的判断，给出不太满意的C（及格）和F（不及格）。结果，两所学校校园的竞争风气截然不同。

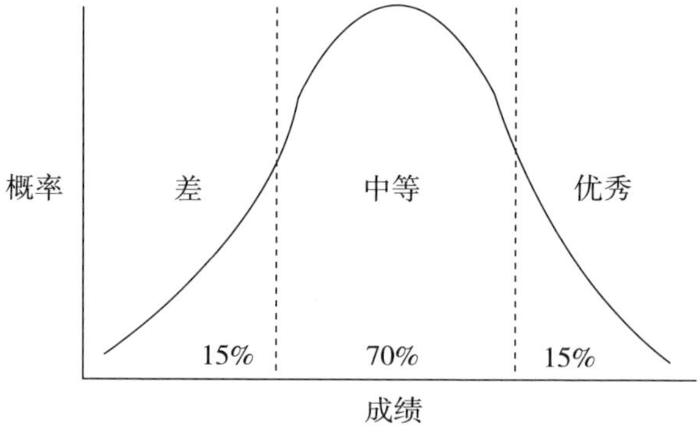

图5.11　钟形成绩分布

当概率群分布函数是基于多次试验基础之上时，曲线就趋向于类似钟形的形状，我们称之为概率密度分布函数。描述西雅图降雨分布的两张图即这种情况。见图5.12。中间的凸起部分是由于**“中心极限定理”**（central limit theorem）作用引起的。它说明，“独立事件重复发生的概率的平均分布呈一种钟形形状的正态分布”。为什么？简单说，就是因为大量独立事件的趋势是向中间平均值临近。

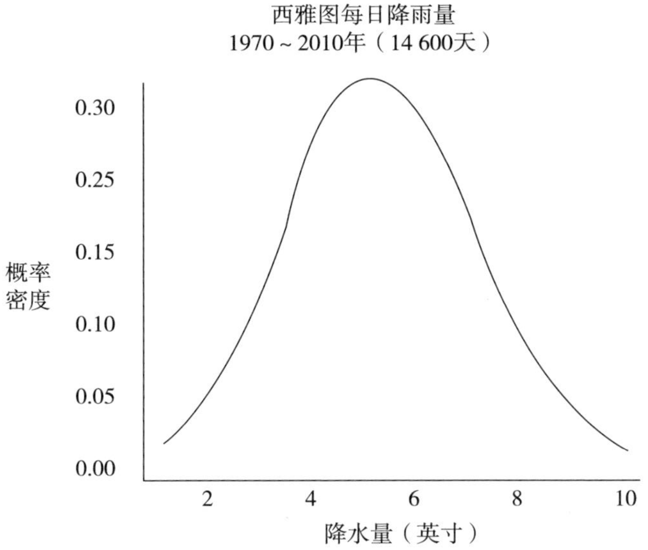

图 5.12　降雨量概率密度分布函数

“平均事件”这一概念相当含糊。在应用举例中其定义延伸到可包括任何一大组的数据。为什么？因为正态分布易于使用，且和实际生活中的情况又极其相似。市场变化不定造成股票价格浮动，最终导致或盈或亏的回报结果。回报可以被认为是市场变化的“平均”值。正如任何事情都可以用具有平均性来解释一样，正态分布的实用性亦如此。

正态曲线的测量

钟形曲线可用两个名词来描述，即中项（mean，均值）和**标准差**（Standard Deviation，简称 SD）。中项（μ）是曲线的中心部分，通常称这个中项为均值。均值是用数据加在一起的总和除以数据点。标准差（σ）是衡量偏离均值的宽窄程度。见图 5.13。在概率论概念中，这两个名词是非常重要的。

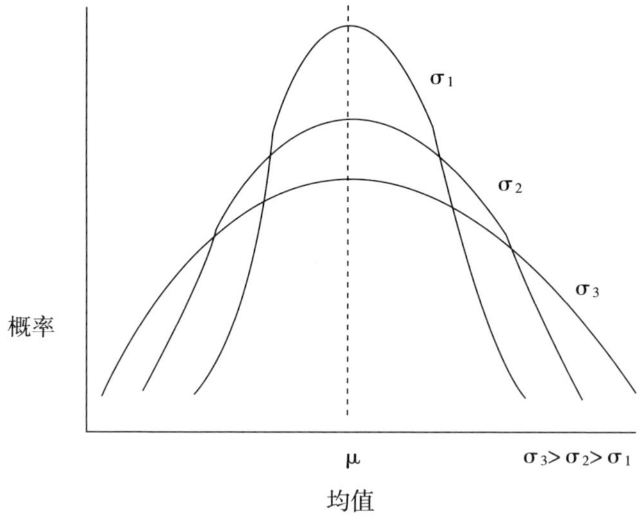

图 5.13　不同标准差曲线的概率密度分布函数

其他用得较少的衡量一组数据均值的方法还有“**中值**”（median），即按数字大小排列后的中间项数值；以及“**众数值**”（mode），即一组数据中出现频率最高的数。

和二项式分布一样，曲线下代表所有出现结果的可能之和为 100%。正态分布曲线特别的地方在于，对于任何已知的偏离均值、中心的标准差，尽管正态分布的形状不同，但事件的概率相同。

零售业正态分布举例

鞋店老板艾尔·邦迪（Al Bundy）先生想要知道，店里的库存能否满足客户对不同尺码鞋子的需求。他从鞋业研究中心买了一份女鞋尺码调研报告，并通过问卷调查收回了大量数据。

他将收集到的数据画在坐标图上，得到的形状像是一个正态分布。另外，他将鞋的不同尺码也输入计算器，得到标准差数值是“2”。他还分析了所收到的问卷中的鞋子尺码平均值，得到的号码是“7”。再看亲手绘制的图表，确实是个令人可信的正态分布。见图 5. 14。

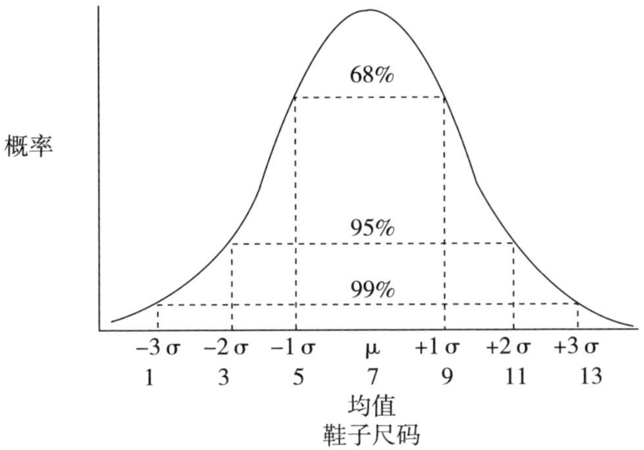

图 5. 14　尺码正态分析

对正态分布图，邦迪先生可以用上分析正态分布曲线的原理。此原理适用于所有正态分布曲线线下区域：

1 SD = 0. 341 3

2 SD = 0. 477 2

3 SD = 0. 498 65

4 SD = 0. 499 968 3

依据这一原理，若邦迪先生库存鞋的号码在 5 ~ 9 之间，就包括了人群中 68. 26% （2 × 0. 341 3） 的穿鞋号码。库存的号码如果在 3 ~ 11 之间，就包括了 95. 44% 。如果库存的鞋从 1 ~ 13 号都有，那么，光顾他商店的 99. 73% 的客户都会满意。对那些低于 1 或高于 13 的特号鞋，他总是可以随时从别处预定得到。

当然，还有用于确定曲线上任一特殊点处的概率（均值以外的非整数标准差）正态分布表。用此表之前，必须先计算出 **Z 值**（Z value），即：

$$Z = \frac{(\text{有兴趣的那一点} - \text{均值})}{\text{标准差}}$$

正态分布曲线金融举例

让我们把刚学到的概率论的原理应用到金融上。以每月回报率波动的先锋航空公司（Pioneer Aviation）股票为例，假设呈正态分布形状，见图 5.15。对该股票以往的回报统计表明，均值为 1%，标准差为 11%。杰拉尔德·拉斯马森（Gerald Rasmussen）先生想知道，下个月股票的回报率低于 13% 的概率是多少。

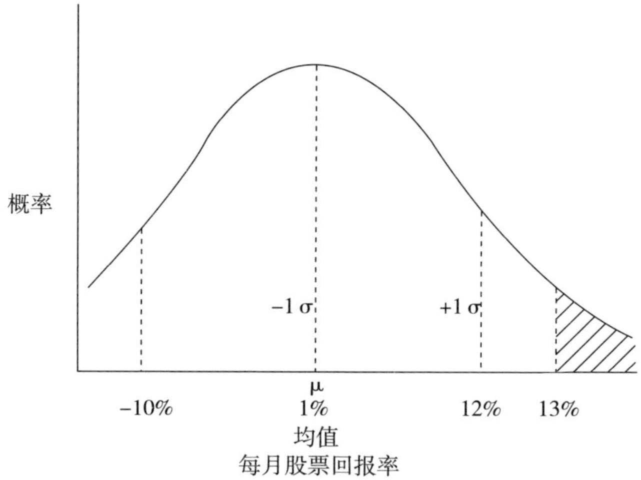

图 5.15 概率密度分布函数 1（先锋航空公司每月股票回报率）

用新计算出的 Z 值可以计算出：

$$Z = \frac{13 - 1}{11} = 1.09\ (\text{离均值的标准差})$$

从附录中提供的正态分布表可以查到：1.09 标准差 = 0.362 1。和所有正态分布图一样，图 5.16 中左半部分的概率是 50%。在所有的正态分布中，超过或低于均值的概率是 50%。根据这些条件，可计算出，该股票回报率低于 13% 的概率是 0.862 1（0.362 1 + 0.50），超过 13% 的概率是 0.137 9（1 - 0.862 1）。这就是用概率理论解决金融上实际问题的具体例子。

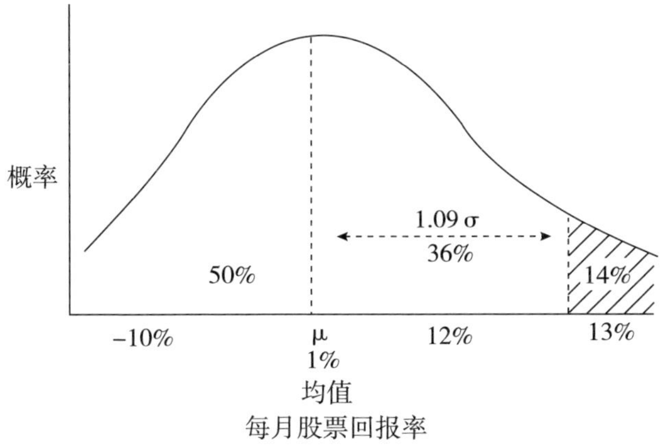

图 5.16　概率密度分布函数（先锋航空公司每月股票回报率）

如果不太过分强调理论，概率统计实际并不难。此外，还有一些其他类型的分布，但商业上用得较少。**泊松分布**（Poison distribution）和正态分布类似，但图形右侧尾部展开。但多数分布都被假设是正态分布，以利用正态分布标准差的原理分析问题。

累计分布函数

累计分布函数（Cumulative Distribution Function，简称 CDF）是对概率分布的累计观察。它分析诸如钟形曲线等概率集合分布函数，了解“结果出现小于或等于该值时的概率是多少”。从普通的正态分布曲线，能知道某一已知结果出现的概率是多少，而累计分布函数能告诉我们一组已知的价值范围内出现的概率有多大。累计分布函数还可以用来把我们掌握的概率理论和决策工具（决策树）结合起来。累计分布函数研究在许多数量价值不确定情况下所可能出现的结果的范围。

仍以前文提到的钻井项目为例，分析一下如果地下有油，其油量价值分布的情况。见表5.3。

表5.3　钻井项目油量价值分布情况

油量价值（美元）	概率集合分布函数	累计分布函数 累计概率≤
50 000	0.005	0.005
75 000	0.01	0.015（0.005+0.01）
1 50 000	0.03	0.045（0.03+0.01+0.005）
200 000	0.08	0.125
300 000	0.12	0.245
750 000	0.15	0.395
1 100 000	0.21	0.605
1 200 000	0.15	0.755
1 400 000	0.12	0.875
1 700 000	0.08	0.955
2 000 000	0.03	0.985
2 500 000	0.01	0.995
6 000 000	0.005	1.000
	1.000	

在前文的树型图举例中，我们曾假设该项目的收益是1 000 000美元。为方便起见，我们取该值为采到油的期望值（EMV）。实际上该项目出油的结果分布范围较广。从表5.3中可以看出，出现收益为6 000 000美元的概率是0.005，出现收益为50 000美元的概率也是0.005。如果用发生每一概率的金额乘以其第二列中对应的概率，得出的期望值就等于我们前面用到过的期望

值1 000 000美元。

当决策者不知从何开始着手分析时，用建立累计分布函数的方法便可使他们得出均值或期望值。画累计分布函数是一种有效方法，可将一系列你对未知事件可能出现的高、中、低结果概率的判断结合起来，以得到供决策用的期望值。

一组可能结果的累计密度分布函数图就像一个大的“S”。在累计密度分布函数中，你一眼就可以看出所有可能的结果，而不仅仅是统计中的几个独立的点。如图 5.17 所示，萨姆先生认为，出现的结果可能在 0 ~ 6 000 000美元的连续区域内。

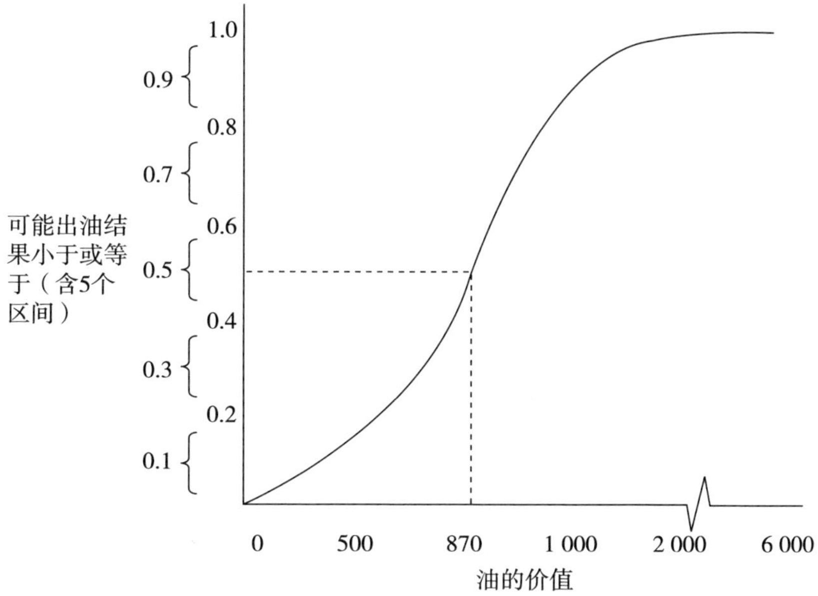

图 5.17　累计密度分布函数可能出油结果价值（单位：千美元）

累计分布函数中的 0 ~ 1.0 的概率区域，可用**中值方法**（bracket median technique）将之分成“区间”。图 5.17 中的累计分布函数，就是用这种方法分为 5 个区间的。例如，你可将之分成 0.1，0.3，0.5，0.7，0.9 的区间，每个区间分别代表的是 0 ~ 0.2，0.2 ~ 0.4，0.4 ~ 0.6，0.6 ~ 0.8 以及 0.8 ~ 1.0

的“价值区域”的均值。

概率是0.5的区间即是中数，这是因为左右两边各代表价值的一半。但这个中数并不一定非得是前面正态分布中提到的均值，中值仅仅是价值区域的中心，而均值则是用价值和发生的对应概率相乘后得到的积，例如在前面采油的举例中，我们用均值的方法计算出出油的期望值是1 000 000美元。

为把累计密度分布函数应用到决策树中，以便做出重要的管理决策，请你考虑一下如何将油井可能产出的价值全部表示出来。其概率结果应呈一“扇形”，代表着“一组”价值。你也许不可能在树上画出无限根分枝来，所以让我们借助于累计密度分布函数的方法来解决问题。

画出累计密度分布函数

要画出如图5.17所示的累计密度分布函数图，你不仅要使用自己的研究数据，还要独立进行分析判断。你要对自己提出如下的一系列问题：

- 发生的概率或高于或低于50%（中值）时的价值是多少？
- 发生的概率在较低的区域（0.10区间）的价值是多少？
- 发生的概率在较高的区域（0.90区间）的价值是多少？

根据上述问题的答案，你就可以将自己认为的全部结果画成累计分布函数图。从累计分布函数中的5个区间内，挑选出5个结果，你就可以在决策树上画出树枝似的5种可能结果的**扇形概率**（event fan），见图5.18所示。

此处的财务期望值，和前面第一次提到时的数值是一样的。我第一次选此值的原因，完全是为了方便读者。

利用5个区间的另一种简洁方法叫“**皮尔逊·图基法**”（Pearson Tukey Method）。这种方法不用5个区间，而是用3个区间，即0.05、0.5和0.95三种，而其各自对应的概率分别是0.185、0.63和0.185。

在分析重大问题时，人们用蒙特卡罗（Monte Carlo）模拟程序计算决策

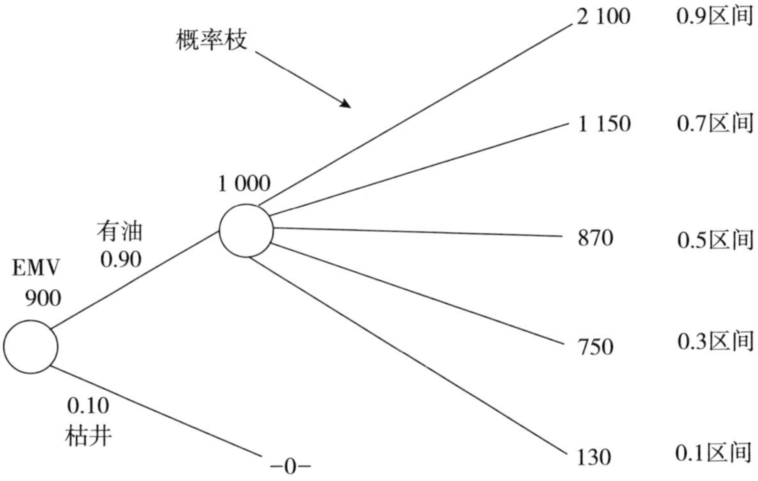

图 5.18　钻井决策树（使用累计分布函数，单位：美元）

EMV = 0.9 [（0.2 × 130 美元）+（0.2 × 750 美元）+（0.2 × 870 美元）+（0.2 × 1 150 美元）+（0.2 × 2 100 美元）] = 900 美元

树。计算机的计算模型中包括了概率扇形的累计分布函数，以及有关树型图中的有关参数。该程序可对多种情况进行模拟，让你了解事件发生时的情景。《财富》500 强中的不少公司就使用这种方法。

当决策树中的某一分枝的期望值不确定时，便可使用累计分布函数和区间分析法。但是，分析人员自己的判断还是最重要的。决策树仅仅是 MBA 们基于知识和凭借直觉分析问题的一种工具而已。

回归分析和预测

线性回归（linear regression）模型，是分析人员用以凭借直觉确定多种商业情况下有关变量之间关系的工具。一旦找到了这种关系，就可以用它来预测将来。普通的线性回归是用于分析销售额和价格、促销和市场等诸多因素之间的关系，股票价格和盈利、利息之间的关系，以及生产成本和产量之间的关系。当然，也可以用它来得到诸如“气温的变化对销售冰激凌的影响如何？”这一问题的答案。此例中，**自变量**（independent variable）X 表示温度，是引起其他数值变化的变量。**因变量**（dependent variable）Y 是销售额，是温度影响销售，而不是相反。

回归分析要求收集足够的数据，以确定变量之间的关系。通过相当多的数据点，诸如一年里有关温度的数据及销售的变化情况，我们便可以温度为 X 轴，销售额为 Y 轴画出图形来。研究回归的目的是，要找到一条能够最准确地描述二者之间关系的线性等式。回归就是在画出的数据点中间“插入”一条直线，并尽量使“各点距这条线距离差的平方最小”。这种“**最小平方法**”（least squares method）要求做大量数据的加、减和相乘计算。在具体计算上，使用计算器或计算机试算程序即可。

线性代数复习

在学习回归的具体例子之前，先让我们复习一下线性代数的一些基本概念。代表直线的线性方程是：

$$Y = mX + b$$

其中：Y = 因变量（如销售额）

m = 直线的斜率（变量之间的关系）

X = 自变量（如雨量）

b = Y 轴上的截距（直线与竖轴的交叉点）

计算机试算程序可以求出决定自变量和因变量之间关系的线性方程。计算机试算程序还能确定这条计算出的“最佳”的直线能否作为工具准确地预测将来。

冰激凌的回归举例

有着 20 多家冰激凌连锁店的班杰瑞（Ben & Jerry's）冰激凌工厂的老板注意到，随着温度的升高或降低，公司的销售额也有相应的变化。为了确定季节性气候变化和销售额之间准确的数学关系，工厂收集了前 5 年每月的销售数据，又从国家气象服务中心查到对应月份的平均温度。工厂收集的数据如表 5.4 所示。

表 5.4　工厂收集数据表

月份	平均温度（℉）	销售额（美元）
1	33	200 000
2	37	250 000
3	72	400 000
4	65	500 000
5	78	900 000
6	85	1 100 000
7	88	1 500 000
8	91	1 300 000
9	82	800 000
10	73	600 000
11	45	300 000
12	36	500 000

用计算机试算程序中的**数据回归**（data regression）功能计算，店主得出如表 5.5 所示结果。

表 5.5　输出结果摘要

回归结果			
R 平方			0.704 279 45
标准误差			243 334.911
常数			12

	系数	标准误差	T 型统计值
截距	-379 066.613		
变量 X 为 1	16 431.591 5	3 367.036 871	4.880 134

上述数据的含义是什么?

上面列出的内容包含了描述班杰瑞公司销售和温度变化之间关系直线方程的数据。先列出线性方程式：

$$常数 = b = -379\ 066$$
$$X\ 系数 = m = 16\ 431$$

将之代入前面的标准线性方程式中，即：

$$Y = 16\ 431X - 379\ 066$$

将数据点在图中画出，并根据方程式绘出这条回归线。用计算机试算程序画出的图形如图 5.19 所示。

如图 5.19 所示，回归直线从数据点的中间穿过。将温度值 X 代入等式中，就可以计算出预计的冰激凌销售量。在班杰瑞公司的例子中，当温度为 60℉时，估计的月销售额应为 606 794 美元，即：

$$Y = (16\ 431 \times 60℉) - 379\ 066 = 606\ 794\ 美元$$

用这种公式计算出的预计的冰激凌销售额准确度如何？对这一问题的答

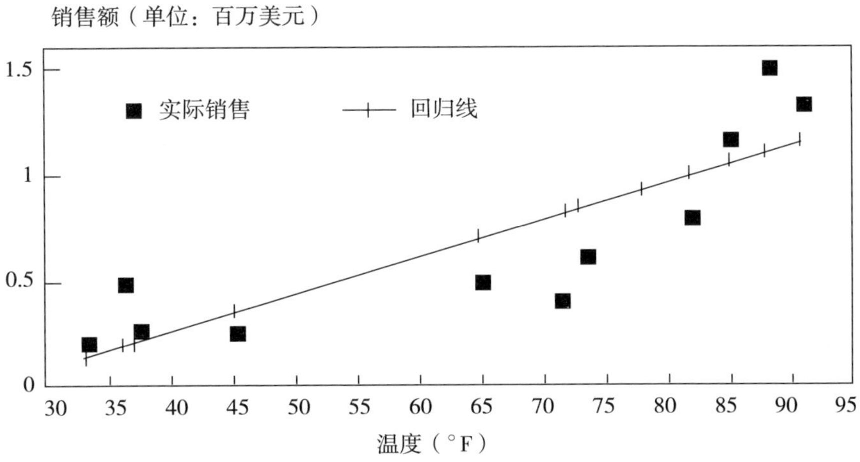

图 5.19　班杰瑞公司冰激凌销售回归举例

案，可从计算软件中的**回归结果**（regression output）计算出的另一个数字中找到。

R 平方释义

R 平方值告诉我们，“用已知的回归方程式解释了数据变化的百分数”。在这一举例中，回归方程式解释了销售变动的 70.4%，这一比率是很高的。在更为广泛的经济分析中，由于对经济起影响作用的变动因素很多，所以能达到 30% 的 R 平方值就算是很高的了。在冰激凌行业，除了天气的变化、所做的广告、分发的优惠券以及商店营业的时间，都会对销售额的变化有影响。

但是要当心！不要过分指望回归数据的结果！关于温度变化引起的销售的变化，回归能告诉你的也就这么多。回归并没说，“温度变化确实引起了销售的变动”。但如果选择的自变量合理，就能得出你想要了解的因变量的值，还是用之为好。

回归分析不仅能指出诸因素的正面关系，例如气温和冰激凌的销售的关系，还可以解释负相关因素之间的关系，如利息和房屋销售的关系。如果利率高，房屋的销售就慢。在这种情况下，X 系数是负数。这些负相关的作用一如正相关的作用，都是很有用的。

标准误差释义

计算机试算程序得出的“Y 的标准误差和 X 系数”，是回归线上 Y 值标准差和 X 系数标准差的同义词。在班杰瑞公司举例中，估计的 Y 值（销售）标准误差在68%的情况下要加、减243 334 美元。同样得出的结果表明，X 系数（温度）标准误差是3 367。用标准差的方法可以对可能的一组数据进行各种分析，以确定这些数字的变化以及得出的回归方程式的可靠性。

可靠性的 T 型统计测量方法

T 型统计（T statistic）有助于确定用计算机试算程序计算出的回归方程是否能很好地进行预测。T 型统计揭示的是，X 变量对 Y 函数是否在统计上有重大的影响，例如气温对销售的影响。这一计算方法是将相关系数 X 除以标准误差。大拇指定律是：如果 T 型统计高于 2 或低于 -2，变量 X 对函数 Y 就有统计得到的影响。在我们的举例中，16 431 ÷ 3 367 = 4.88，具有相当高的 T 型统计值。因此，分析人员就会得出气温对销售的影响非常明显的结论。

在考虑某一模型能否作为好的预测标准时，需要有一个较高的 R 平方值和一个较高的 T 型统计值，还可以做出不止一个 X 变量的模型，叫**多重变量回归**（multivariable regression）。随着变量数量的增加，R 平方值也随之增高。但是，多增加 T 型统计低的变量 X 会造成模型不准确。因此，有必要人为地增加或减掉独立变量，以达到较高的 R 平方值和较高的 T 型统计值。

虚拟变量回归分析

回归分析中使用的一种技巧，就是通过**虚拟变量**（dummy variables）表示那些无法用数字衡量的假设条件，即用0和1来表示。例如，在玩具反斗城公司（Toys“R”Us），某一季节内热销的玩具有库存，这就是一种能保证销售数量急剧上升的非数字化的条件。采用虚拟变量的方法，我们把有库存的情况用“1”表示，无库存的情况用“0”表示。

假设玩具反斗城公司的一家商店有一组数据（见表5.6），你便可以看出这组数据是如此发挥作用的。

表5.6　热销玩具库存情况

日期	（1=有库存，0=无库存）	销售（美元）
2005/12/1	0	100 000
2005/12/2	0	100 000
2005/12/3	1	200 000
2005/12/4	1	200 000
2005/12/5	0	100 000
2005/12/6	1	200 000
2005/12/7	0	100 000

用计算机试算程序计算出的热销玩具和销售之间的关系的回归结果，如表5.7所示。

这是一个条件非常完美的例子。因为R平方解释的变化量是100%，T型统计值也非常合适。T型统计接近无穷（100 000/0.000 9）。无热销玩具时的销售额是100 000美元，有这种热销玩具时的销售数量能再多增加100 000美元。用计算机试算程序计算，这一回归方程式就是：

表 5.7 回归结果

R 平方	1
标准误差	0
常数	7

	系数	标准误差	T 型统计值
截距	100 000		
变量 X 为 1	100 000	0	65 535

销售额 = 100 000X 美元 + 100 000 美元

如果人人想买的这种玩具公司有货，则 X = 1，销售额增至 200 000 美元；如果无货，则 X = 0，总销售额是 100 000 美元。虚拟变量非常有用，可把无级数据，例如库存状态、节假日等，和其他有规则的有级变量，例如温度、利率、残次品等，结合在一起考虑，做出有用的回归模型。

其他预测方法

时间序列法（time series technique）是依据一段时间内关系的变化预测结果。在冰激凌例子中，画出的气温和销售的数据点并未考虑它们各自发生的时间。回归分析并不考虑时间。显然，季节对班杰瑞公司的销售有影响。时间序列法在绘出数据点时考虑了发生的时间，这种方法试图将数据内的变动分离成 3 个部分：

- 强调趋势——上、下、平稳（长期衡量）
- 周期——小时、每日、每周、每月（短期衡量）
- 意外变动——由于特殊情况或自然巧合引发的意外或不规则变动

回归和变动平均是用来确定事物发展的趋势和周期的。你可以想象得到，时间序列的预测过程非常烦琐，用简单的例子也说明不了什么问题。但知道有时间序列这种方法，对你至少还是有帮助的。

数量分析总结

本章介绍了具有下列功能的数量分析方法：

- 用决策树解决复杂问题。
- 确定未来收到的现金的价值——现金流量分析和净现值分析。
- 用概率论将不确定性数量化。
- 用回归分析和其他预测方法分析变量间的关系并预测将来。

这些就是 MBA 们用来解决工作中遇到具有挑战性问题时使用的工具，这些工具使他们具有了正确决策的能力，从而使自己显得更加出众。

需要掌握的主要词语

决策树（decision trees）——用图的形式描述和量化某一商业决策产生的多种结果。

沉没成本（sunk cost）——过去所做的投资，在未来的投资决策中，不考虑这一成本。

期望值（Expected Monetary Value，简称 EMV）——基于所有概率和所有可能结果的决策的最终价值。

累计值（accumulated value）——将所有收入用于再投资到项目中所带来的现金流量的未来总值。

净现值（Net Present Value，简称 NPV）——所有未来现金流量按某一贴现率折成现值，扣除期初的资本投入后的总和。

内部收益率（Internal Rate of Return，简称 IRR）——指使现金流量的净现值为零的贴现率。

概率分布（probability distributions）——用图来表示与事件的发生概率相对应的所有可能结果分布。

二项式分布（binomial distributions）——只有两种可能结果的概率分布。

正态分布（normal distributions）——所有可能结果的钟形概率分布。

标准差（standard deviation）——正态分布宽度的测量值。

均值（mean）——所有可能结果的算术平均值。

Z 值（Z value）——一种测量正态分布曲线某一特定情形下概率的工具。

累计分布函数（Cumulative Distribution Function，简称 CDF）——正态分布的一种形式，反映小于或等于所有可能结果的概率情形。

回归（regression）——一种运用线性方程解释多种原因和结果之间关系的数学预测方法。

第6天 金融

- 业务结构
- β风险
- 有效边界
- 资本资产定价模型
- 有效市场假说
- 投资评估
- 贴现现金流量
- 股息增长模型
- 资本预算
- 资本结构
- 分红政策
- 收购与兼并

我想当个银行家。你要是有10 000股股票，那我就帮你卖出去。我能挣到很多钱。我会非常非常喜欢我的工作。我会帮助别人。我要当个百万富翁。我要有个大房子。真好玩。

——一个7岁小男孩对“我长大以后做什么”的回答

（摘自麦克尔·刘易斯的《说谎者的扑克牌》）

在20世纪80年代，最时髦的行业是金融业。连孩子们都梦想着华尔街的一切。由于有大批华尔街的公司向他们提供只有投资银行家才能有的从事巨额交易的机会，年轻、机敏的MBA们不由地暗自窃喜。可惜好景不长。

1987 年股票市场的崩溃令大家的美梦成了泡影。MBA 们也只好放下架子，在并不太让人羡慕的公司、银行或共同基金公司里寻找一份工作。

如同四季更替，华尔街几起几落，经历过 90 年代危机、2000 年互联网泡沫以及始于 2008 年的金融危机。和非本专业毕业的同行相比，他们的薪水也高出许多。同一份工作，华尔街的 MBA 们每年比别人多赚更多。更有甚者，有些公司只提拔有 MBA 学位的人。

需要提醒你的是，要注意本书内容的连贯性。如果读本章时引起了你的兴趣，但只单纯地重视金融的原理而忽视了其他章节的内容，那对你不利。金融里有许多非常数字化的概念，所用的数字分析方法，也大都是我们在会计和数量分析两章中学到的。就重要性而言，金融在市场营销中所起的作用与市场营销在金融中所起的作用是同样重要的。销售人员的销售业绩最终通过财务数据反映出来。金融家们则在努力向新客户推销自己的同时，也极力向老客户们兜售着新上市的股票。

企业的本质

企业为什么存在？金融家们认为，存在的唯一目的是为其所有者实现利润最大化。在追逐财富的过程中，人们组建企业的方式各有不同。在美国，普遍采用的基本合法业务结构（business strueture）有 3 种。根据业务复杂程度的不同、债务责任的优先级和所有者出于税务安排的考虑，选择不同的业务结构。

独资

独资，通常被称为独自所有（sole proprietorship），是指个人所有的或类似夫妻店式的模式，独自享有利润，独自承担无限责任。如果经营不善，个人的财产可能会被用来抵押还债。这种企业的结构简单，很像孩子们有时打工卖饮料，无须登记注册。这类收入和个人的其他收入加在一起纳税。这种企业不是单个的合法实体，不可能再被分开出售，所以在金融市场上很难筹措到资金。

合伙制

几个人凑在一起成立商业实体时，多选用合伙制（partnership）。与独资中的情况类似，合伙人按比例分得的利润同个人的其他收入合并纳税。合伙制有两种不同的合伙方式。一种是普通合伙（general partners），指作为所有者的一般合伙人须对经营承担无限责任。例如，1990年 Laventhol & Horwath 会计师事务所因审计失误导致破产，债权人追索了合伙人的个人财产。

另一种是有限合伙（limited partners）。有限合伙人承担的责任仅局限于所投资部分。这种“有限”的合伙方式常见于房地产和石油勘探等行业，对不参与管理的投资者起到了保护作用。在20世纪80年代末和20世纪90年代初，以及2008年，美国的房地产公司纷纷破产。由于许多合伙人采用的是有限合伙方式，他们得以在不承担其他任何责任的情况下，丢下已投资却又根本租不出去的空荡荡的办公楼抬脚走人。普通合伙方式的缺点，是把自己和项目拴在了一起。和独资企业一样，为此类企业融资非常困难，出让股份也不容易。

公司

公司是指有明确注册地点、独立于投资所有者的法定实体。从法律上看，公司等同于一个独立经营的个体。实体的资产和负债由公司控制，公司的所有者并不负责管理。和有限合伙一样，所有者对公司的债务只承担有限责任。

公司一旦破产，债权人不追究所有者的个人财产。

公司的所有者权益被分割成股票的形式。投资者可在金融市场上，例如纽约证券交易所，买卖股票。投资者买卖股票时，不会打断公司业务的正常运转。投资者的权益由公司管理层和公司董事会代表。当公司有追加资金的需求时，就会增发新股。无论投资者是积极参与，还是被动接受，其个人的财产都不会受到公司债务的牵连。

这种公司形式的企业结构的缺点是，投资者被双重征税（double taxation）。公司也和个人一样，都必须纳税。股东从公司分得的红利，则又再次被视为股东的个人收入而需重复纳税。

公司还有两种其他的特殊形式：一种是会计师和律师称之为C类公司（C Corp，即普通公司）的形式，就像上文所描述的；另一种是S公司（Subchapter S Corp）的形式，这种形式的公司，股东较少，不超过35人。从公司分得的红利，也同合伙制一样，并入个人纳税报表中纳税。这种方式的优点在于，不仅避免了双重征税，还能享受公司责任有限这一好处。

如果你对研究金融感兴趣，可以从侧重不同却又相互密切联系的两个领域入手。侧重于投资的金融，显得更风光一些，这方面总是和财富、头条新闻以及新上市股票密切相关；另一种则侧重于金融管理，就像是“在战壕里”埋头工作，协助不断壮大的公司融资、安排付款、从事收购等活动。两者彼此联系紧密。金融部门担负着公司经营活动的许多工作，而且在很大程度上决定着投资者能从公司分得多少利润。让我们先从较为风光的领域谈起。

投资

风险和回报

怎样才能通过拥有一个公司或其他商业实体的股份挣得利润？这一问题其实蕴涵着两方面的内容：什么是潜在的收入？公司的风险有多大？回答这一估价问题，需要用我们在数量分析一章中学到的现金流量贴现概念和概率论中的基本原理来解释。请记住：该章的内容就像老的课堂笔记，需要你反复翻阅。

金融里最强调风险与回报应该一致。如果某一种投资的风险很小，那么它的投资回报率也就很低。例如，联邦储蓄保险公司（FDIC）发行的存款单的回报率就很低。投资石油钻井就要冒很大的风险，而一旦找到了储量丰富的石油，那么回报高得就如同中了大奖。

风险的类型

系统性风险（systematic risk）是指和全部资产有关的风险，这里全部资产是指股票、债权、房地产市场等。例如，当公众认为投资股票市场有利可图时［即通常所说的**牛市**（bull market）］，整个股票市场便会攀升。在公众撤出股市时，就会和1929年和1987年、2000年和2008年股票市场崩溃时报纸头条新闻中形容的那样，开始“下蛋”或“熔化”。影响整个市场系统性风险的因素有两种，即利率和通货膨胀。无论做何种投资，你都面临市场的系统性风险。

如果一种风险只与某一种或一组特定资产有关，就称之为**独有风险**（unique risk）或**非系统性风险**（unsystematic risk）。投资经营情况，会因此类风险而发生波动。例如，你买了迪士尼的股票，可米老鼠却不幸得了感冒，该股票就可能下跌。规避和控制发生这种风险的方法是，同时投资多种股票。人们把这种方法叫作**分散风险**。通过同时大量配置不同类型的股票，即**投资组合**，投资者可用盈利股票的收益，补偿发生在另一些不盈利股票上的亏损。风险转移，即投资的分散化，能使整个投资组合的波动性减小。

β：投资组合中的风险

以IBM为例，其股票的价格，在证券交易所市场上是每日变动的，这种变动就是一种风险。如果用分布图的形式把以往有关风险的数据值表示出来，我们就会发现，它的形状和前面章节中提到的西雅图降雨分布以及鞋子尺码分布图一样。用正态分布的概念分析，我们发现，普通股股票过去的长期平均回报率是12.1%，标准差是21.2%。在标准差内，68%的时间里，该股股票的年投资回报率为－9.1%～＋33.3%。详见图6.1。

除用图表说明股票绝对的变动性之外，分析人员还把一种或少数几种股票的价格波动情况跟整个市场进行比较，以确定各自的风险。采用的衡量方法，即β值，定量地比较投资一种股票与持有“有市场代表性”的股票组合的风险。所谓“有市场代表性”的股票组合，是指标准普尔500（S&P 500）

中所列的500种股票，另一种是威尔逊5 000的5 000种股票。日本的日经指数是指代表日本市场的225种股票指数。

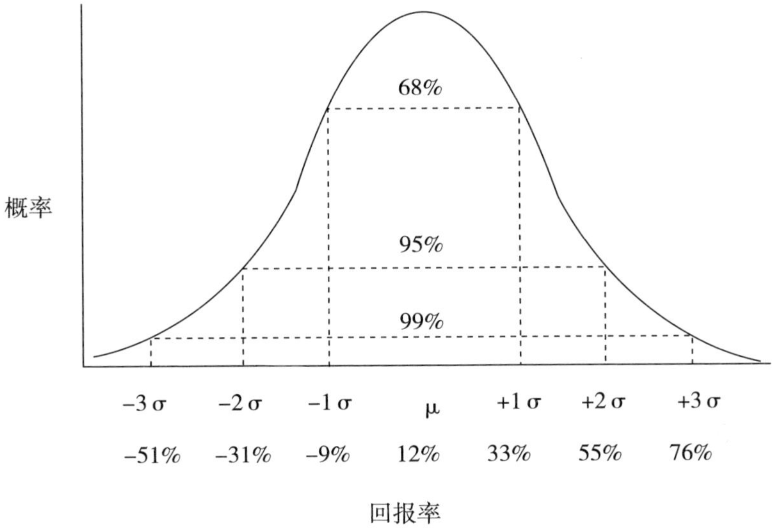

图6.1　以往股票收益概率分布

最著名的**道琼斯工业平均指数**（Dow Jones Industrial Average），即纽约交易所（NYSE）的大行情牌包括了美国不同行业中最为稳定的30家大公司，如IBM、3M、宝洁、可口可乐、波音和埃克森等。由于报纸的过分渲染，你可能认为在纽约证券交易所挂牌交易的道琼斯30种**蓝筹股**股票具有市场的代表性，而实际上并非如此。

我们把随市场同步变动的一种或一组股票的β值视为1。可口可乐公司的股票随市场同步变动，该公司的β值是1。如果某一公司股票的变动和市场变动的方向正好相反，那么就称之为负相关，该公司的β值为-1。不同β值的投资变动情况如图6.2所示。

市场上并不存在这种完全负相关的股票，但有些股票的β值的确很低。Luby's Cafeterias公司的β值是0.45。当市场急剧下跌时，大家还是要喝咖啡，其价格仍然相对稳定。当然，在市场股价出现普遍攀升时，该公司的股票也不会大幅度升高。电力设施企业的 β 值也较低。从理论上讲，若 β 值为 0，该种股票则无风险。根据这一假设，当所投资的各种股票之间的 β 值能正好完全相互抵消时，无论市场怎么变动，投资者都不会有任何风险。

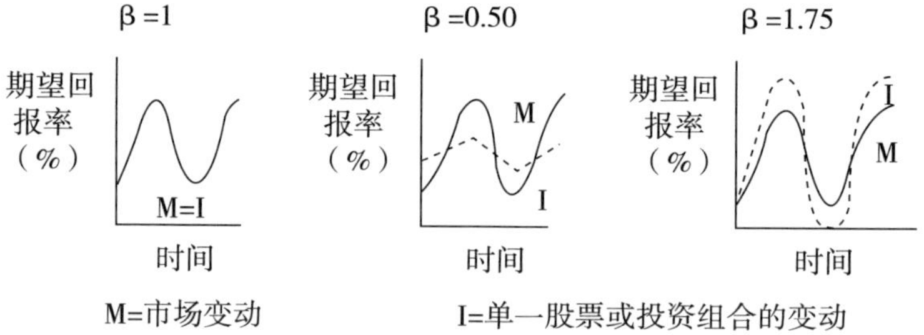

图 6.2 不同 β 值的投资变动情况

例如，美国铝业公司的风险较高，该公司股票的 β 值为 1.84。市场每变动 1%，都会造成该公司的股票变动 1.84%。一些风险居中的公司，例如波音和迪士尼和微软，其 β 值都是 1.2。

作为投资者，充分考虑市场的变动是至关重要的，因为许多重大的投资决策都是在通盘考虑了投资组合的情况之后做出的。虽然投资一种股票的风险较高，但若能做到降低整个投资组合的 β 值，只要选配的投资得当，总体的风险就会降低。例如，由富达麦哲伦（Fidelity's Magellan Foud）管理的 190 亿美元的共同基金，为分散风险，就投资了成百上千种不同的股票。对冲基金（hedge funds）则是汇聚能够承受更大风险、投入更大私募资金的机构投资者和富人的投资平台。当然，也有对冲基金在投资利率走向时判断失误。管理着数十亿美元基金的长期资本管理公司发生了 40 多亿美元的亏损，于 1998 年宣告破产。

当然，β 值并非凭空捏造，而是通过计算有根据地得到的。通常是经过统计计算一组相关系数，即用一股票市场的方差除以市场的方差得到 β 值。虽然 β 值可以通过计算得到，但财务分析人员都知道，Value Line Survey 这类投资信息服务公司可为你直接提供 β 值，省得你花时间去计算。由于 β 值的计算较为烦琐，故此处略去。

有效边界

在考虑了所有可能的资产组合后，从理论上讲，每一个 β 值都存在一个最佳的投资组合。把这种理论上最佳的组合用图形表示，人们称之为有效边界（efficient frontier）。有效边界以下的部分是指可以实现、可行的投资组合，而有效边界以上部分的投资回报，从理论上讲，是无法实现的。见图 6.3。

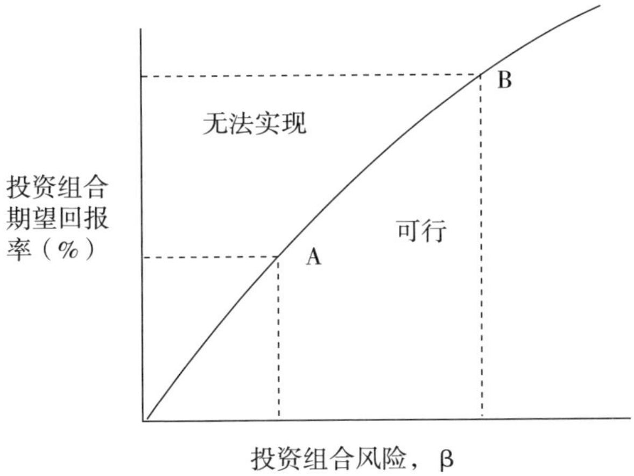

图 6.3　有效边界

资本资产定价模型

资本资产定价模型（Capital Asset Pricing Model，简称 CAPM），是指在通盘考虑某种资产的非系统性风险和系统性风险之后，确定期望达到的投资回报率。用简单的公式表示，CAPM 中所期望的投资回报率是无风险回报率加非系统性风险修正值。这种风险就是前文所说的β值。

$$Ke = R_f + (K_m - R_f)\beta$$

$$\frac{\text{期望}}{\text{回报率}} = \frac{\text{无风险}}{\text{回报率}} + \left(\frac{\text{市场平均}}{\text{回报率}} - \frac{\text{无风险}}{\text{回报率}}\right) \times \beta$$

假设你想知道IBM 1992年的回报率是多少时才值得投资，计算的方法是，你先从Value Line Survey服务公司查到IBM公司的保守β值1.2，而后又从《华尔街日报》上得知美国长期国债的无风险回报率是8%。2005年，国债利率为40年的最低水平，只有5%，远低于美国历史上国债的通常利率。选择资本资产定价模型变量则需要下一番工夫。经过对1926年以来数据的分析，标准普尔500的平均回报率高出投资无风险美国长期国库券回报率7.4%，也有采用5%~6%以反映市场低利率和低回报。有了这3种CAPM公式中需要的数据，就可以计算出投资IBM的回报率的平均数是16.8%，即：

$$8\% + (7.4\%) \times 1.2 = 16.8\%$$

将大量的β值代入CAPM等式中，将对应的每一组数据点连接，就可以得出一条曲线。这一曲线被称为**证券市场线**（Security Market Line，简称SML），见图6.4。在上面的例子中，假设IBM的实际投资回报率是12%，低于用CAPM公式计算得出的期望回报率。从理论上讲，理智的投资者这时应该卖掉IBM的股票；若实际的回报率高于用CAPM公式计算出的期望回报率，投资者就应该购买这种股票。

虽然看似容易，但用CAPM方法计算出来的只是期望的回报率而已，并非投资的实际回报。实际的回报是什么，只有祈祷上苍了。

近来，人们对CAPM理论的批评越来越多。在1992年《福布斯》杂志的一篇名为《β，再见!》的文章中，作者大卫·卓曼（David Dreman）先生，一位

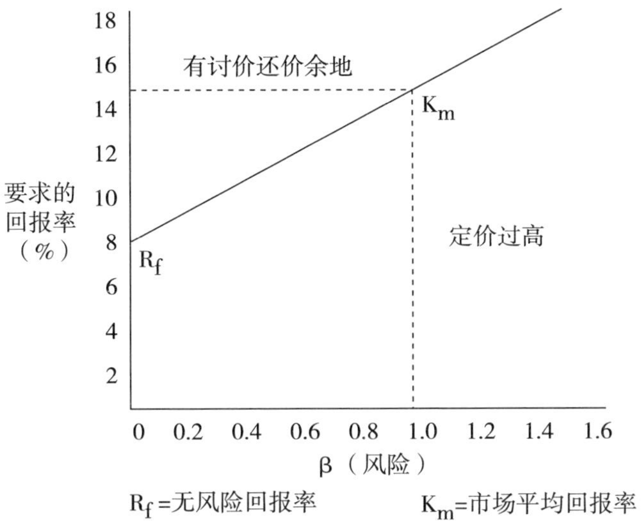

图 6.4 证券市场线

著名的投资顾问，在文中总结了对 β 理论的最新研究结果，宣布 β 值已无用武之地。芝加哥大学的法玛（Fama）和弗伦奇（French）教授也发现，CAPM 方法中提到的风险与股票的长期业绩实际上并无关系。不仅如此，根据以往变动确定的 β 值同将来的预测恐也毫无关联。因此，很有可能 β 值会落得个不受欢迎的下场。但是，由于迄今谁也找不出比这更好的方法，所以商学院仍在教授着这一理论。

有效市场假说

从证券市场线图形中可以看出，市场有讨价还价的余地，但这又涉及另一个问题："如果市场效率已得到充分发挥，还留有什么余地呢?" **有效市场假说**（Efficient Market Hypothesis，简称 EMH）理论，是指市场在不同程度上反映了当时市场的全部情况。因此，没人能跳出市场的圈子而"赢得市场"。为获取利润，投资者之间竞争异常激烈，且人数众多，已使得上市挂牌的股票价格准确地反映了股票的价值。

根据市场有效的程度不同，可将市场分为弱有效市场、半强有效市场和强有效市场3种。

弱有效市场

有些人认为，股票现在的市场价格已全部反映了造成以往价格变动的因素。再对股票的变动图做技术性分析，以预测将来的趋势，实际上并无多大用处。但对公司的经营情况和获利能力进行深入的分析，则可为分析人员提供获取高额利润的机会。

半强有效市场

该理论认为，市场价格反映的只是已公开的信息。若无内部情报，仅靠看公司的财务报表是挣不到超常水平的回报的。证券交易委员会（Securities and Exchange Commission，简称SEC）所起的作用就像个警察，防止投资者从事内部情报交易。阅读公司的财务报表，了解所有公开的信息之后所做的基本分析，并不能带给你多大的利润。

强有效市场

完全相信市场是强有效的人士认为，股票的价格已充分反映了所有公开和未公开的信息。这种看法已被证明多少有些缺乏根据。就拿一例曾广为报道的案件来说，已被定罪的伊万·博斯基（Ivan Boesky）、迈克尔·米尔肯（Michael Milken）和玛莎·斯图尔特（Martha Stewart），就是由于利用内部情报而牟利，普通百姓通过正当渠道获此利润则是绝不可能的。

人们研究发现，市场有效性较弱的形式更能经得起时间的考验。天真地认为市场完全有效，显然站不住脚。股票定价通常都较为合理，而有些人甚至否认有效市场假说的较弱形式。正如以前提到的，分析人员通过研究价格变动图形，期望找到能预示未来价格变动的相关图形形状规律。

也有投资者专门押宝不可预见极端事件的发生。这类事件被称作黑天鹅（Black Swan）。当市场极度恐慌时，这些投资者能从中渔利。

投资类型和评估方法

在数量分析一章中，我们曾详细地讨论过贴现现金流和净现值的概念。今天持有的1美元的价值实际上要高于将来得到的1美元的价值。用这一简单的概念来分析投资出去的现金，就是评估投资的最常用的方法。

债券市场

债券的价值就是未来现金流量的现值。债券是由公司或政府机构以支付固定利率筹集资金的形式发行的。大多数债券均在**本金**（face）或**面值**（par value）的基础上，每半年支付一次利息，即**息票**（coupon）。在明确规定的**到期日**（maturity），偿还本金。

在大多数情况下，债券期限越长，公司支付给投资者的利率就越高。投资者的资金期限越长，补偿投资者的利率就越高。由于投资者有可能在市场行情见长时因资金被套而失去机会，所以投资者的这种风险就必须通过高利率来补偿。用图形描述债券期限越长利率越高这一基本概念，就是投资里常说的**收益率曲线**（yield curve）。1992年，短期和长期利率的差异有5%，斜度向上。1999年1月，曲线走势趋平，两者差异仅为0.75%。2005年，利率处于相当低的水平，收益率曲线再一次斜度向上，二者差异为2.5%。2011年，两者差异为4%，美联储将短期利率调整为0。见图6.5。

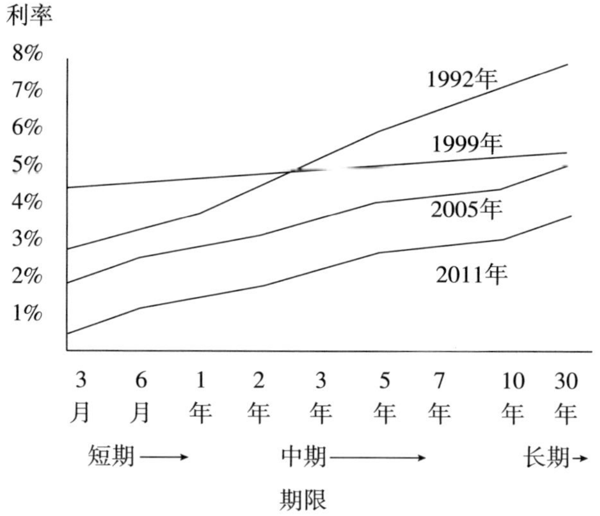

图 6.5 美国国库券收益率曲线

债券估值举例

1976 年重型建筑设备制造商卡特彼勒公司（Caterpillar Inc）共发行了总值两亿美元、利率为 8%、2001 年期满的公司债券。1992 年 6 月，《华尔街日报》上的报价是：每 100 美元面值的该公司债券售价 100 美元。决定债券价值的因素，除需支付的利息外，还有其他 3 个因素：

- 明确规定的利率（息票）
- 距期满的时间长短
- 发行人违约的风险（投资研究人员公布对其评级结果）

市场当时的价格是 100 美元。这就是说，一家较稳定公司发行的 2001 年到期的面值 100 美元的债券，在利率为 8%、每半年支付一次利息的情况下，其市场价值是 100 美元。穆迪债券评估服务公司评定该公司债券为“A”级，说明违约的风险低。我们把得到的债券利息，用**净现值**（net present value）

的概念，按 8% 的贴现率计算，得到的就是该债券的市场价值。因为市场利率等于债券利息率，投资者在卡特彼勒公司债券上的投资，既没有**溢价**（premium），也没有折价（discount）。该市值为 100 美元的债券的**到期收益率**（Yield To Maturity，简称 YTM）为 8%。见表 6.1。

表 6.1　卡特彼勒贴现现金流债券估值　　单位：美元

年份	票面利息	偿还本金	支付总额	×	贴现系数利率 8%	= 净现值
1992	8	0	8		0.925 9	7.41
1993	8	0	8		0.857 3	6.86
1994	8	0	8		0.793 9	6.35
1995	8	0	8		0.735 0	5.88
1996	8	0	8		0.680 6	5.44
1997	8	0	8		0.630 2	5.04
1998	8	0	8		0.583 5	4.67
1999	8	0	8		0.540 3	4.32
2000	8	0	8		0.500 2	4.00
2001	8	100	108		0.463 2	50.03
总计	80	100	180			100.00
		票面价值				市场价值

表 6.1 中的计算通常需要借助计算器完成。表中列出详细的计算过程，是为了帮助你更直观地了解资金的时间价值。如果市场认为卡特彼勒公司已濒于破产，或高通货膨胀期间无论什么投资市场利率都飞涨，投资者就会要求自己投出去的资金的回报率在 20%。这时，面值 100 美元的债券也就只值 49.69 美元了，即报纸上查到的报价“$49^{11}/_{16}$”美元。随着现金流量风险的增加，债券的价值也会降低。反之，当贴现率为 5% 时，该债券的市场价值是 123.16 美元。此时，对高于市场水平、利率为 8% 的债券，投资者就会为其

现金流量增多所吸引而需多投资（相对市场一般价格的溢价——译者注）才能购买到。

用图形表示（见图 6.6），按较高贴现率折现时，资金的现值就会变低。距离收到现金的时间越远，其价值对现在的投资者就越低。

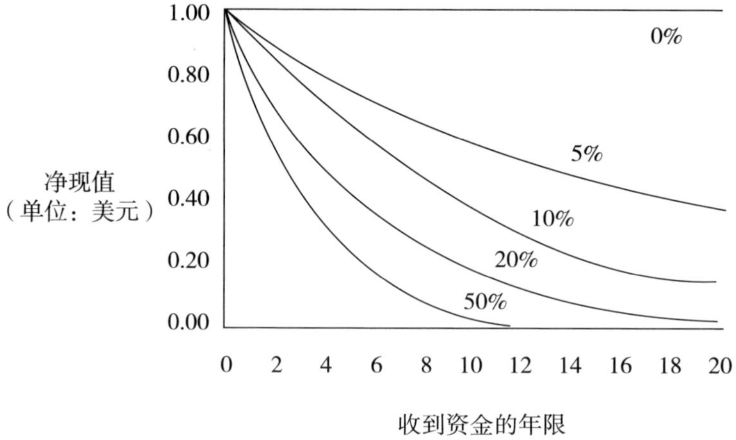

图 6.6　时间和贴现率对现值的影响

久期

计算债券价值的另外一种方法是“平均加权到期期限”，即**久期**（duration），是指投资者收回该债券市场价格一半时所用的时间。这也是衡量债券对市场利率变化敏感程度的方法。债券离到期支付日越远，其价值波动性就越大。1 年到期的债券是短期债券，这类债券的波动性小，投资者在很短时间内就能收回投资。长期债券则在较长的时间内以固定利率支付利息。如果市场的利率攀升，投资者的资金在相当长的时间内被套在低利率的债券市场，债券会急剧贬值。

在卡特彼勒公司债券的举例中，公司用 9 年时间偿还了投资者 100 美元投资的一半 50 美元。该债券的久期是 9 年。在债券投资中，这一回收时间算是比较长的，因此其价值随利率变动而急剧变动，从利率为 20% 时的 49.65

美元到5%时的123.16美元。

别太担心这种烦琐的计算，计算机能帮上忙。你可以从经纪人那里了解到债券利率是多少，还能问到债券的期限有多长。这样他也不会觉得你是个外行。

其他类型的债券 其他5种类型的债券是：**零息债券**（zero coupon bonds）、**永久债券**（consuls）、**可转换债券**（convertible bonds）、**可赎回债券**（callable bonds）和**垃圾债券**（junk bonds）。

零息债券是指不含利息但在期满时一次性偿还本金的债券。投资者用评估附息债券的方法分析零息债券。当然，这种债券没有可用于贴现的利息收入。

永久债券是指永远不用支付本金但需持续支付利息的债券。此类型债券已不常见，但在英国还有发行。对这类债券的估值方法非常简单，用现金流量（即偿还的利息）除以贴现率即可。假设伦敦电话公司发行100美元面值的永久债券，以后无限期地每年支付8美元的利息。如果投资者希望的回报率为10%，那么该债券的价值就是80美元（8/10%）。

$$永久债券价值=\frac{无限期收取的债券利益}{期望的回报率}$$

有时为了更吸引投资者，公司还规定债券可以转换，这就是可转换债券，指按事先定出的**转换比率**（conversion ratio）将债券转换成普通股票。例如，把卡特彼勒公司面值1 000美元的债券转换成每股100美元的股票共10股。如果卡特彼勒公司股票的市场价格超过了每股100美元，投资者就可以考虑将手中的债券转换成普通股股票。由于此类债券为投资者提供了更多的选择机会，所以可转换债券支付的利率通常比不可转换债券支付的利率低。

第四种债券是可赎回债券。发债人有时希望在发行债券后，当利率大幅度下跌时，有选择从公众手中买回自己公司债券的权利。例如，1981年许多大公司发行的债券的利率在15%～20%之间，当时市场普遍的利率亦如此。

但到了20世纪80年代后期以及20世纪90年代期间，利率降低了，这时发行可赎回债券的公司就按照原先已确定的价格回购了债券。20世纪90年代初，公司又以7% ~8%的利率（21世纪初为5% ~6%）发行新债，这样一来便节省了利息支出。由于此种债券不会出现高回报率，公司为了能享有回购债券的选择权，就得为投资者提供较高的利率。

最后一种债券是垃圾债券。这类债券违约的风险极高。之所以如此，是因为由于发行这类债券的公司在清算时，通常把此类债务的优先级排在偿还其他公司的债务之后。这类债券付给投资者的利率较高，大部分公司也能按时偿还本金和利息。如果公司无足够的现金偿还贷款，次级债权人拿到钱的顺序只能排在最后。

近来报界的丑闻让人觉得这种债券似乎是刚刚出现。其实，它在有债券时就存在了。美国南北战争期间，联邦政府发行了可用“垃圾”一词描述的高风险债券。20世纪60年代末的公司收购风和20世纪80年代盛行的杠杆收购，使许多著名的公司，像雷诺兹-纳贝斯克（RJR Nabisco）、美国世界通讯国际公司（MCI）、梅西百货、美国媒体国际公司（Metromedia）等，都发行了数十亿的垃圾债券。垃圾债券并不便宜，只是违约的风险高，无严谨的评级。

债券估值小结

违约风险越高或市场利率越高→贴现率越高→债券价值越低

违约风险越低或市场利率越低→贴现率越低→债券价值越高

票面利率越高或到期时间越短→期限越短→对市场利率变动的价值波动越小

票面利率越低或到期时间越长→期限越长→对市场利率变动的价值波动越高

股票市场

股票无偿还股本、股息的法律义务，也无时间限制。在有足够的盈利的情况下，大多数公司都定期向股东支付红利。但这谁也保证不了。根据我们从会计学一章中了解到的，公司的股东只有在公司还清诸如债券之类的债务之后，才能从余下的收入和资产中拿回属于自己的部分。如果没有收益，股票也就没有价值。当公司有足够利润时，就能及时偿还债券，股东也能获取收益。

人们为不同特点的公司的股票做了相应的归类，见表 6. 2。

表 6. 2　股票类别

分类	内容	例子
成长型股票	迅速成长的公司	谷歌、Neiflix
蓝筹股	大型公司	微软、可口可乐
变动型股票	随经济情况剧烈波动	福特、美联航
小型股票	风险高，小公司股票价格低	Jet Electro

红利增长模型

投资分析人士分析股票的一种方法是评估股票红利的多少，即红利的现金流量。这种方法把公式中的红利增长看得较重。但是，由此得出的结果并不能令人满意。

$$\text{每股价值} = \frac{D}{(K - g)}$$

其中：D = 每股的年红利

K = 贴现率或期望回报率

g = 年红利增长率

卡特彼勒公司的股票就是一个典型的例子。该公司1992年每股分红1.20美元。用CAPM公式计算，卡特彼勒公司的β值是1.2，期望回报率同IBM公司一样都是16.8%。在过去的几年中，卡特彼勒公司董事会分配红利平均提高了12%。将这些数据代入红利增长模型中，其股票价格应为25美元。

$$\frac{1.20\text{美元}}{(0.168-0.12)}=25\text{美元/每股}$$

但是，卡特彼勒公司的股票1992年5月的实际市场交易价却是每股56美元。为什么？原因是：或者公司想必一定拥有了比分红更有价值的东西，或者此前市场已不正常。很可能两者都不是。投资者在评估时势必已把公司现有的资产和未来可能的盈利都考虑了进去。和IBM公司不同的是，卡特彼勒公司后来业绩并不理想，1999年的市场交易价为60美元。

可是，又该如何分析像沃尔玛这样分红很少的廉价百货公司呢？更如何分析无收益、不分红的网络公司呢？这可没有什么简单的答案。下面介绍的是分析人员评估股票价值时常用的几种方法。

市盈率

市盈率（Price-Earnings ratio，简称PE）是把股票当前的市场价格同每股当前或预期的盈利进行比较。该方法概念简单，便于计算，即用股票价格除以每股盈利。由于大多数公司的每股盈利都是公开的，所以查找起来也极为方便。某公司的市盈率如果和市场同行业公司的市盈率基本一致，说明其股票的价格合理。人们普遍利用市盈率分析问题。下面是一位炒股人的高论：

> 核心财务公司（Corestates Financial）的股票价格是44美元。费城国民银行和其他银行相比市盈率较低，但分红比其他银行高。对其感兴趣并购买的，大有人在。

市盈率增长率（PEG）是在市盈率基础上考虑公司盈利增长情况的一种演变。市盈率增长率的计算公式为市盈率除以公司预计的今后市盈率长期增长率。这种预测存在诸多不确定性。市盈率增长率接近或者低于 1 的公司，被认为更具投资价值。2005 年 1 月，对投资者有吸引力的互联网软件和服务提供商新浪网（Sina），就有着较高的市盈率增长率，为 0.6。2011 年 7 月底，市场意识到公司价值，股价为 110 美元，市盈率增长率为 5。

每股账面资产比

依据资产负债表中的数据，用每股股票价格除以每股资产账面价值，即可得出每股账面资产比（multiple of book value per share）。1992 年 ImClone Systems 生物医药公司股票市价比账面价值高出了 331 倍。《福布斯》杂志认为该股票估值过高，但小公司、新公司的比率通常与众不同。投资者着眼于这类公司的发展潜力，而不局限于现有规模。

就这家 ImClone 生物医药公司而言，当投资者对这类股票不再感兴趣时，其股价也从 1992 年的 26 美元跌至 1995 年的 3.1 美元。该公司在销售业绩有所改观后，股价升至 10 美元，是其账面价值的 5 倍。据说，玛莎·斯图沃特（Martha Stewart）女士在 2000 年 12 月得知这家公司未通过美国食品药品监督管理局（FDA）检验后，以每股 60 美元的价格（当时每股账面资产的 36 倍）出售了手中持有的股票。

市销率

用股票价格除以总销售额得出市销率（Price to Salesratio，简称 PS）。1999 年 eBay 公司的市销率是 1 681。在销售额很小的前提下，这一比率显得过大，但投资者购买的是该互联网股票未来的发展前景。2004 年销售业绩不错，eBay 公司市销率为 23，回归正常。

每股资产值

每股资产值（asset value per share）用公司资产价值除以发行的股票总数，结果如比股票的价格高，说明分析人员可能忽略了其他比率。曾一度发生的石油股票狂购潮，就是由于当时股价低于石油和天然气储量的价值。于是，Getty、Gulf、Mesa和飞利浦等公司便利用人们争相购买的心态，使得20世纪80年代这几家公司股票猛涨。

每股现金流比（multiple of cash flow per share）

由于公司有创收现金的能力，有些分析人员是通过公司的现金流量表来评估其价值的。以卡特彼勒公司为例，1992年发行的每股股票对应的现金流量是5.90美元。每股价格为56美元时，股价是现金流量的9.5倍。分析人员对将来做的预测是，1993年股价为11.10美元，以后数年里为17.80美元，是现金流量的3倍。有些投资者在现金流量这一点上看中了卡特彼勒公司。许多分析人员认为，该公司以后每年都能保证每股17.80美元的现金流量，按16.8%的贴现率贴现，股票的净现值为100美元（17.80/0.168）。他们认为，卡特彼勒公司每股56美元的价格仍然是很便宜的。正如前面提到的，1999年市场交易价为60美元，2004年为83，但到2011年市场证明大家都错了。

股票市场上总有买家和卖家。这种买卖的不平衡引起价格变动。评估股票价格的方法多种多样，但最为重要的是市场当时的报价，不管当时价格显得多么疯狂。如果市场上有人愿意出200美元买卡特彼勒公司的股票，那么该股票就有这么大的价值。当然了，如果供大于求，价格就会下降。这是经济学一章中将要学到的内容。

优先股

可以说是普通股的同胞兄弟。**优先股**（preferred stock）是许多基础设施公司、银行和钢铁公司发行的，介于普通股股票和债券之间的一种混合形式的股票。优先股具有债券的特点，即按固定利率支付红利，但无投票权。像普通股股票一样，优先股只能在偿还了其他债务责任之后，才可分到红利，且无期限的限制。但是，许多发行人制定了一些规定，在一定时间内可以购买或出售优先股。在对公司资产拥有权的优先级上，优先股排在普通股之前，但二者均列在公司债务之后。

许多公司发行优先股是希望借到资金，但又不愿承担定时支付利息的契约式责任。许多发行的优先股是累计的，这就意味着，只有在所有未支付的红利全部付清后，才能考虑支付普通股的红利。投资者在偏爱能稳定分红的股票，同时又希望享有股东的部分权益时，常挑选购买优先股。

期权市场

期权是指以固定价格在明确规定的日期以前买卖资产的契约性权利。房地产、债券、黄金、石油和货币，甚至抵押贷款，均可以进行期权交易。期权实际上是一种用很少的资金获得控制大量资产的方法。获得利润的机会多，同样风险也高。

由于期权涉及的权利并不是实际资产本身，所以人们把具有这类权利的产品称为衍生产品，也就是把基于另一标的物价值之上派生出的证券产品，统称为衍生产品。这些衍生产品包括股票期权、认股权证、股票指数期权、大宗商品期权和大宗商品期货等。

例如，想要购买房产的奎克（Quick）先生认为，比佛利山地区的地价会飞涨。但是，他需用 6 个月才能筹集到首付款，并和银行达成融资协议。一位愿意将自己别墅卖给他的人要价 1 000 000 美元，但奎克先生需以 5 000 美元的价格买下该别墅的期权（option）。这样，在 6 个月内，该别墅不会再在市场上出售。奎克先生在这 6 个月内是期权的所有人，有权利而非义务以

1 000 000美元的价格购买该房产。如果房地产价格下降，奎克先生就会将价格为5 000 美元的期权放弃，完全损失这部分成本，当然，也不会以1 000 000 美元买这栋别墅。

但期权带来的利润也可能会非常高。如果别墅的价值到时增至1 050 000 美元，那么5 000 美元成本的期权的回报就会是1 000%。如果他按1 000 000 美元买下房子，回报则只有5%。期权实际上是用投资资产价值的很少的一部分资金买下该财产的拥有权。被收购的资产变动会导致，或者期权费用全部损失，或者得到相应的杠杆式的回报（即花很少的期权费用锁定较高回报的资产——译者注）。

股票市场的期权和上面提到的房地产例子中的概念是一样的。期权即购买或出售股票的"权利"。

- 以事先约定的价格——执行价格
- 在一定日期内——期限
- 以拥有此权利的成本——期权费

购买股票的期权叫"买方"（call）期权，将股票卖给他人的权利叫卖方（put）期权。买方期权和卖方期权的价值波动方向正好相反。如果股票价格上涨，那么买方期权以固定价格购买的价值也就增高；如果股票价格下跌，买方期权价值减少。反过来，在股票下跌时，该股票的卖方期权价值上升；股票价格上升时，卖方期权价值减少。详见图6.7

股票价格变动

	升	降
买方	得	失
卖方	失	得

图6.7 期权价值变动规律

芝加哥期权交易所（Chicago Board Options Exchange，简称 CBOE）是历史最久、规模最大的交易所。交易员买卖期权的情形和奎克先生买卖房地产期权一样。购买股票期权的买家，买下的是一定时期内股票升（买方）或贬（卖方）的期权。卖方，也就是期权发行人，将持有的某一项下股票期权权利卖给买方。如果期权发行人出售自己并不拥有的股票的期权，这种期权被称为“裸露”期权。

评估期权的方法有两种，即理论评估和市场评估。理论评估方法是用该种股票的市场价格和期权执行价格之间的差别来分析。例如，你买下可口可乐公司执行价格为 40 美元的买方期权，但可口可乐当时的市价为 45 美元，那么买方期权的理论价格应是 5 美元，但是，由于期权到期日较长，所以其市场价格是理论价格加到期时股票价格变动可能带来盈利的溢价。随着到期日的临近，盈利的机会也就减少，溢价也就越来越少。到期日时，该期权股票就按市场价格以现金交易兑现。由于已无获得溢价的机会，此时市场价格和理论价格相等。

期权估值

1973 年布莱克和斯科尔斯公布了一种后来成为全世界期权评估业标准的模型，即布莱克 - 斯科尔斯期权定价模型（Black-Scholes option pricing model），即期权可以计算出的价值由以下 5 种因素决定：

- 到期时间——期权有效期越长，股票价格越有可能按期望的方向变动。这是期权的时间价值。
- 股票市价和执行价格的差异——执行价格与股票市场价格越接近，股票市价越有可能接近或在到期前超过执行价格。
- 股票价格的波动性——股票价格变动越频繁，价格越有可能达到执行价格。

- 市场无风险利率——若融资的成本高，期权价格必然更高，这样才能补偿发生此项交易的成本费用。
- 股票分红——期权拥有人并不收取该股票的红利，但影响期权价格的股价会受影响。

将以上5个要素代入计算机程序，便可计算出“买进”和“卖出”期权的大致价格。由于每个人都使用布莱克–斯科尔斯模型进行估值，因而通过这种模型计算出的价格与市价就很接近。这与评估普通股票形成了鲜明的对比。分析人员用成千上万种方法，决定着自己认为“正确”的价格。

买方期权举例

乐观派认为，在购买期权时，标的股票的价格会上涨。例如，期权交易员比利·佩利格罗（Billy Peligro）于2011年6月15日看到沃尔玛商店普通股在《华尔街日报》上的报价是每股54美元。购买沃尔玛公司9月以前到期的股票，按每股55美元，买方期权的报价是2.69美元。比利打赌，认为沃尔玛股票到9月份以前一定会大大高出55美元。他决定花2.69美元试试。如果6月份购买的此期权在当天就到期，买方期权买进的每股55美元股票就是1美元的**虚值期权**（out of the money），期权也就不值钱了。沃尔玛公司55美元的买方期权价值用图形表示，像一支曲棍球杆（见图6.8），随股票价格而变动。

但2.69美元的期权价格正确吗？我把影响沃尔玛普通股票的5种因素和期权方面的特定值代入布莱克–斯科尔斯模型，用计算机试算程序计算出的结果是2.66美元，与2.69美元相当接近。

卖方期权举例

举一个和上面正好相反的例子。悲观的比利·佩利格罗于6月份在沃尔玛市价为54美元时，买下了9月份按每股55美元出售该股票的卖方期权。这

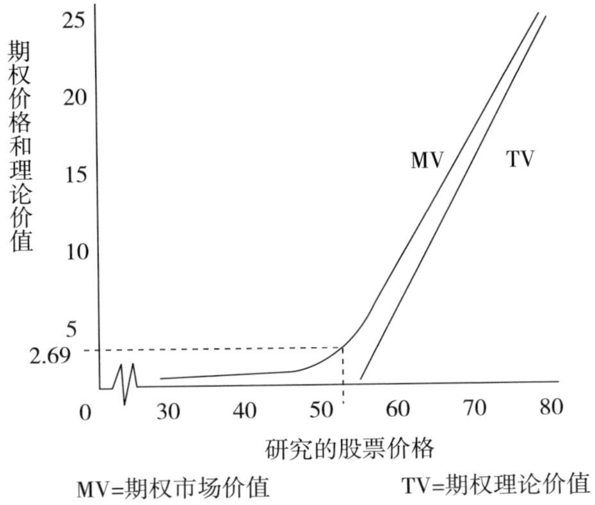

图 6.8　沃尔玛 9 月到期价格为 55 美元的买方期权价值（单位：美元）

时称其有 1 美元的**实值期权**（in the money）。由于他能以 55 美元卖出市价为 54 美元的股票，2011 年 6 月 15 日期权的市场价格是 2.75 美元。1 美元的价值是**实值期权**内在价值，而 1.75 美元是为 3 个月后能挣更多利润付出的溢价。如果以后股票价格下降，不论下降多少，佩利格罗也有权仍按每股 55 美元的价格卖出沃尔玛股票。检查一下布莱克-斯科尔斯模型的合理性，2.75 美元的市场价值与卖方期权模式的价值接近。卖方期权的可能价值是卖方期权曲棍球杆，但方向和图 6.8 的方向正相反。见图 6.9。

期权战略与套期保值

购买期权是一种高风险的投资，但可以通过套期保值的手段来避免。套期保值就是通过购买某一期权，来抵消已投资的股票价格可能下跌时的损失。和其他期权一样，可选择多种类型的资产。假设有一试图避免风险的投资人 Scared E. Cat 先生拥有同样价值 54 美元的沃尔玛股票。由于担心股票

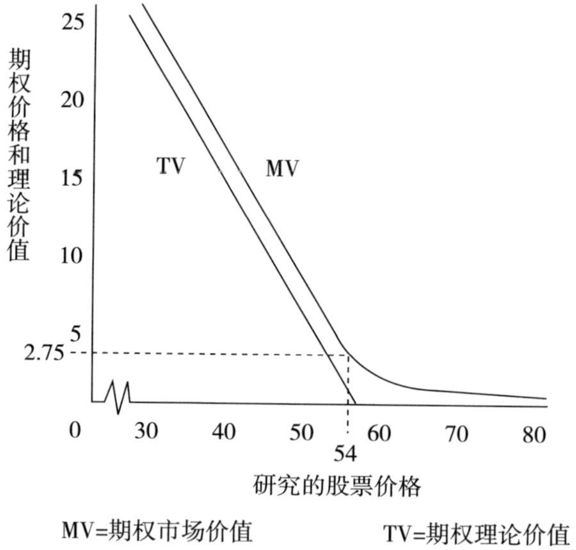

图 6.9　沃尔玛 9 月到期价格为 55 美元的卖方期权价值（单位：美元）

下跌的风险，他希望找到一个保护措施。投资人可以在 2011 年 6 月，以 1 美元买下 3 个月后期满的敲定价为 50 美元的卖方期权。这一卖方期权确保他可以在 3 个月内至少能以 50 美元每股的价格售出沃尔玛股票。而该期权的发行人则认为，股票下跌的风险不大，可得到 1 美元的溢价，何乐而不为？同时期望，到期时这 1 元钱对 Cat 先生已无足轻重。

如果沃尔玛股价跌至每股 40 美元，那么以 1 美元买下的卖方期权就在到期时值 10 美元。发行卖方期权的人也就有责任购买。Cat 先生在期权上 10 美元的收益，部分补偿了由于股价从 54 美元跌至 40 美元时造成的 14 美元的损失。这也是许多人认为，期权市场实际上是把投资的风险从一个人转移到另一个人身上的原因。

除了简单的套期保值方法以外，还有许多被期权交易者和投资组合基金管理者选用的期权战略。高水平的投资者以多种方式把期权和股票结合在一起。使用的期权战略也很多，其中包括**价差法**（spreads）、**蝶形分析法**（butterflies）、**秃鹰法**（condors）、**套购选择权**（straddles）和**箱型分析法**（boxes）。

除了看跌期权，如果投资者预期股票价格下跌，他可以卖空股票。相当于你从市场借来一只股票卖掉，期望今后该股价格下跌后，以更低的价格回购。和期权一样，卖空也可作为套期保值的工具之一。

金融衍生品

金融衍生品是指自身价值基于其他资产或变量（基础产品）的工具。除了前面已经提到的期权，最常见的衍生品还有期货（Futures）和互换（Swaps）。

股票、大宗商品、货币和利率均可作为基础产品。其他的还包括一些不可交易的产品，如信誉和天气。当基础产品的价值发生变动，衍生品价值也随之发生改变。如前面提到的沃尔玛股票期权，投资者可以通过套期保值规避基础产品变动带来的风险，也可以利用资产的变动从事投机交易。

衍生品期货是指购买大宗商品（如金、油或谷物）或者金融资产（如标准普尔500股票指数）的合约，合约产品的交割日定在远期。合约到期时，按照合约内容，可以通过交割实物产品，也可以通过支付现金完成交易。基础产品价值变动，期货产品价值也发生变化。期货产品由于其杠杆作用，风险巨大。投资者有时可以仅通过需要逐日盯市的保证金账户上的资金，将可操控资产扩大20倍。如果基础产品资产价值变动发生逆转，投资者必须及时提供更多保证金。

互换也是经常使用的金融衍生品，金融机构为了控制资产价值变动的风险，通过支付一定费用，和另一投资者或机构达成交易协议。互换在控制利率上涨变动造成债券支付违约中使用广泛。购买互换合约的投资者，并不一定需要最终持有涉及的基础产品，其投资目的只是为了避免发生不利情况。

2008年的金融破产是由地产价值暴跌引起的，造成经济崩溃的则是衍生品。大机构，包括保险巨头AIG，向投资者出售信用违约互换（Credit Default

Swaps，简称 CDS）。这一产品是为了避免违约，将商品房抵押贷款的担保抵押债务（Collateralized Mortgage Obligations，简称 CMO）捆绑投保。当出现超出预期的违约可行性增高时，互换价值职能增大才能弥补损失。AIG 欠互换投资者万亿美元。AIG 在出售 CDS 的时候，原以为出现大规模抵押贷款违约的可能性低，所以收取的互换保险合约费用不高。投资者也认为违约的可行性低，所以才买了 CDS。直到 2008 年政府最终接管了 AIG，大家才明白了有毒抵押贷款的含义。

财务管理

财务管理（financial management）的本质是，如何为公司融集资金，把从股东和债权人手中筹集来的资金管好、用好，并为他们带来最大的回报。在这一领域从业的 MBA 们主要负责以下两方面的工作：

> 企业投资决策——公司应拥有哪类资产？投资哪些项目？

> 财务决策——这些投资的资金从哪里来？

企业投资决策

公司可投资的机会很多。公司的财务经理负责协助公司管理层评估投资机会，并把自己对项目的看法，连同分析得出的项目的优先级推荐给公司管理层。MBA 们形容这类工作是从事资本预算（capital budgeting）。

在“数量分析”一章桂格燕麦公司的举例中，我们曾提到是否投资兴建新的食品包装设备。桂格公司经理层用贴现现金流的方法计算出项目的净现值。在营销一章中，我们也用计算还本期这一简单方法，分析推出一种新品牌的咖啡的可能性。

然而，对某些投资财务分析方法毫无用武之地。例如，给慈善机构的捐款是分析不出其无形资产的价值的。

投资决策不外乎以下3种基本类型中的一种：

- 接受或否定某一项目的投资建议。
- 选择一种最具有竞争性的投资。
- 资本合理分配——在资本有限的情况下，用这种方法从众多项目中选出最合理的投资项目。

每家公司都用自己的标准来合理地分配有限的资源。MBA们使用的方法主要是**还本期法**（payback period）和**净现值法**（net present value）。

还本期法

许多公司认为，评估投资的最好办法是计算出回收全部投资所需要的时间，即项目的还本期：

还本期 = 回收最初投资的年限

计算还本期的方法很简单，分析人员根据期望的还本期决定是接受还是拒绝投资方案。基本的原则是：接受和期望结果接近的项目，放弃差距太远的项目。例如，某小公司的管理层认为，一切节能省力的设备都应在最多3年内还本，所有的新设备应在8年内还本，研究项目应在10年内还本。这些要求是基于管理层的判断、经验和对风险的态度决定的。

如果选择还本期长的项目，管理层就得准备承担更大的风险。时间越长，不定因素越多，风险也就越大。这一概念和衡量债券所用的“期限”方法相同。债券投资人回收一半债券投资的时间越长，风险越大。

还本期标准简便、实用、易于理解，故而可取。但这种方法忽略了现金流的时间性，因而忽略了资金的时间价值。现金流截然不同的项目，还本期却可能是一样的。例如，某项研究项目投资用去 100 000 美元，3 年内平均每年偿还 33 333 美元，第 3 年年底还清。这一项目和另一个在第 3 年年底一次性付清投资的项目的还本期是一样的。

还本期法的另一缺点是，忽略了还本后的现金流。例如，一科研项目共投资 100 000 美元，分 3 年还清本金后，该项目成了一项新发明，公司仍可以靠无限期地提取使用费收回现金。这又怎么解释呢？显然，这个项目比 3 年期满时一次性还本 100 000 美元的项目更有价值。

净现值法

这种评估股票、债券现金流的方法，同样用于项目评估上。此方法最准确，理论上也最正确。

收到钱的期限拖得越长，面临的风险就越高，失去使用这些资金的机会成本也就越大。同样，随着项目风险的增大，应选用更高的贴现率来计算未来现金流的现值：

$$\text{NPV} = \text{将要收到的现金} \times (1 + \text{贴现率})^{-\text{期限}}$$

和“投资”决策的概念不同，“融资”决策是研究公司如何筹集资金的问题。不是 MBA 的人，在评估项目时常犯的一个非常明显的错误是，用公司借款成本作为贴现系数。被投资的单个项目只有用正确的贴现率挑出投资回报超出公司融资成本的项目，才能为公司带来价值。相应地，金融分析人员必须选用能够和特定项目风险相对应的贴现率。

在“数量分析”一章桂格燕麦公司的举例中，其现金流情况如表 6.3 所示。

表 6.3　10%贴现率

	现金流（美元）	因子	净现值（美元）
今天	-102 000	1.000 00	-102 000
第 1 年	51 000	0.909 09	46 364
第 2 年	51 000	0.826 45	42 149
第 3 年	61 000	0.751 31	45 830
总计	61 000		32 343

NPV 方法可解释为，在该水平的风险情况下，项目回报是 32 343 美元，超过了期望的回报率。NPV 是 0 的项目是可以接受的，因为它们达到了期望的回报率。公司应否决 NPV 低于 0 的项目。

NPV 方法优点很多。在比较不同项目时，计算较为灵活。

项目风险。在计算 NPV 时可用不同的贴现率。例如，如果分析人员认为桂格麦片的新包装设备风险高，这时就可分别用 15% 和 20% 的贴现率计算出该项目的两个不同价值 21 019 美元和 11 217 美元，以进行比较。

项目不等值年限。通过采用风险修正后的贴现率，分析人员可以分析项目今后多年现金流的情况。我们可以把桂格公司项目与其他项目的现金流进行比较，时间可为 1 年、10 年或无限期，用贴现因子将所有现金流折成净现值。

项目现金流大小不同差异。通过将现金收益用贴现法计算出其“净”现值，我们就更易于进行不同规模项目间的比较。项目未来的现金流，可用贴现因子折现。

由于需要合理安排资金，在不得不做出选择时，MBA 应如何决定呢？净现值法只能告诉你最有价值的项目，但不是一组最好的项目。获利指数（Profitability Index，简称 PI）可帮上忙。用未来现金流的 NPV 除以最初投资，即可得到 PI。例如，桂格公司项目中的指数是 1.317。

$$\frac{\text{未来现金流的净现值}}{\text{最初投资}}=$$

$$\frac{46\ 364\ \text{美元}+42\ 149\ \text{美元}+45\ 830\ \text{美元}}{102\ 000\ \text{美元}}=1.317$$

在资金无限充裕时，所有 PI 高于 1 的项目都是可行的，所有超过风险修正率的回报都是有吸引力的。在资源有限时，就要选择 PI 值最高的投资机会，这样才能为股东带来一组投资中最大的 NPV。

在这种情况下，MBA 们的任务就是参照 NPV 和 PI，选出各种最佳项目组合，为集团公司获得尽可能高的利润。

企业融资决策

许多 MBA 们一生的工作都是忙于为公司融资。公司融资的目的，是为了在可以接受的风险水平下，以最低的成本筹集到足够的资金。这里的风险是指公司无力偿还借款而导致破产。

公司有下列 5 种基本的融资方法：

> 获得卖方信贷（receive credit）

> 获得租赁融资（lease financing）

> 获得银行贷款

> 发行债券

> 发行股票

卖方信贷

这是一种最简便的融资方式。公司购买产品和劳务后，在 7 天到 1 年内支付货款。当公司需要更多的卖方信贷时，财务经理就得和他们谈妥更长信贷的期限和更高的信贷金额。公司在支付应付款时，也可以“抻着”，直到最后才付款。2011 年，美国 Borders 书店就因为债权人和贷款人联合起来拒绝延长额外的信用额度，使得该公司最终破产。以 2011 年 Borders 书店为例，供货方拒绝额外延长的账期、债权人和给公司贷款的机构的多重压力，迫使公司破产。

租赁融资

许多公司选择租赁设备而非购买设备的方式开展业务，这就是租赁融资。租赁汽车、计算机、重型设备的时间可长可短。如果租赁时间较短，就称为**经营租赁**（operating lease），例如汽车租赁。如果租赁时间为两年，就属经营租赁。长期租赁实际上可以说是一种通过融资购买设备的方式，而不是购买设备短期内的使用权。长期租赁也称**资本租赁**（capital lease）。承租人通常将设备的使用年限用完，期满时设备也就留在承租人那里，**廉价**将其购买下来。会计师根据特殊规定，对不同的租赁形式进行财务处理。对于资本租赁，租赁的财产和融资的责任都记录在承租公司账上，和公司直接购买该设备的会计上的处理一样。

银行贷款

银行贷款给公司，期限可长可短。如果公司在银行有一信用额度并可**循环使用**（revolver），就可根据业务对现金的需求在银行的额度限制内提款。银行给公司提供的信用额度，通常需要用公司的财产做抵押。若公司的经营陷入困境，无力偿还银行贷款，公司就会破产。

当银行或投资分析师考虑能否给公司/企业贷款以及能否发行公司/企业债券时，通常考虑5个信用方面问题（5C）：

- 现金流（Cash flow）——现金流能够支付到期的债务？
- 担保（Collateral）——有足够担保保障还贷？
- 外部环境（Conditions）——经济环境对还款是否有利？
- 路径（Course）——借款人业务大方向战略是否正确？
- 性格（Character）——管理层管理能力、商业道德以及还贷的主动性如何？

发行债券

债券具有利率固定、本金期满有明确期限以及具有支付本金和利息的法律责任等特点。如果债券到期时公司无力支付，那么公司所有人就有破产的风险。1990年，南方公司在债券到期时无力支付债权人，于是最大的债权人日本伊藤洋华堂公司就用债券换取了公司所有权，赶走了该公司的创建人汤姆逊（Thompson）家族。

税后借款成本

从贷款人、银行或债券持有人手中借款的利息费用，是可以扣税的，而分给股东的红利则不能扣税。税后借款成本的计算是利息费用减去税金。即：

$$税后借款成本 = 借款利率 \times (1 - 税率)$$

在1999年，前面例子中提到的卡特彼勒公司2001年到期的公司债，仍按8%支付利息。1999年，卡特彼勒公司税率估计是34%。通过从纳税收入中扣减利息费用，公司实际的借款成本降低了34%。税后利率实际上只有5.28%［=8%×(1−0.34)］。

从“会计”一章中我们知道，红利不能税前抵扣，但利息可以。这一区别也正好是一种鼓励公司借款，而不采用发行股票分红的办法。这种现象称为**税盾**（tax shield）。20世纪80年代盛行一时的杠杆收购风，税盾起了激励作用。公司筹集大量资金进行收购，如1989年美国KKR集团（Kohlberg Kravis Roberts）借款264亿美元用于收购雷诺兹－纳贝斯克公司（RJR Nabisco）。这一年政府实际上补贴了该企业近8亿美元（26.4×10%×30%）。难怪许多纳税人因而赞成取消或限制对公司利息费用的税收补贴。

发行股票

发行股票并没有必须偿还本金或分红的法律责任，分红也不能税前扣减。拥有股票，实际上代表着拥有企业资产的股东权益。如果为筹集资金而增发新股，实际上是以牺牲现有股东的部分利益为代价的。新股东和原来股东在每股基础上平等地分享着公司权益。这也是分析人员常说新股稀释原有股东的权益的原因。

发行新股的渠道有多种，其中纽约证券交易所（New York Stock Exchange，简称 NYSE）规模最大，美国证券交易所（American Stock Exchange，简称 AMEX）次之，还有全美证券商协会自动报价系统，即纳斯达克（National Association of Securities Dealers Automated Quotations Systerm，简称 NASDAQ）。不在证券交易所挂牌但可公开交易的股票交易场所是柜台交易市场（Over The Counter，简称 OTC）。如果公司股票不公开买卖，此类公司被称为私有性公司。

投资银行（investment bankers）作为公司的财务顾问，常常协助其发行新股上市。著名的投资银行有花旗集团、高盛集团和美林等，它们都雇用了很多 MBA。这些人帮着其他公司股票**首次公开上市**（IPO）。投资银行收取的费用极高。此外，投资银行还负责协助公司准备**招股说明书**（prospectus），在说明书中介绍发行人的历史和今后的经营计划。1933 年颁布的《证券法》明确规定了文件中需要公开的内容。

融资组合的风险与回报

公司融资决策，实际是在不断寻找着最佳的债务和股本搭配比例。这一比例就是公司的**资本结构**（capital structure）。当经理们大幅度调整负债权益比时，人们称之为**重组**（restructuring）。

理论上讲，应有一个最佳的股本负债比。但是，人们现在还找不到能确定最佳比例的公式。MBA 们所能做的，仅是总结以往公司成功的经验，研究竞争对手的资本结构。如果公司所处行业经济周期性强，那么安排的贷款少些，则有助于公司在经济不景气时渡过难关。作为合格的财务经理，就要在制订了财务方案后密切地跟踪它。资本结构具有能动性。在特定时间、特殊条件下，应不断地研究调整负债权益的侧重比例，使之更趋于合理。

虽然没有一套实用的公式来一劳永逸地解决负债权益的比例搭配问题，但 MBA 们用缩写词 FRICTO，即英文中代表分析资本结构采用的各种方法（见下述段落）的单词的首字母缩略词来分析之。

灵活性（flexibility） 公司管理层要明确在面临不测，诸如出现新的竞争对手或有人起诉公司时，财务上具有多大的抗风险的灵活性？例如，道康宁在面临乳房植入硅胶诉讼时，并无应对措施而遭遇破产。

风险（risk） 公司能承受多大的风险，以应付可预见事件的发生？例如，商业周期性的下滑，罢工和原材料短缺，玩具制造商生产的热门玩具会忽然无人问津。明智的经理们应该安排好在销售下降时，财务上能有足够的灵活性并渡过难关。这也是许多玩具公司的负债权益比较低的原因。

收入（income） 公司的盈利能支付多少利息，承受多大的分红水平？财务经理需要预见经营的结果，了解现金流量。用预测的方法以及自己对预测的自信程度，决定公司在什么水平上才能够有足够的支付能力。

控制（control） 管理层愿把公司多大比例的股份与外部的投资者分享？许多家族式企业根本不愿意让外人知道自己的实际收入，更不用说让外人拥有投票决策权了。

时间（timing） 债券市场是否能提供诱人的利率？公司管理层是否认为股票市场过高地估计了企业的股票？如果是这种情况，将股票卖给公众对公司来说是合适的。相反，如果股票太便宜，公司最好从公众手中买回股票。1987 年、2008 年股票市场崩溃之后，许多公司抓住机会又回购了自己公司的股票。通过减少对外发行股票的数量，公司的负债融资作为资本结构的一部分而增加了。

1991 年，投资者买不到生物工程公司的股票。许多投资者甚至愿意出高价购买一些存在问题的新上市股票。机敏的经理们连忙敲开市场之门，以高价将股票卖给了急于购买的公众。1992 年，市场上难以借到钱，投资者失去了对生物工程公司股票的偏爱。同样情形又在 1995 年发生在互联网公司上，网络泡沫 2000 年破灭。公司的资本结构应该和不断变化的市场情况相适应。而刚经历过的地产泡沫，则在 2006 年达到顶峰，2007 年开始暴露出问题，直至破灭。

其他（other） 还有许多影响经理做决定的其他因素。公司会找不到一家愿意贷款的银行。这时，只好自己用股本金做投资。在其他情况下，利率太高，公司也只好投入股本金。影响资本结构决策的原因很多。

财务结构中讨论最多的要数比率。在“会计”一章中，我已解释了财务杠杆的概念。一些公司通过维持高比例的负债，很少的股本金，“杠杆”式地为股东支撑着项目，以期盈利。当公司有利润时，因公司发行的股票量小，所以每股盈利就高。相反，在利润低、利息负担过重时，就会占去所有利润。有时弄不好连股本金也得搭进去。

负债很高的公司的管理层，在预测现金流时，如果其结果不能为股东提供高回报，就必须决断公司是否要冒破产的风险。

汤姆逊家族就是错误地估计了南方公司的情况，如果当时汤姆逊家族用 FRICTO 方法分析一下，也许就能避免损失。

已上市的股票的市值，与公司资本结构风险有关。如果投资者认为负债程度过高，由于偿还负债时出现收入不够支付利息的风险很大，他们购买该股票所出的价格就较低。投资者在分析公司时也会把债务的风险考虑进去，将公司的价值打一折扣。20 世纪 90 年代初，一些利用杠杆融资的公司，如百得公司（Black & Decker）、雷诺兹－纳贝斯克等，就使得许多投资者由于对这些公司的资本结构不放心，因而避免和它们打交道。

弗兰克·莫迪利安尼（Franco Modigliani）和默顿·米勒（Merton Miller）是两位著名的学者。他们发表了一系列关于债务责任如何影响公司价值的独特“见解”。1958 年，莫迪利安尼和米勒率先研究了在具有以及没有税务优惠的条件下债务融资的影响。在理想的完美世界里，债务越多越好。公司的价值随债务增多而增加。但在现实生活中，投资者在评估公司的债务和股本金的同时，也考虑到公司破产的风险。

总之，债务在公司总资产中所占的比例越高，在某一点上，公司价值就越高。超过这一点，公司破产的风险剧增，其价值就降低了。随着公司以低成本可避税债务代替股东投资者期望的高值回报，公司的融资成本降低。但和股东一样，债券持有人在某一点也变得紧张起来，并要求高回报率以补偿风险。让我们研究一下资本结构起作用的两张图表，图 6.10 和图 6.11。

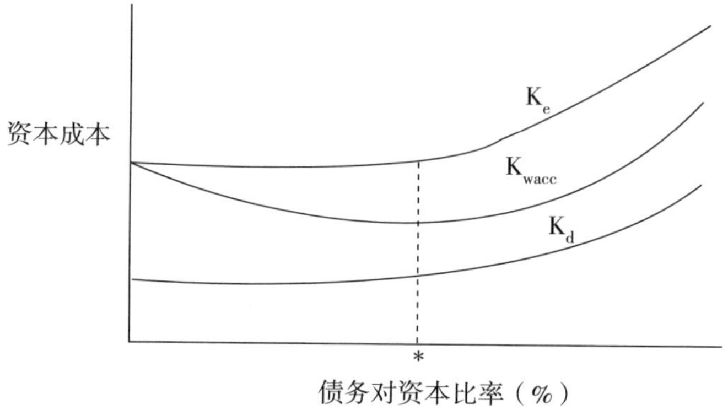

资本=债务+股本　　K_e=股本成本

K_d=债务成本　　K_{wacc}=加权平均资本成本

图 6.10　最优资本结构（资本成本）

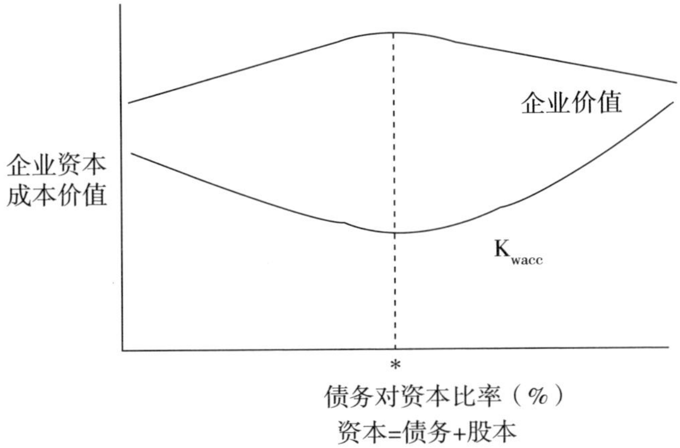

图 6.11　最优资本结构（企业价值和加权平均资本成本）

资本结构决策举例

虽然很难找到最佳的资本结构，但财务经理们仍试图总结出一些数据以便选择比较。下面详细列出其计算过程。如果想成为通读本书后毕业的优等生，那么请你继续读；如果兴趣不大，请跳过去。

在做资本结构决策时，要分两步走：

1. 计算加权平均资本成本（WACC）。
2. 分析评估公司的自由现金流（free cash flows），即公司的价值。

第一步是计算整个公司的加权平均资本成本。所用公式如下［在算出的一系列变量中，股本成本（K_e）的计算最为困难］：

$$\text{加权平均资本成本} = K_d\ (1-t)\left(\frac{\text{债务市场价值}}{\text{总债务和总股本}}\right) + K_e\left(\frac{\text{股本市场价值}}{\text{总债务和总股本}}\right)$$

其中：　t = 税率

K_d = 债务成本

K_e = 股本成本

让我们研究一下这个公式。注意：WACC 选用的是债务和股本的市场价值。现有股东和债券投资者评价其投资价值的真正标准是市场。债务的成本可以从公司财务部门获得，也可以在公司财务报表中的注释中找到。在债务融资中改变债务成本是要鼓足勇气的，但是确定股本成本更困难。

股本成本主要取决于公司的负债情况。由于负债意味着风险，我们可以用资本资产定价模式的 β 值。资本资产定价模型有助于计算出在不同负债比率情况下所期望的股东权益报酬率。即：

$$K_e = R_f + (K_m - R_f) \times \beta$$

$$K_m - R_f = \text{风险溢价}$$

衡量风险的 β 值，依据债务杠杆作用的风险而变化。MBA 们取现在已经过杠杆调整的 β 值，把它再调整回无债务的状态，即无杠杆状态（步骤 A）；再将之应用于任何理论假设的杠杆资本结构（即步骤 B）。

步骤 A：

$$\beta_u = \frac{\beta_l}{1 + (1 - \text{税率}) \times \dfrac{\text{债务}}{\text{股本}}}$$

步骤 B：

$$\beta_l = \beta_u \times \left[1 + (1 - \text{税率}) \times \frac{\text{债务}}{\text{股本}}\right]$$

其中：l = 有债务的杠杆结构

u = 无债务的杠杆结构

试举一例。Leverco 公司的财务部主任想要确定债务资本结构是 0% 好，还是 25% 或 50% 更合适。他列出了下页表格中的实际数据及计算结果。结论是：公司应安排“50% 的债务、50% 的股本”这一结构最合理。它能使公司的价值实现最大化，同时减少 WACC 成本。

在 Leverco 公司的这一举例中，用同样的方法能得出“最优资本结构”的两个理论图形。第一个是计算加权平均资本成本，第二个是用得出的最低 WACC 成本，描述公司的最大价值。如果你愿意，可以试着重新计算带“＊”号的各项。见表 6.4。这些是全球各地的 MBA 们在决策资本结构时通用的计算方法。

表 6.4　Leverco 公司资本结构决策计算方案比较　　单位：美元

账面债务比率	0% 债务	25% 债务	50% 债务
账面债务总额	0	2 500	5 000
账面股本总额	10 000	7 500	5 000
债务的市场价值	0	2 500	5 000
股本的市场价值	10 000	8 350	6 700
市场价值债务比率＊	0%	23%	43%
债务税前成本	0.07	0.07	0.07
税率	0.34	0.34	0.34
债务税后成本＊ 税前成本 ×（1 − t）	0.046 2	0.046 2	0.046 2
无杠杆 β	0.8	0.8	0.8
有杠杆 β＊ 用 B 步骤公式	0.8	0.958	1.194 最有风险
股本成本＊ 用 CAPM 公式： $K_e = R_f$ + 杠杆 β ×（风险溢价） $K_e = 0.08$ + 杠杆 β ×（0.074）	0.139	0.151	0.168 最有风险
WACC＊ 用给出的 WACC 公式	0.139	0.127	0.1 16 成本最低
每年息税前现金流量 自由现金流量	2 000	2 000	2 000
公司价值＊ （永久现金流价值） 自由现金流/WACC	14 388	15 748	17 241 价值最高

＊ 表示使用所提供的公式计算的结果。

资料来源：“An Introduction to Debt Policy and Value,” Case UVA-F-811.

分红政策

公司的财务负责人必须决定将盈利的多少作为分红分给大家，每股应分得多少，这就是**分红政策**（dividend policy）。财务经理依据至少两种方法，即**红利回报率**（dividend yield）和**红利支付比率**（dividend payout ratio）决定分红政策。市场实际上在确定分红回报率时起着非常重要的作用，这是因为确定分红回报率是用每年红利除以股票当时的市场价格。红利也可以用盈利的一定比例，即红利支付比率来确定分配多少。

$$红利回报率 = \frac{每年红利}{每股股票市场价格}$$

$$红利支付比率 = \frac{每年红利}{净收入}$$

红利因能清楚地反映公司挣取现金的能力，所以起着非常重要的作用。许多分析家是以红利现金流来分析评估公司价值的。本章开头有关红利增长模式的介绍曾提到过这一评估方法。

投资者偏爱稳定且金额稳步增加的分红，而不希望有任何形式的削减。因此，公司管理层会不惜一切代价避免在分红上左右摇摆。如果一位 MBA 误算了公司支付红利的实际能力，那么他的饭碗就真的保不住了。

机敏的 MBA 们在制定可能直接影响到自身发展的政策时，应仔细考虑以下 5 个问题：

1. 公司是将盈利投回自己的公司好呢，还是投资别处更好？如果一个公司正在发展中，有许多激动人心的投资机会，那么公司分红就要少些，应该将利润用于公司的发展。2004 年，沃尔玛公司就只把 2.15 美元盈利中的 0.52 美元用于分红，支付率为 24%，但股东们还是很高兴的，因为山姆·沃尔顿（Sam Walton）当时正忙于投资有利可图的新商店。它的分红政策是，54 美元一股的股票，分红为 1%。以微软为例，投资者抱怨微软没有利用好销售回流的巨额现金，造成增长减缓。2003 年微软针对这一问题提高了分红水平，每股增加到 0.16 美元。2004 年，微软又把分红提高了 1 倍，为 0.32 美元，并且给每股一次性特殊分红 3 美元，共支付了 320 亿美元，创造了美国公司史上的分红纪录。

2. 谁是你的股东？孤儿寡母是不是依靠你公司的分红生存？基础设施项目的股票有许多这类投资者。但新上市的公司，例如计算机公司，则几乎没有这类投资者。

3. 股东对分红变化的反应如何？分红的变化，对投资者来说，是公司发出了一个极强的信号。投资者会对削减分红做出极强的反应，因为这时通常预示着公司陷入了困境。增加分红当然掀不起什么波浪，人们总认为增加分红是理所应当的。红利增加预示着管理层对公司长期发展状况充满信心：收益会增长，公司有足够的收入来支付更多的红利。

4. 公司的财务杠杆结构如何？为了保证红利（股息）不至于中断，公司应随时留心是否有能力自如地支付投资者要求和期望的红利。

5. 公司的发展战略是什么？正在发展壮大的公司通常不支付或支付很少的红利，因为公司这时需要现金保证公司的自我发展。例如，生物工程公司大都留存全部的收益，以支持长期科研的需要。

如果一家公司被缺乏现金困扰着，却又想让投资者高兴，就可以采用**配股**（stock dividend）的形式。公司不用现金，而以股票的形式支付给股东。这种分红通常是占股票的 2% ~5%。例如，你如果手中有 100 股股票，就能收到 2 ~5 股股票。投资者最终得到比原来更多的股票。由于其他股东的股票数量也同样增加，所以股东在公司中的股份并没有发生变化。

如果股票价格太高，公司可进行**股票分拆**（stock split），即将每股分拆成 2 股或 3 股。这种方式既保持了股份所有权不变，又使投资者因为拥有更多的股票而愉悦。

兼并与收购

兼并与收购（Mergers and Acquisitions，简称 M&A），是金融领域里最让人激动的事。帮助公司融资的同一家投资银行，也会帮你花掉它。许多拿高薪的 MBA 们在这一领域工作。关于收购与兼并的“战略”原因和方法，我们在“战略”一章中已有介绍，本章将只涉及出于财务方面考虑的收购与兼并。

公司分散投资

许多公司试图通过控制其他公司，以求降低业务风险。菲利普·莫里斯公司更名为奥弛亚集团公司（Altria），出于分散风险的考虑，买下了卡夫、通用食品和米勒酿酒公司。烟草的用量在减少，起诉烟草公司的案件在增多，而政府正在讨论禁止烟草行业做广告的有关规定。但最终，奥弛亚集团又卖掉这些公司，收购 UST，专注烟草行业。

提高销售额和收益

宝洁公司作为肥皂、洗衣粉和纸制品行业的领导者，决定通过购买 Wella、Richardson-Vicks、Noxell 和 Gillette 公司，以扩大销售额和收益。它们在品牌管理方面的专长，能增加收购的价值。

购买被市场过于低估价值的公司

基于市场情况，有时公司可以较好的价钱买下一些公司。如果投资者认识不到公司账上潜在资产的价值，公司本身也会成为收购的目标。特德·特纳（Ted Turner）于 1986 年收购了 MGM/联美公司，这是由于 MGM 的电影收藏馆中大量的经典电影未被充分利用，而特纳认为这有利可图。地产、木材、专利、版权和其他价值资产，易被忽略误判。

降低经营成本

公司经兼并后，许多经营成本是可以省下来的。通过将公司吸入过来，被接管公司的许多管理费用就可以省掉。在制造业兼并中，工厂能更有效地生产大批量的产品。

20 世纪 90 年代，许多公司通过整合一些家庭小店成立新的行业企业，以降低成本，提高效率。办公用品（文具店）、宠物医院、汽车经销的很多公司实现了整合。

收购类型

如果两家公司决定联合起来成为一体，就叫**兼并**（merger）。1986 年，史派利（Sperry）和宝来（Burroughs）合并后更名为优利系统公司（Unisys）。

如果一家公司买下另一家公司，就叫**收购**（acquisition）。如果双方同意这一计划，就称之为**善意收购**（friendly acquisition）；否则，称为**恶意收购**（hostile takeover）。

小型公司愿意接受善意收购。1989 年，宝洁善意地收购了制造 Cover Girl 和 Clarion 品牌的化妆品公司 Noxell。双方认为联合起来在销售上将大有优势。2005 年，宝洁善意收购了更大型的吉列公司。

在另一些例子中，收购方明显带有恶意。1984 年，皮肯斯公司（T. Boone Pickens）试图收购菲利普斯石油公司（Phillips Petroleum），但未成功。菲利普斯石油公司管理层坚决反对，并于 1985 年借款 45 亿美元“回购”了公司 47% 的普通股股票，从而挫败了皮肯斯公司的收购企图，因为菲利普斯石油公司已将资产抵押出去，皮肯斯公司也就不可能再次将之抵押借款了。

第四种收购方式是我在本章前面已多次提到的**杠杆收购**（Leveraged Buy-

Out，简称 LBO）。在 20 世纪 80 年代，许多放款人乐意贷款给从事收购的“艺术家们”。当时，只要先付房价 5% 的定金，抵押贷款公司就借钱给个人用于买房。银行、保险公司、债券投资人如法炮制，也贷款给一些金融家们用来收购公司。杠杆收购后形成的新公司，都负担着极高的债务，且需偿还本金和利息。

评估过程

为了进行兼并收购，你首先需要评估收购目标的价值，并着重考虑公司的现金流量。现金流量是项目经营、投资、融资活动（和会计的现金流量报表中内容一样）的结果。在“会计”一章中，我举了鲍勃杂货店的例子，在那些数据的后边多加几个零，就成了西夫韦（Safeway）或克罗格（Kroger）等大公司的数据。由于你已经熟悉了鲍勃的情况，我们在本章中仍以其为例。

一个公司的总价值被称为**企业价值**（Enterprise Value，简称 EV），代表的是项目现金流的净现值。企业价值等于股东的股权价值（发行股票数量 × 当前市场价格），加上债务持有人的附息债务，减去盈余现金和非经营必需的可销售债券。或者，股权 = 企业价值 − 债务 + 盈余现金 + 适销投资。

假定企业价值等于被收购的价值总量，在收购事件中，收购方要支付股东股权，并承担公司的债务。股权的市场价值可能和分析师预测的现金流的计算结果有所不同，但这也是投资者发现投资机会之处。

计算和评估一个企业的现金流量，共分 5 个步骤：

1. 分析经营活动：预测利润表：销售收入、销货成本、销售管理费用。
2. 分析需投资多少资金用于更换或购买新的地产、厂房、设备。
3. 分析企业对资本的需求：确定公司对流动资金的需求。
4. 预测每年经营现金流量和企业的残值。

5. 计算现金流量的净现值，得出企业的价值。

MBA 们有多种评估企业的技巧和方法。一如具有洞察力的市场营销内行能制定出很好的销售战略一样，能干的金融家们在兼并和收购上施展着他们的才干。

下面就是金融界普遍采用的方法。

表 6.5 鲍勃杂货店利润表（截至 2014 年 12 月 31 日） 单位：千美元

		占销售量的比例（%）
销售收入	5 200	100%
销货成本	3 900	75%
毛利	1 300	25%
销售管理费用（SG&A）	1 256	24%
息税前利润（EBIT）	44	
税金	13	
税后净营业利润（NOPAT）	31	
加：折旧（非现金项）	3	
减：购置设备	3	
自由现金流	31	

1. 分析企业的经营和对资本投资的需求

首先，要预测销售收入，计算毛利和其他经营费用，见表 6.5。财务分析人员必须透过统计数据看到本质，同时还必须考虑本行业的竞争情况、原材料市场，以及管理层对公司的发展有何规划。所有这些因素都会影响企业的现金流。

通过和鲍勃先生本人、他的会计师和助手的商谈，了解到企业经营正常。他们估计今后 4 年内公司会以每年 10% 的增长率增长，之后趋于稳定。他们坚信，公司的毛利率能保持在 25%，售货成本在 75% 左右浮动。他们还认为，销售管理费用应稳定在销售收入的 24% 左右。设备折旧并未花去现金，应被加回。鲍勃认为，他每年要重新投资 3 000 美元用于增添店内用品，以提高店铺档次。知道了这些以后，对现金流量的预测如表 6. 6 所示。

表 6. 6　现金流量预测　　单位：千美元

	0 年	第 1 年	第 2 年	第 3 年	第 4 年
销售收入	5 200	5 720	6 292	6 921	7 613
销货成本@75%	3 900	4 290	4 719	5 190	5 709
毛利@25%	1 300	1 430	1 573	1 731	1 904
销售管理费用@24%	1 256	1 373	1 510	1 661	1 827
息税前利润	44	57	63	70	77
税金@30%	13	17	19	21	23
税后净营业利润	31	40	44	49	54
加：折旧	3	3	3	3	3
减：购置设备	3	3	3	3	3
自由现金流	31	40	44	49	54

2. 分析更换、收购地产、厂房、设备所需要的投资

不要不好意思向工程师、采购部门的人员和会计师们请教，你可以从他们那里得到较准确的成本估算和设备使用年限。

3. 确定企业对流动资金的需求

企业运转离不开现金。流动资金的水平，通常反映销售收入的情况。销售收入越大，收银机处备留的现金就越多，库存上的资金占用也越多。由于从供货方购买量的大量增加，对公司现金的大量需求可以通过从供货方赊账得到某种程度的补偿。这是非常重要的一部分。对流动资金的需求考虑的不完善，就会导致现金出现严重短缺。

鲍勃的资产负债表中，有 115 000 美元的流动资产，87 000 美元流动负债，净流动资金部分为 28 000 美元（115 000 – 87 000）。

在考虑了从杂货供应商处增加赊账之后，鲍勃说每周他需要占用1元销售收入中的28美分［28 000美元÷(5 200 000美元每年销售额÷每年52周)］，作为收银机处留存现金和保持库存。将之加到评估分析中，对现金流量的预测如表6.7所示。

表6.7　现金流量预测　　单位：千美元

	第1年	第2年	第3年	第4年
自由现金流	40	44	49	54
减：增加的现金流量需求*	3	3	4	4
净现金流	37	41	45	50

*（销售收入/52）×28% −上一年流动资金水平

4. 确定企业残值

假定一个能持续经营的企业将无限期地维持下去。通过评估某一时刻的现金流量情况，你忽略了持续价值。这也是在财务预测的期终，必须计算残值并将之加回到现金流量评估中的原因。

鲍勃杂货店第4年现金流量是50 000美元。如果估计现金每年都一样，就用评估永久债券同样的方法予以评估。

$$残值 = \frac{最终现金流量}{贴现因子 - 增长率}$$

此时所用的贴现因子就是加权平均资本成本（WACC）。我们用WACC的原因是，公司的自由现金流可以用来支付债务利息和股东的红利，所以选择的贴现因子已考虑到了企业的整个资本结构，即债务和股本。

鲍勃杂货店的资本结构是相当保守的。其资产负债表只列出了10 000美元的债务和45 000美元的股本，债务的利息率是10%。用资本资产定价模型可计算出股本成本。用长期国债无风险利率8%、风险溢价7.4%以及低负债水果店具有的低风险 β 值 0.85 来计算，其股本成本是 14.3%。

$$K_e = R_f + (K_m - R_f)\ \beta$$

$$14.3\% = 8\% + 7.4\% \times 0.85$$

将股本成本的数据代入 WACC 等式中，企业的加权平均资本成本是 13%。

$$WACC = K_d(1 - t)\ \frac{\text{债务的市场价值}}{\text{债务和股本总和}} + K_e\ \frac{\text{股本的市场价值}}{\text{债务和股本总和}}$$

$$13\% = 10\%(1 - 0.30)\left(\frac{10\ 000\ \text{美元}}{55\ 000\ \text{美元}}\right) + 14.3\%\left(\frac{45\ 000\ \text{美元}}{55\ 000\ \text{美元}}\right)$$

将得出的所有数据对项目进行评估，计算的现金流量残值是：

$$\text{残值} = \frac{\text{第 4 年实际现金流量}}{WACC - \text{增长率}}$$

$$384\ 615\ \text{美元} = \frac{50\ 000\ \text{美元}}{13\% - 0\%}$$

5. 计算现金流量的净现值，得出企业的价值

将残值加回到头 3 年预测的现金流量折现后的现值中，便得出了整个企业的价值。

算出来了！这个食品杂货店值 332 000 美元。店里的 5 000 现金并不是盈余现金，鲍勃需要收银机留存些现金，以便保证生意的正常运转（现金在资产负债表中是资产项下）。减掉 10 000 美元的债务，鲍勃在公司中的净股本值为 322 000 美元。这就是 MBA 们评估大小公司的方法，也是收购者愿意支付的价格。见表 6.8。

不错，这样计算是显得有些烦琐，但是数学上的计算却很简单。用这套兼并和收购方法，MBA 们提供服务的收费极高。现在，你已知道这个内幕了。

表 6.8 实际现金流量净现值评估 单位：千美元

	第 1 年	第 2 年	第 3 年	第 4 年
实际现金流	37	41	45	385
贴现因子@13%	0.885 0	0.783 1	0.693 1	0.613 3
净现值	33	32	31	236
总净现值	332			

MBA 们评估中用到的其他要点

对鲍勃杂货店的评估，是基于他本人说的店铺能正常经营。MBA 们有时却有不同的主意。作为被收购对象而分析的公司，就像肉铺里的一块肉，或切开，或切成薄片，必要时还可剁成肉末。分析人员从各种角度对公司进行分析。MBA 们寻找各种能改进公司经营、降低成本、增加现金流量的机会，他们考虑把资产卖掉。这个过程由于收购的多种方式，兼并、善意的、敌意的或杠杆收购，因而增色不少。如果公司被新的管理层接管，非常可能会发生许多变化。如果通过大量举债收购一家公司，新的所有人就希望增加现金流，尽快出售资产以付清收购中的借款。在这种情况下，新主人通常会考虑以下内容：

- 工资上让步，撇开工会
- 裁员
- 降低生产成本
- 减少流动资金需求

  ——降低库存

  ——降低应收账款

  ——增加应付账款
- 争取能利用雇员的养老基金

- 出售房地产
- 出售专利和商标权
- 出售下属部门、公司、产品线
- 出售供总裁们使用的不必要的奢侈品（专机、公司公寓）

MBA 方法：问一问“如果……会怎样？”

所有上述提到的步骤都可以经分析后列入数学公式和试算表中。分析人员需要自己做出许多判断。MBA 们的真正贡献不仅仅是能准确地评估公司的情况，还要能凭经验分析出影响公司未来现金流的外界因素。如果公司生产成本变化了，现金流会受到什么样的影响？行业中的竞争环境会如何影响销售？等等。

“好消息，收购不是真的，有人只是和我们公司开个玩笑。”

一位合格的 MBA 对现金流的预测还包括，对一些主要变量或数据变化的敏感性分析。这样，决策者便可用之评估现金流的风险。用计算机试算软件很必要，软件中的“数据—表格”，是 MBA 们做敏感性分析时常用的工具。

希望你也能掌握它。

例如，在航空工业，油价、机票收入、乘客登机率，都会影响现金流。这三方面的变化会急剧地改变评估结果以及现金流。在杠杆收购中，公司老板指望着预计的现金流来偿还债务利息。如果发生现金短缺，公司就会破产。

投标

MBA 的计算和预测总是做得不错，干得也漂亮，但常常派不上用场。有时追逐猎物的刺激感吸引着购买人全部的注意力，行为举止犹如竞争激烈的拍卖艺术品的竞标人。他们不再考虑现金流的净现值评估方法，而是简单地用大拇指定律，即盈利比、息税摊销前利率比和销售比粗算一下。在杠杆收购时，报出的价格常常是收购人能借到资金的最大金额，或是被收购公司现金流量能承受的债务负担。人和人不同，由此从事收购和兼并的动机和方法也不尽一样。

金融总结

简单地讲，金融界的两大职能是：买和卖。企业需要融资，因此，要么通过出售公司的股票，要么发行定期支付利息的债券。而投资界则评估这些证券，以决定买进和卖出。

金融分析的理论基础是风险/回报等式，即高风险伴随着高回报。通过计算一段时间内的现金流，即可得出项目的回报率。

金融管理的指导原则是，以尽可能低的成本筹集资金，使企业的价值最大化，同时保证项目的风险能为管理层所接受。

需要掌握的主要词语

现值（present value）——资金的未来价值小于现在的价值。这是资金的时间价值。

β（beta）——衡量一种证券或一个投资组合对市场变动的灵敏度。

有效边界（the efficient frontier）——用图来表示在给定的风险水平下所获得的最高组合收益。

资本资产定价模型（the capital asset pricing model）——$K_e = R_f + (K_m - R_f)\ \beta$。

久期（duration）——投资者收回投资购买债券一半资金所用的时间。

债券价值波动（bond value fluctuations）——如果市场利率上升，则债券的价值就下降，反之亦然。

红利增长模型（the dividend growth model）——每股价值 = D/(K－g)。

买方期权（call option）——在限定的时间内以固定的价格购买资产的权利。

卖方期权（put option）——在限定的时间内以固定的价格卖出资产的权利。

税后借款成本（the after-tax cost of borrowing）——税后借款成本 = 借款利率×(1－税率)。

资本结构（capital structure）——公司负债和权益的搭配组合。

资本结构采用的各种方法（FRICTO）——做出资本结构决策所需考虑的各种方法，包括灵活性、风险、收入、控制、时间和其他方法。

最优资本结构（the optimal capital structure）——使加权平均的资本成本最小化且企业价值最大化的资本结构。

企业价值（enterprise value）——公司的总价值。

第7天 经 营

- 运筹学历史
- 解决问题框架
- 流程图
- 线性规划
- 甘特图
- 关键路径计划法
- 排队论
- 库存
- 经济订货量
- 物料需求计划
- 质量
- 信息技术

本章是 MBA 教学中唯一一门旨在研究生产制造实际产品和提供服务，即研究商业最高目的的专门课程。教授**生产经营管理课**（Production and Operations Management，简称 POM）的教授们，每年让 MBA 们了解掌握的概略内容也就是这些。遗憾的是，讲者有意，听者无心——大多数 MBA 毕业后都供职于金融、营销和咨询等领域。这也许是因为雇主们认为，MBA 们的学识尚且不够，不值得企业或工厂付给他们那么高的薪水；或许雇主们认为，MBA 们最好是留在公司总部敲敲计算机、动动笔杆子。通过和雇主及毕业生的交谈，我发现，造成这一领域 MBA 从业人数不多的原因，主要是双方彼此都缺乏兴趣。

经营课的内容并不全是研究工程和数字，生产经营管理课程也具有相当的人情味。通过掌握这种技术或数量方法，学生们能利用各种数学工具，非常客观地解决和处理经营中遇到的问题。这种颇具人情味的方法是为了让学生们也能从工人的角度观察经营管理中的问题。很明显，解决问题的方法大都取决于调动雇员的积极性。

运筹学的历史

20 世纪初，人们就开始研究如何提高产品和服务的效率。学术界人士认为，如果已把商业运作规律研究得足够深入，他们也就早已找到了那个能带来绝对高效率的神奇的公式了。许多这方面卓有创建的研究工作，都是在工厂车间里完成的。这些人的名字和他们的理论在许多文章中以及 MBA 相互之间的交谈中常常被提到。因此，你最好将这些内容增加到你的商业词汇中。

弗雷德里克·泰勒

弗雷德里克·泰勒（Frederick W. Taylor）被称为“科学管理之父”。他在 19 世纪末和 20 世纪初形成了自己的一套科学管理理论。通过观察、研究、总结炼钢工人的工作行为，以及用他的**工作细分化**（job fractionalization）方法将复杂的任务分解，他发现，对每一个分解后的工作做进一步研究，可以找到完成它的最有效途径。如果将这些最有效的关键因素结合在一起，就能找到效率最高的生产方法。泰勒用秒表进行了无数次**时间动作研究**（time and motion studies），力求找到“正确的”工作方法。泰勒本人认为，工人天生懒惰、松散，所以管理者有责任控制生产过程，加强管理，强迫懒惰的工人战胜自己并变得更具工作效率。

弗兰克和莉莲·吉尔布雷思

吉尔布雷思夫妇也同时在研究究竟通过什么途径能使工厂的生产效率达到最高。经过对工厂工人干活时动作的调查研究，他们总结出了人体动作的 17 个系列类型。每一个动作被称为**动素**（therblig）。和泰勒一样，吉尔布雷思夫妇将复杂的工作按其主要构成分解。通过了解每一主要构成，人们可以舍弃多余的动作，以达到简化的目的，最重要的是要整理出主要的动素。一位名叫莉莲（Lillian）的美国人写过一本颇为幽默的书，名为《儿女一箩筐》（*Cheaper by the Dozen*）。她试图通过此书将如何养育、照料一个有 12 个孩子家庭的要领总结出来。为纪念她对商业和文学的贡献，美国邮政部于 1984 年以她为题发行了一枚 40 美分的邮票。

埃尔顿·梅奥

埃尔顿·梅奥（Elton Mayo）被认为是生产管理中研究人际关系（human relation）方面的鼻祖。在他研究怎样才能达到高效率的过程中，埃尔顿·梅奥深信，了解工人的情绪状态如何，与寻找正确的动作组合同等重要。

1927 年，埃尔顿·梅奥对西电公司的霍桑工厂做了一系列试验研究，他的声望因此而确立。在研究中，他曾希望通过对工厂车间照明亮度的调整，确定亮度达到何种水平时工人的生产效率最高。但结果表明，不论亮度如何变化，工人的劳动生产率都提高了。由于工人们意识到自己成了研究的对象，所以在工作中的表现就与以往有所不同，这一现象被称为**霍桑效应**（Hawthorne effect）。梅奥由于对结果有些困惑不解，就找工人们交谈。他发现，这是由于在试验过程中，管理人员对工人们的关照比以往要好些。由于连组装线上平时很简单的劳动也成了研究的重要对象，所以工人们的劳动热情更高了。

第二次世界大战和管理科学方法

随着技术和工业化规模的日趋复杂，人们在管理上遇到的问题也变得越来越难以解决。在第二次世界大战期间，生产中存在的瓶颈现象迫使美国政府求助于科学家和工程师们，以求军工产品生产的效率达到最高。在寻找解决问题方法的过程中，这些先驱者们研究出了用于解决生产问题的数学模型。如今，这一管理学上的分支被称为运筹学（Operational Research，简称 OR）。一些数学模型将在本章后面的内容中予以介绍。

X 理论、Y 理论和 Z 理论

1960 年，麻省理工学院的道格拉斯·麦格雷戈（Douglas McGregor）将泰勒的科学管理方法重新命名为 X **理论**（theory X），埃尔顿·梅奥的行为方法叫作 Y **理论**（theory Y）。通过重新整理这些理论，他本人在管理学历史上留下了自己的位置。

X 理论的拥护者们，以泰勒为代表，对人们的行为抱有十分“悲观”的看法。该理论认为，人们生来懒惰，工作需要别人的奖罚来督促。工人们缺乏创造力，没有事业心，除了劳动以外，不能为管理者提供其他任何帮助。

以埃尔顿·梅奥为代表的 Y 理论拥护者们认为，只要为工人们提供了良好的工作环境，他们就会自觉努力地工作。工人具有创造性，为了提高劳动生产率，应该征询他们的意见，工人有能力在工作中担负更多的责任。

Y 理论在 20 世纪 80 年代占了上风。威廉·大内（William Ouchi）把日本在管理中使用的和蔼可亲的 Y 理论称为 Z **理论**（theory Z）。在 20 世纪 80 年代中期，一些“专家”认为 Z 理论是日本之所以具有竞争优势的秘密。用 Z

理论，日本将管理者和工人们组织到同一个有凝聚力的工作群体中。每个人都是连续决策过程中的一部分。为了提高产品质量，工人们和管理者在质量圈（quality circle）中一同工作。每个雇员都需要不断地在各个方面努力提高自我。MBA 称之为持续质量改进。当工人们感觉到自己也像是企业的合伙人时，他们的生产劲头会更足，工作也就更尽职尽责。

应变方法

由于无论是科学方法的理论，还是侧重人际关系的研究，都不可能总是正确的，所以提倡**应变方法**（contingency approach）的人们则认为，管理者应根据实际情况，适当调整或将两种理论结合在一起加以应用。将泰勒的传统理论结合一些日本的 Z 理论，如果结果也不错，那就更好了。

解决经营问题的框架

既然已经了解到一些经营管理学的历史，现在就可以着手学习 MBA 经营学中最主要的内容了。在生产产品和提供服务时，有 5 个基本问题需要考虑：

- 能力——我能生产多少？
- 安排——我该怎么做？
- 库存——还有多少库存，我该如何减少之？
- 标准——我认为的生产效率和质量标准是什么？
- 控制——生产工艺是否可行？

MBA 们在经营方面受的教育是最基本的。学习这门课的目的是培养你成为懂得制造产品过程和提供服务的管理者，而不是工程师。为了使生产效率能达到最高，我们应该仔细研究上述5个问题。但是，按照本书一贯的风格，我还是只向你介绍那些普遍应用理论的基础性内容。

生产能力的6M概念

在分析制造业能有多少产量的问题时，MBA们多使用“6M”理论作为指导。“M”理论着重研究每种生产设备自身的极限。一些学校只讲授“4M”理论，也有些学校将6扩增到7，但无论如何。在所有美国前十名的商学院中均讲授“M”理论。

- 方法（method）——你是否选择了完成生产任务的最佳方法？在工厂车间里，设备安装、摆放的位置在布局上是否最合理？
- 原材料（material）——所需原材料的供给是否充分，质量是否合格？根据工艺流程的需要，你能否及时购买、存放和运送这些原材料？
- 人力（manpower）——工人和管理人员是否受过良好培训，效率高不高，能否达到制定的生产目标？工人是否接受了良好的培训，并能充分自如地操作今后欲购买的具有新技术的设备？
- 机器设备（machinery）——有无完成任务的基本生产工具？机器设备在能力、速度、可靠性和技术性能等方面能否达到你的要求？
- 资金（money）——用于生产的现金是否充足？考虑到整个机构的优先级、能力和其他机会，在工厂、设备和库存上的投资是否合理？预计的现金流量收入同投资费用相比，该项目值不值得介入？（这是一个财务问题。）
- 信息（message）——在人机这个生产整体中，你是否已经建立了一整套能让各环节及时准确共享信息的系统？无论是单一的装配线，还是其他设备，都应装备能使操作人员及时掌握每台设备的产出和质量的有关信息的电子数据装置。

生产方法有如下3种基本类型:

> 连续生产过程（continuous process）

> 装配线（assembly line）

> 加工车间（job shop）

产品越标准化，重复性大量生产的方法就越可能是最好的方法。例如，石油提炼厂就采用连续生产过程的工艺。提炼设备一天24小时连续运转，提炼厂经营管理上的注意力集中在确保设备平稳运行上。这种经营的缺陷是不太灵活，对系统的调整通常需要停产，造成的损失也较大。

老式的亨利·福特（Henry Ford）装配线生产方法，是一种非完全连续性的生产方式。汽车的生产过程被分为不同的阶段，每一阶段在工作站中都重复进行。这种方法的主要优点是，将每一项工作衔接得非常好，使总体的生产效率能达到最高，并能最大限度地减少昂贵的库存。装配线这种方法具有较多的灵活性，不用停产就可以对生产过程做一些小的调整。汽车生产装配线就不用更改整个生产过程而适应各种额外设备组合。

装配线这种结构在服务业亦可应用。苏联的一位有企业家头脑的切除白内障的眼科专家，就把手术的全过程分解成不同的部分，设计出专门做白内障外科手术的“装配线”。

在生产客户要求的特定产品时，通常情况下加工车间结构更为合理。在某一加工车间里，其结构布局的设计是为了能够从事多种不同的工作。加工中心机器设备的布局，建立在如何更好地满足特殊的生产要求上。加工车间、印刷中心、医院的手术室和生产家具的厂家，都普遍采用这种方式。虽然对每一个工作的处理会略有不同，但在基本设备和仪器的使用上是相同的。

用流程图分析生产能力问题

被派往工厂的 MBA 们大多是去当顾问，而不是去当厂长。虽然不是手握扳手，但也通常都携带着一个塑料**流程图**（flow diagram）板。见图 7.1。这些塑料模板上面刻出了正方形、三角形和菱形的凹模，用以代表生产过程。通过绘制生产过程，MBA 们希望能找到生产中出现的瓶颈、低效率和在信息共享上存在的问题。在有 MBA 们在场时，他们常把生产流程称为**生产量**（throughput）。

根据我的经验，我在加油站更换汽车机油时所花的时间大约为 20 分钟，而在捷飞络（Jiffy Lube）加油站换机油的时间只有 10 分钟。通过简单的流程图分析就知道这是为什么了。

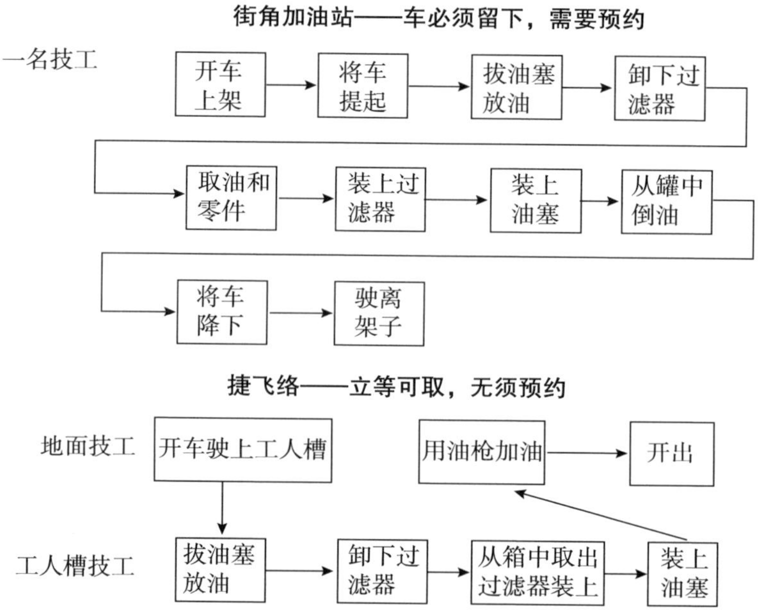

图 7.1　加油站更换机油工作流程图

捷飞络加油站专门采用了装配线的方式更换机油，设备、工具和人员都是依照这种要求安排配置的。大家分工协作，力争在最短的时间内将工作完成。用你自带的模板尺，通过绘制生产过程的图表，你也可以像顾问一样分析问题。

线性规划：处理生产能力约束问题

生产中总是会遇到各种因素的限制。你也许会遇到原材料短缺，设备的生产能力已满，难以找到技术工人等问题。我们研究的目的就是，在现有的约束条件下，选择最佳的方案。所谓最佳，是指要选择那种产出最高、收入最多、利润最大而成本最低的方案。由于通常情况下，限制生产的因素较多，想以试差法找出最佳的解决方案几乎是不可能的。值得庆幸的是，借助计算机能完成这项工作，这种方法被称为线性规划（Linear Programming，简称 LP）。线性规划采用**单纯形法**（simplex method）对解决方案进行计算。

现以丹吉尔（Tangerine）计算机工厂为例进行分析。该厂生产两种型号的计算机：豪华型和标准型。豪华型需要一种豪华机箱，配备两个驱动器；而标准型则只用一个标准机箱，一个驱动器。但是，零部件供应仅局限于 30 个豪华机箱、60 个标准机箱、120 个驱动器。假设豪华型的利润是每台 500 美元，普通型的利润是每台 300 美元。那么，工厂应各生产多少台计算机呢？你如何解决这个问题？

第一步，用线性等式确定期望的结果是最大还是最小。在本例中，丹吉尔工厂希望利润最大化。

（X 台豪华型 ×500 美元）+（Y 台标准型 ×300 美元）= 总利润

限制生产的因素是零部件的供应：

豪华机箱：（X 台 ×1）+（Y 台 ×0）<30 件

标准机箱：(X 台 ×0) + (Y 台 ×1) < 60 件

驱动器：(X 台 ×2) = (Y 台 ×1) < 120 件

利用计算机程序便可确定效益最高的方案。本例的结果是：

(30 台豪华型 ×500 美元) + (60 台标准型 ×300 美元)
= 33 000 美元（最大利润）

在许多生产设置中，工厂可以选择多种类型来生产。当然，限制生产的因素也很多。用线性规划的方法可以选出最佳方案。

线性规划的方法，也可以用来解决运输和供销中的问题。例如，麦当劳快餐店有许多仓库、许多专卖店和一个有限的卡车车队。如果想找到将货物从上千或许更多的仓库运送到餐馆的最优路径组合，利用线性规划的方法便可完成这项工作。

计划安排

亨利 · 甘特和甘特图计划安排

在 19 世纪末期，亨利 · 甘特（Henry Gantt）认为，制定的标准不仅是为了完成任务，还要注重计划安排的顺序。这位“计划先生”认为，只有先确定好最理想的时间，生产任务的安排才能最有效、最具协调性，且能最好地完成。如果计划安排混乱，就会出现瓶颈现象，没有效率就会危及整个系统。

亨利 · 甘特对效率的贡献是他的网格图——甘特图（Gantt chart）。在甘特图中，他将生产中要完成的任务沿一个轴线列出，各自对应的时间则分列在另一轴线上。通过甘特图能将整个生产过程列出，重要的工作或瓶颈现象就较易于发现。甘特图可以用在不同内容的计划安排上，并不仅仅局限于工厂。实际上，购买房子这件事就可用甘特图描述（见图 7.2）。

星期	1	2	3	4	5	6	7	8	9	10
选择房地产商	×									
找贷款条件		×								
找房子	×	×	×	×						
谈价钱				×	×					
请人评估检查					×	×	×			
确定好贷款					×	×	×	×		
买房完毕									×	
迁入新居										×

图 7.2　买房子的甘特图

关键路径计划法

20 世纪 50 年代，我们有了一种更为复杂的确定理想计划安排的方法，即关键路径计划法（critical path method of scheduling，简称 CPM）。CPM 用于那些要求各种任务之间必须具有很好协调性的复杂的生产项目。另有一种更为复杂的 CPM 模式，即**项目评估和项目分析方法**（Program Evaluation and Review Technique，简称 PERT）。实际上，现在商业界人士大都交互使用着 PERT 和 CPM 这两种方法。

用 CPM 法，生产经理按照完成每件工作或业务活动的先后顺序安排计划，并估计出完成每项工作所需的时间。每次一项工作开始或完成，称作一个**事件**（event）。CPM 图形象地展示了一个项目所有的事件，这就使得生产工程师能估算出并管理好完成工作的时间。由于所有的任务都已列出，所以就能找到那些非常关键的任务（critical activity），即对一个项目起影响作用的任务。通过图形组织并突出了关键任务的存在，也预计了完成整个项目所需的时间。

为了说明上面的内容，假设通用动力公司的生产工程师吉普 · 马斯塔恩（Kip Mustang）想要生产一种战斗机用的新开关，这种开关是用于控制弹射座椅的。据飞行员报告，在 2003 年的“伊拉克自由行动”中它不太好用。吉普确定了研究此项目中 5 种最主要的任务：

- A——设计生产机械，准备加工图 =2 周
- B——准备接收新设备和零配件 =4 周
- C——购买生产工具和零配件 =3 周
- D——储存零配件，安装生产设备 =1 周
- E——测试新建生产线 =1 周

其 CPM 图如图 7.3 所示。

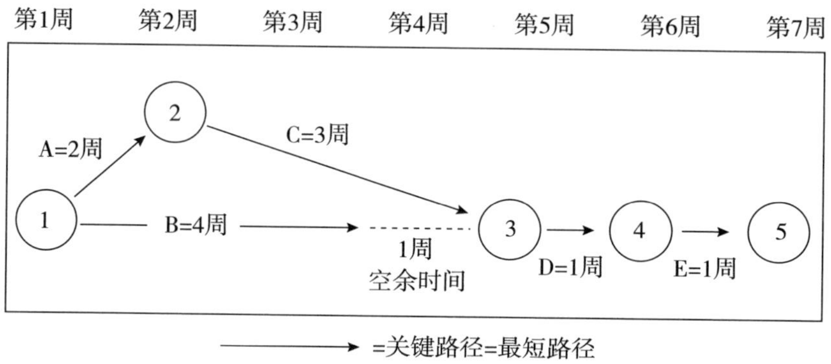

图 7.3　弹射座椅开关项目关键路径图

通用动力公司的每一项任务均用箭头代表其业务活动，用圆圈代表每一事件。如图 7.3 中所示，建成开关生产线的最短路径是 7 周。沿着这条最长路径即**关键路径**（critical path）的业务活动，决定并控制着项目的时间长短。当关键路径上的业务完成得快一些时，称为计划上有所突破，这是因为项目能较快完成。如果加快工具设计的速度，就能促成开关项目的尽早完成。倘若关键路径上的业务，如设计生产工具有所延误，那么整个项目就会延误。非关键性业务上的延误，如准备性工作，并不会造成整个项目的延误，这些业务本身已留有充裕的时间。

在一些工程、建筑、制造加工业等大型项目中，有无数项任务需要管理

者去跟踪。对这些项目，利用计算机软件可以协助你绘出图表并计算出时间，但绘出并管理烦琐的 CPM 图表所需时间甚多，这也是这种神奇工具的缺点所在。贝尔豪公司（Bell & Howell）的负责人唐纳德·弗雷（Donald N. Frey）先生回忆说："20 世纪 50 年代，我们都画过 CPM 图，但花费的时间非常多，多得还不如把这些时间用在完成具体任务上。"如今大家已经用计算机绘制 CPM 图，虽然依然烦琐，使用该工具还算方便实用。

计划排队论

你在银行遇到过排队等候吗？用电话购物时遇到过让你别挂断等着吗？你肯定有过这种经历，那么排队论这个话题肯定会引起你的兴趣。所谓**排队**（queue），就是指在客户或产品受到接待处理之前的等候。在排队中人对人的服务接待，称为途径（channel）。MBA 们用排队论安排工人生产，设计等候线，以节省费用，提高服务。保证高效率的关键是，确定每一排队最理想的途径应为多少。例如，银行经理希望店员少一些，排的队短一些。

要回答排队问题，你必须首先确定几件事情：

A = 每一单位时间内可能到达人数的平均数

S = 每一单位时间每一途径提供的平均服务次数

M = 途径总数

有了这些信息和一系列的表格，就可进行计算：

系统利用系数 = A/MS

平均等候数 = 队列中人数总数 －（A/S）

$$队列中预计等候的时间 = \frac{平均等候数}{A}$$

仍以银行为例。假设曼哈顿地区一家花旗银行的一位出纳员能以每小时

50 人的速度接待客户存取款，客户光顾这家银行的平均人数是每小时 45 人。

一位出纳员：

S = 50 位客户（每小时接待能力）

A = 45 位客户（每小时平均光顾人数）

$$A/MS = \frac{45}{1 \times 50}$$

= 90% 的利用率（每位店员非常忙时）

有了这些信息和表 7.1 所示数据，可得出每一队列中平均排队的人数是 8.1 人。

表 7.1　简略表

A/MS	M = 1	M = 2
0.45	0.37	0.23
0.50	0.50	0.33
0.60	0.90	0.67
0.70	1.60	1.30
0.80	3.20	2.90
0.90	8.10	7.70

看来如果我们增加第二位出纳员会更合理，每一队列的排队人数应从 8 位减到 4 位，是这样吗？

两位出纳员：

$$A/MS = \frac{45}{2 \times 50} = 0.45$$

期望的平均等候队列 = 0.23 客户（由表 7.1 得出）

不用等候!

增加一位出纳员，排队等候的概率就会减少 97% 以上。当队列非常忙时，增加的这位出纳员就起了非常大的作用。只有排队论能告诉你这是为什么。我在这里实际上是用了一个最简单的例子。围绕着排队论，形成了一门学科。学术界人士就解决疑难排队论问题专门著书，总结出很多图表。虽然你也许不是个专家，但现在知道了什么是排队论，这就是 MBA 课程想要教给你的。学校先让你懂得基本原理，希望 MBA 们在需要的时候求助于专家来彻底解决问题。

库存

平衡过程

确定最理想的库存水平，是一种需要审慎处理的平衡过程（balancing act）。即使是同一个公司，各部门的要求也不一样，所以确定合理库存的任务十分艰巨。拿销售汽车来说，销售人员总是希望库存越多越好，能有更多的产品供应给客户。他们非常不愿意发生这类事情：因没有正在热销的跑车或家用小货车的库存，而失去一单生意。但是，财务部门的管理人员则希望库存降得越低越好。在库存上资金占用少一些，就能省出钱用在其他投资上或支付更多的红利。生产部门则希望运转的效率越高越好。持续生产能降低重复起停设备所造成的损失和延误，但这样自然也就造成库存的显著增加。

把这些环节都协调好，MBA 们称之为供应链管理（Supply Chain Management）。

库存词汇

无论是工厂还是面包房，库存多以下列 3 种形式存在:

- 原材料——面粉、糖、油酥、冰块等。
- 在制品——生面团、烤炉中的点心、托盘上冷却的点心。
- 产成品——可供出售的蛋糕、饼干和甜甜圈等。

库存不仅包括原材料上的投资，而且还包括人工上的投资。只要公司仍有库存，就会占用资金。一种简单和便于分析库存水平的方法是**库存流程图**（inventory flow diagram，见图 7.4），该图描述了工厂库存的多少和价值。在生产产品时，只有通过人工和原材料的结合，才能生产出有较高价值的产成品。

保持库存的原因 保持库存的主要原因有 5 个：

- 生产干线（pipeline）——现成的库存能最大限度地减少生产延误并提高效率。
- 周期（cycle）——供应商拥有大于即刻需求的最少的订单。
- 安全性（safety）——由于生产需求的不确定性，保持库存能避免临时之需。无库存时会造成停产，发生损失。
- 预见性（anticipatory）——拥有库存以备不时之需。
- 猜测（speculative）——为避免供应商抬高价格而采购的货物。

对那些效率较高的公司而言，原材料总是在生产需要时才及时运到，称为**即时库存制**（Just-In-Time inventory，简称 JIT）。在这方面日本最为著名。生产线上的工人，在认为需要零配件时填写一种称为看板的需求卡。但是，即时库存制并不意味着零配件供应商要完全符合汽车生产装配线上的需求。实际上，这些零配件先是在那些好打交道的供应商的仓库里存放着，直到汽车制造商需要时才提供。真正好的即时库存管理能做到与加工制造部门的协调配合，共同满足生产需要。

经济订货量

利用专门的经济订货量（Economic Order Quantity，简称 EOQ）公式，有

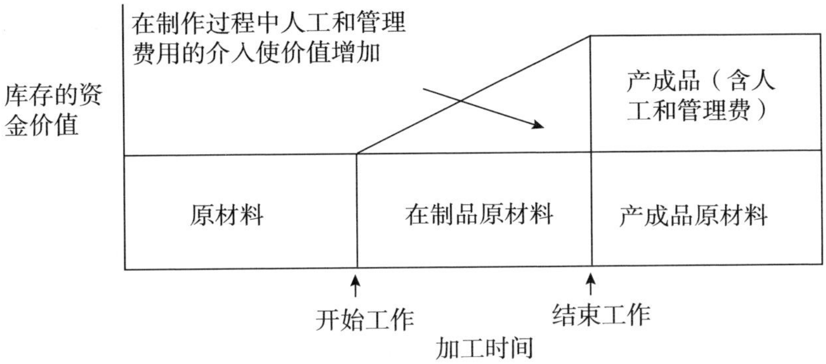

图 7.4　库存流程图

助于 MBA 们决定所需库存的正确数量，在此基础上，只采购最基本数量的零配件、原材料或其他用品。

EOQ 公式是在权衡有关库存的两种成本的基础上得出的。即：

- 维持成本（carrying cost）——与库存有关的仓库、保险和融资费用。将公司的资金用在其他方面的机会成本，也应考虑进去。
- 订货成本（ordering cost）——订货成本以及与发出订单有关的所有会计、办公室人工、原材料等的一切费用。

有两种最极端的可能。工厂的经理可能只是偶尔但订购了大量的零配件，这样虽减少了订货的成本，但会提高维持成本。或者，他可以经常订货以减少维持成本，但增大了订货成本。图 7.5 所示的是，在订货成本和维持成本双双降至很低时，库存总成本水平最低。

EOQ 公式能够找到使订货成本和维持成本最小化的理想点。

EOQ 公式是：

$$\text{经济订货量}(Q^*) = \sqrt{\frac{2 \times R \times O}{C}}$$

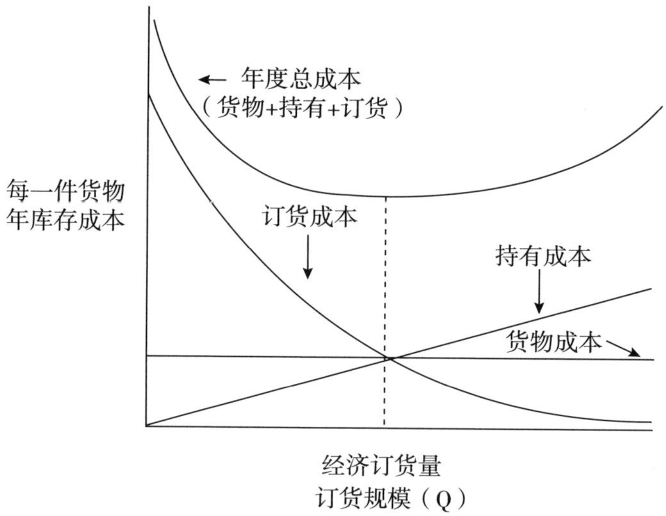

图 7.5 订货和维持库存平衡的经济订货量

其中：Q^* = 最理想库存订货量

R = 每年单位需求量（需求）

O = 发出订单成本

C = 一阶段内维持一个单位库存的成本

假设某一汽车零配件分销商负责向堪萨斯城提供更换汽车顶灯的灯泡。以往的销售经验表明，每年对这种灯泡的需求可能在 2 000 只左右。分销商每次从通用电气公司订货时，对方收取处理订单的费用是 14.00 美元。对成本的仔细研究表明，每年保持一只灯泡库存的费用是 0.50 美元，则：

$$经济订货量 = \sqrt{\frac{2 \times 2\ 000 \times 14\ 美元}{0.50\ 美元}} = 335\ 只$$

此公式计算出最佳经济库存订单的数量是 335 只。由于需求是 2 000 只，这就意味着每年要订货 6 次（2 000/335）。听起来虽然简单，但实际上并不是这样。简单的 EOQ 公式只是在需求平稳的情况下才适用。当需求在年度内大幅度变动时，如像杂货店对冰块、蛋酒或啤酒的需求，这时 EOQ 就无甚价值。现今已有了较复杂的计算机软件，专门修正 EOQ 公式，使之适应预计的较大的需求变动。在这种情况下，计算机多次计算出每年变化的最理想的订货规模。即使这一公式的应用有其局限性，但在出现问题需要解决时，MBA 们仍能和库存专家巧妙地进行探讨。因为在库存出现意想不到的增加时，问题是相当严重的。

物料需求计划：库存和生产能力管理

由于生产计划和库存控制知识的广泛应用，制造业现已能非常出色地完成加工制造任务。**物料需求计划**（Material Requirements Planning，简称 MRP）是一种设计和规划工厂所需库存的方法。有人认为，MRP 就是“加工资源计划”，但无论用什么名字，它都是一种改进制造加工业效率的复杂系统。MRP 计划生产并计算保证生产有效运行的最理想库存量。汽车业、家用电器业、电子行业等，对零配件的需求较多，在进行这类计算时只能借助于计算机。

“我们有这么多玉米卖不出去，总得有个人把它们吃进去。”

为建立 MRP 系统（见图 7.6），计算机程序设计人员必须熟悉产品的生产工艺和对原材料的需求。只有这样，计算机方能把客户的产品需求变成详细的订单，以指导工厂生产并安排从供应商那里及时提货。

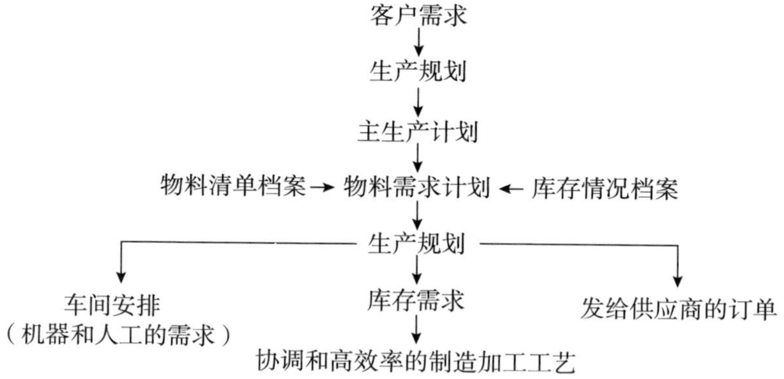

图 7.6　物料需求计划系统

MRP 过程在生产工程师确定出最有效的生产方法时就开始了。例如本田思域（Civic）汽车，汽车装配生产线是最有效的生产方式。对生产工艺的调查必须包括对装配线上每一环节的分析，即从原钢车体的铸砂开始，一直到将车开出工厂。泰勒近乎一个世纪以前曾进行的时间动作研究也应利用上。此外，还必须摸清楚设备和工人的能力，以便确定工厂的生产能力。例如，生产工程师对每小时压出多少个前挡板，以及需要多少工时来操作冲压机，就知道得一清二楚。

负责工艺的工程师们，还要充分了解生产某一产品对原材料和零配件的详细需求。这种需求清单就是**物料清单**（Bill Of Material，简称 BOM）。将之录入计算机，生产需求便能分解成明确的原材料用量。例如，依照 MRP 系统，每一辆思域车需要 2 个车灯、46 个 2 英寸的螺丝、4.2 品脱的油漆，以及成百件其他零配件。原材料库存也用 MRP 来分析跟踪。用 MRP 方法，可以敦促工厂经理保持足够的零配件库存以满足生产线的用量，同时还能使库存管理人员按经济订货量采购，从而最大限度地降低库存水平。

一个完整的 MRP 系统，能够协调好从预测客户需求到运送最终产品的全部制造工艺过程。计算机软件**主生产计划**（Master Production Schedule，简称 MPS）可以分析、存储有关需求、生产、原材料、发出订单等方面的所有信息，同时协调制造加工工艺的全过程。

标准和控制

根据生产工艺的有关信息准备的 MRP 系统，或利用其他的 MBA 有效的工具，为经理们用来衡量和控制生产进度的标准提供了基础。MBA 们衡量标准的常用词是**基准**（benchmarking）。也就是说，需要会计师们在商业经营方面来协助管理。在“会计”一章中有关**管理会计**的部分，讲解了会计师们如何运用数字的变化来跟踪和报告生产的情况。工厂常常因为花去了比计划多的原材料费用（由于价格变动），或者单位产品用了更多的原材料或人工（原材料和人工需求上的变化），造成某些变动。生产工程师则通过建立标准，考查是否达标来控制生产过程。

质量

经营课进一步深化了标准的概念，研究了有关质量的问题。对美国竞争力至关重要的问题就是质量。究竟什么是质量？质量是也只能是产品或服务达到了生产厂家自身制定的或者客户要求的标准。质量并不一定要求产品或服务完美无缺，也不是指在同类产品中价格最昂贵的，诸如劳斯莱斯（Rolls-Royce）一类的产品。质量产品是指它们能按照期望的要求发挥作用。很普通的东西，比如曲别针，只要能把纸别在一起且不生锈，就可以认为是高质量了。

在美国，有 3 位著名的质量权威，他们的理论被认为是解决陷入困境的美国制造业的良方。他们是约瑟夫·朱兰（Joseph Juran）、W·爱德华兹·戴明（W. Edwards Deming）和菲利普·克罗士比（Philip Crosby）。通过发表有关质量的论著、文章、演讲或提供咨询，他们都大发其财。

朱兰和适用性

在谈及有关质量时，约瑟夫·朱兰用的是“适用性”（fitness for use）一语。“客户应指望产品能够满足他们的需要或想要达到的目的。”制造厂家应该在达到高产出和发生最少的中断时间的情况下，生产出合格的产品。

适用性具有的5种“标准”是：设计质量、与制造标准的一致性、无故障、性能令人满意、购买后维护产品方便。

戴明和统计过程控制

W·爱德华兹·戴明因在20世纪50年代教授日本人有关质量的问题而出名，当时美国工业界对这一理论却毫无兴趣。戴明简明扼要地指出，通过确定生产过程中发生问题的原因，以及对生产过程的仔细观察，可以大幅度地减少低质量产品的数量。

他将造成质量问题的原因归纳为两大类，即“普遍原因”和“特殊原因”。前者是指系统性问题，是许多工人、设备或不同产品所共有的。后者是指那些和单个工人、单台机器设备以及原材料运输有关的问题。

戴明在朱兰和W·A·休哈特（W. A. Shewhart）理论的帮助下，研究出了一种用来确定发生质量问题的工具，称为**统计过程控制**（Statistical Process Control，简称SPC）。“即使是同一台设备、同一位操作工人，加工出来的两个零部件，也不可能完全一样。因此，问题的关键是，将那些可能显示质量问题的偏差同那些可以接受的误差区分开来。”概率统计提供了解决这一问题的方法。

生产经理们通过研究每一生产任务所能接受的误差，来对问题进行区分。

例如，可口可乐公司装瓶厂充填饮料的设备，在每次充填容积为2升的饮料罐时，注入的液体量并不是完全一致的。误差基本上是在2升上下的几毫升内浮动。生产经理经过认真调查，确定了通常装入每个容器的饮料究竟是多少。这项工作的结果是对得出的钟形曲线（见图7.7），也就是对充填饮料量的统计频率分布进行分析。你也许还记得，在“数量分析”一章中讨论过的正态钟形分布曲线，68%的情况下发生偏差的范围同所期望的饮料数量之间的差距概率称为“标准误差”。生产中出现超出标准误差的误差，其结果将意味着出现质量问题。如果生产经理愿意，他可以选择2个或3个标准误差区域。六西格玛（即6个标准误差区域）方法，因摩托罗拉公司将之用于生产控制而声名远扬。这种方法力图将每生产100万个产品出现的次品数控制在3~4个。现在有很多公司也采用这一方法用于降低残次品，以期提高利润。

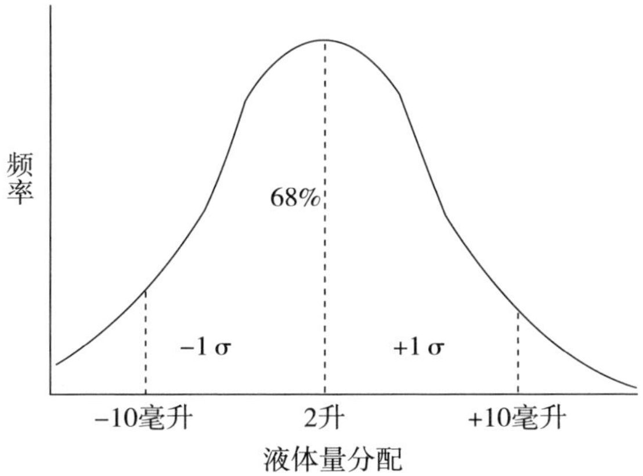

图7.7　可口可乐装瓶量钟形曲线

我在可口可乐这一举例中，让生产经理选择只有一个标准误差的误差范围。结果发现，68%的情况下，抽样调查的样品都是在期望的2升水平左右的10毫升上下浮动。

用戴明的SPC方法，负责充填饮料的操作工人每小时从生产线卸下一批装满2升饮料的罐桶。以一个标准差为准，罐桶中饮料量超出2升10毫升的，被认为是超过**上控制限**（Upper Control Limit，简称 UCL），低于 1 升 990 毫升的则被认为是低于**下控制限**（Lower Control Limit，简称 LCL）。当发现结果超出这一限定时，就意味着出现了特殊问题：或许是装瓶线受阻，或许是生产过程“失去控制”。操作人员应采取措施，立刻对之进行纠正。如果纠正后下一个样品的误差在 10 毫升的误差范围内，说明生产过程又恢复到可控制状态，设备可以照常运行。（此处为举例方便，特选择了较易理解的上下限界定。）操作人员提取的样本频率和数量，极大地影响着统计计算上下限界定的结果。

运用 SPC 方法，操作充填设备的人员将记录的可口可乐样品抽检结果在 SPC 图上画出。在 X 条形控制图上，操作人员记录下其每小时抽样的平均结果。X 条形图显示一段时间内设备质量波动的趋势。如果图形接近某界限，操作人员就可以在问题超出控制范围之前着手调查其原因。

R 控制图［R（Range） control chart］可以显示一段时间内整个生产过程变化的趋势。它是通过衡量同一批抽样中最大的和最小的样品差异，来画出 X 条形图的。在每一组抽样样品中，其平均数也许会掩盖实际上并不能接受的偏差。例如，一个 1 升的样品和一个 3 升的样品得出平均数为 2 升，表面看来，在 X 条形图上可以接受，而实际上你完全可以想象当客户拿到只装了一半饮料的产品或装得太满已溢出的产品时是何等不安。在发生超出 R 图界限的情形时，操作人员也必须采取纠正措施。

图 7.8 表示的是 12 小时一班的瓶装生产线的生产情况。假设 SPC 里 X 条形图和 R 图明确地反映了出现的问题。

X 处的突然变化说明，有可能出现机械故障，也许是操作人员刚上岗不太熟悉有关要求。R 处的上扬，也许意味着设备老化，控制部分不稳定，与要求的标准发生偏差，也许只是工人暂时累了。

克罗士比和“质量是免费的”

菲利普·克罗士比之所以出名，是由于他坚信“质量是免费的”。他认

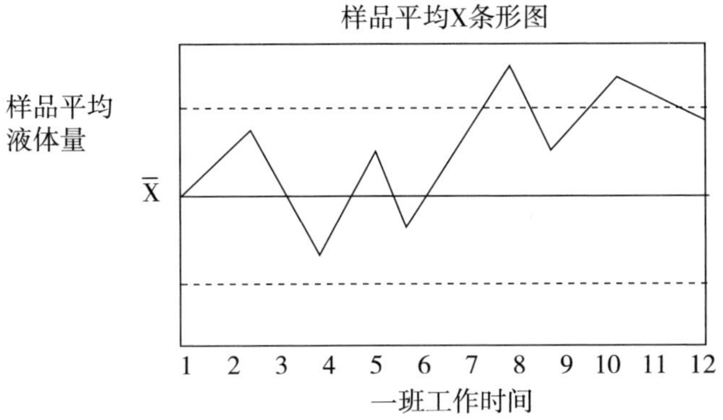

X的突然变化表明，出现机械故障或新雇员对标准要求不熟悉。

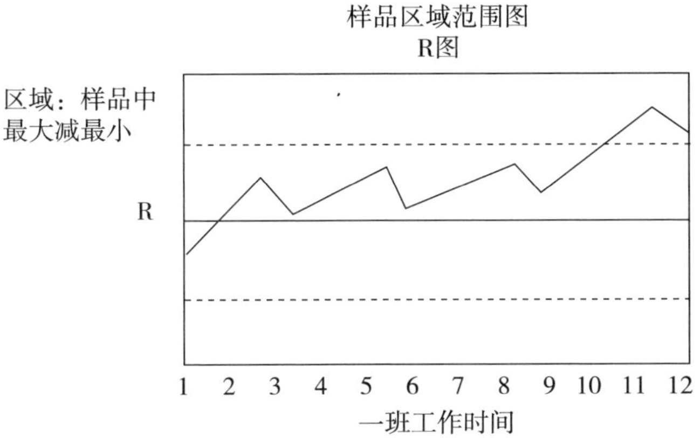

R的上升也许意味着某一台设备老化，设备控制系统与标准出现偏差，也许某个工人过于劳累。

图 7.8 统计过程控制图

可口可乐装瓶厂 X 条形图和 R 图

为，如果制造商改进产品质量，“符合要求”，总生产成本是会下降的。克罗士比认为，推广质量改进计划的目的是要争取做到无次品。管理层必须尽力做到，从设计到生产方法连续不断地提高产品质量。他还认为，在提高质量上所发生的任何费用，都会因为今后节省的原材料和人工费用而得到补偿。

田口玄一（Genichi Taguchi）和低品质是犯罪

在战后的日本，日本质量专家田口玄一是一个关键的质量支持者。他从精神层面提出，“低品质的产品比小偷还坏。”从社会角度，小偷行为是财富在社会内转移。而低品质产品的生产，将失去更多的东西。

热门话题

掌握生产能力、计划安排、标准和控制的基本概念后，本章中还应提及目前商业杂志中常常出现的一些时髦话题。

时间周期

公司将一个新产品的构想变成新产品所花的时间，或对现有产品改进所花左右，称为产品的引入时间周期。在底特律，设计并制造一种新型汽车模具的时间大约要 2 年左右。一种时髦的服装从设计到交货也要 6 个月的时间。一家公司生产出新产品满足客户需要的时间越快，其在市场上的竞争力就越强。相应地，时间周期越短，越具有竞争性，这也是 MBA 们的一个热门话题。一些赶时髦的 MBA 们称行动快速是**基于时间的竞争**（time-based competition）。

新技术和一体化

新技术本身如果得不到有效的应用，就称不上是什么好技术。在 20 世纪 80 年代，通用汽车公司花费了数十亿美元的资金添置自动化设备，以期使装配线自动化。由于在自动化上耗费了巨额资金，通用汽车公司希望产品能既有高质量，又具备低成本。但是，通用汽车公司缺乏将新技术有效地结合在生产中的专门技术或知识。

令底特律气恼的是，日本汽车公司在美国采用同样的传统低技术含量的模具，使用的也还是美国工人，但他们却已经取得了具有高生产效率和高质量水平的业绩。以本田公司为例，由于采用了灵活工作制、生产协作小组的方式和员工参与性管理，该公司已经取得了底特律其他公司期望采用高技术所应达到的高效率和高质量。

大规模定制（mass customization）是 1992 年由战略地平线公司（Strategic Horizons）发扬光大的新概念。大规模定制是基于计算机信息系统和诸如柔性制造和 JIT 等新的运营模式上的。通过这些相关联的系统，公司能够以现代化大生产的低成本，为每个客户提供量身定制的个性化产品，如定制鞋、杂志、书，甚至是个人电脑。

信息技术

在美国前 10 名高校中，信息技术（Information Technology，简称 IT）是单独新开设的一门课。这一内容在学术性期刊上、在商业期刊上以及讲坛上，都占有一席之地并颇具生命力。随着计算机能力的增强、互联网和云计算的应用等，计算机已成为企业为更具有竞争力而用来收集和综合使用信息的有用工具。

那些对自己客户的偏好了解得越清楚的公司，同其竞争对手相比则越具有竞争力。销售柜台收银机和大型计算机联网，每天都能将销售信息统计出来，及时了解到客户的需求和偏好。百货商店，如梅西和沃尔玛，通过跟踪衣服挂钩的变化，发现并找到热销的服装，或者减少对已过时服装的订货量。超级市场交钱收款处的电子扫描器，也能起到同样的效果。由于货架的空间有限，杂货店可以将销售得较慢的货物拿走，换上更有可能卖出去的产品，以充分利用空间。利用计算机中的数据库，直销能更准确地瞄准最有可能的购买者。

客户关系管理（Customer Relationship Management，简称 CRM）是商业自动化领域的一个热门话题。由于其复杂性、实施成本高，所以成了 MBA 们收获利益的领地。理论上讲，公司与客户的各个方面都能通过它实现，如客户信息收集和客户维护。公司与客户的联系可通过业务人员、互联网、电话等完成。技术应用领域的范围可从一线客户数据的收集到为客户和潜在客户提供更为准确的实时数据，以应对客户的咨询。自动交换系统（automated operators），也被称作互动声控响应系统（IVR），可以为用户自动提供最具竞争力的电讯服务商和路径。在一个公司内，一个设计结构完好的数据库有助于新产品的开发和新市场的开拓。

一个客户关系管理系统包含了组织的会计、生产、营销和金融等模块。如何使这些模块相互关联，相互配合，即昂贵又实施困难，这也成为了实施客户关系管理的技术壁垒。而各模块的数据安全性，是实施的关键。

由于实施 CRM 涉及范围广，公司必须选择相应的战略才能够给投资带来显著回报。

CRM 循环包括以下 5 个模块：

- 产品开发——研发，提出概念。
- 销售——订货，交叉销售，潜在客户预测，招投标和报价。
- 卓越的客户体验——个性化，服务，排队论管理。
- 留住客户——客户忠诚度计划，寻找更多客户。
- 市场定位和营销——促销，定价，市场细分，消费者行为分析，顾客评估，市场分析。

盖特纳集团的调查表明，有 55% 的 CRM 项目效果并不好，而全球每年花费在 CRM 上的资金就高达 1 000 亿美元。问题的关键还是要求大家尽量避免无谓的浪费，注意不要单纯关注采用新技术而忽略对客户的关注、没有获得管理层的鼎力支持、业务流程僵化、低估技术更新牵扯的管理精力、低估CRM 能带来的效益。

MBA 们被教授了很多计算机专用的术语，这样他们在谈话时就显得很在行，在这方面 MBA 们谁也不甘落后。下面是一些词汇供参考。

EDI——电子数据交换。

CAD/CAM——计算机辅助设计/计算机辅助制造。

Online/Real Time——在线/实时，指数据不断更新的计算机系统（如航空公司订票系统）。

POS——销售点系统，如付款收银机。

Hardware——计算机硬件设备（IBM、苹果、EMC）。

Software——计算机软件。

Applications——应用，是软件的同义词。

Mainframe——大型计算机。

Microcomputer——台式或便携式计算机。

CPU——中央处理器，计算机的大脑。

LAN——多台计算机的局部区域网络。

AI——人工智能，指像人一样思考的计算机。

Intranet——内部网络系统。

QR Code——快速响应平方矩阵条形码。

URL——统一资源地址，网页地址。

HTTP——超文本交换规范，互联网搜索软件和服务器联系方式。

HTML——超文本标记语言，用于设计互联网网页的计算机语言。

Hypertext——网页内部连接系统。

Firewall——防火墙，防止非授权用户进入网络系统。

Moore's Law——摩尔法则，英特尔创始人戈登·摩尔的观点，认为芯片的处理运算能力每18个月会提高一倍，而开发成本会相应减少。

除了这些词汇之外，更重要的是MBA们已成为购买计算机的内行。同样一台技术先进的设备，如果机器或软件达不到公司所期望的需求，也会最终失去竞争力。所以在采购计算机和其他技术时，公司应着眼战略上的长远考虑。

经营总结

最基本的5种框架结构都适用于所有的经营环境中，即生产能力、计划安排、库存、标准和控制。利用这一框架，再加上对经营学历史的了解、新掌握的一些词汇、6M理论和一些公式，商学院就这样将MBA们推向了商业社会。假设你作为一个咨询顾问，正在评估一家为IBM提供开关的名为Onoff公司的经营情况。该公司资金缺乏，次品问题困扰着工厂，成本也有增加。根据本章中学到的知识，你可以通过提问一些如下问题，开始你的调研：

- 工厂采用的管理方式是哪一种？X理论，还是Y、Z理论？
- 工人是否受过正规培训？
- 生产设备是否适用？效率高否？
- 有无原材料供应上的问题？质量、运货有没有问题？
- 生产工艺安排是否有效合理？考虑用流程图分析。
- 利用线性规划能否研究出一种利润更高的产品组合？
- 利用MRP系统或用CRM系统管理客户关系能否协调整个生产过程？
- 在库存管理上是否采用了经济订货量的方法，以最大限度地减少库存并节省资金占用？

- 是否拥有已建立起来的质量改进计划？SPC，质量循环？
- 是否建立了标准体系，并不时地进行不断的监控和监督？

这些就是MBA们脑海里涌现的问题类型。通过掌握本章的内容，你可以提出正确的问题了。

需要掌握的主要词语

弗雷德里克·泰勒（Frederick W. Taylor）——科学管理之父（X理论）。

埃尔顿·梅奥（Elton Mayo）——生产管理中研究人际关系方面的鼻祖（Y理论）。

解决经营问题（operational problem solving）——能力、安排、库存、标准、控制。

生产能力6M（six M's of capacity）——人力、机器设备、原材料、资金、方法、信息。

流程图（flow diagramming）——用图来表示工作流程，以找出效率更高的工作路径。

线性规划（linear programming）——用计算机来决定在限定的生产能力下最优的工作行动方案。

甘特图（Gantt chart）——一种简单的计划安排工具。

关键路径计划法（critical path method）——安排工程作业计划的一种较为复杂的数学方法。

排队论（queuing theory）——一种使排队更有效率的数学分析方法工具。

生产各阶段库存的类型（inventory types by stage of production）——原材料、在制品、产成品。

保持库存的原因（inventory types by reason for holding）——生产干线、周期、

安全性、预见性、猜测。

经济订货量（Economic Order Quantity，简称 EOQ）——使库存成本最小化的数学公式。

物料需求计划（Material Requirements Planning，简称 MRP）——管理库存和生产能力等复杂问题的辅助工具。

质量权威（quality gurus）——约瑟夫·朱兰、W·爱德华兹·戴明、菲利普·克罗士比。

统计过程控制（Statistical Process Control，简称 SPC）——统计质量控制的技术。

客户关系管理（Customer Relationship Management，简称 CRM）——全面改进和管理与客户关系的系统。

第8天 经济学

- 需求与供给
- 微观经济学
- 机会成本
- 边际效用
- 弹性
- 市场结构
- 宏观经济学
- 凯恩斯主义理论和货币主义理论
- 国民生产总值核算
- 国际经济学

> 正如明智的国王不再占卜、求签，大企业也开始抛却对经济预言家的依赖。预言家总是沉湎于幻想，虽然显得生动有趣，但不实用。
>
> ——《福布斯》，“抑郁科学里沉闷的日子”

上面这段话像是在学习经济学时找了个逃学的好借口，但学这门课还是值得的。经济学虽不能为你提供一个清晰的画面，却能让你深刻理解什么是推动世界经济运作的“无形力量”。与学习MBA其他课程一样，了解和掌握本章内容，足以让办公室的同人们觉得我们这些MBA是够聪明的。

芝加哥大学和麻省理工学院均强调对古典经济学理论的学习，而大多

“我不知道这图是什么意思，但我还是爱看。”

数其他院校更侧重理论的应用。哈佛和达顿已将经济学纳入国际学的教程中。

经济学中值得自夸的基本概念仅有几个。因而人们难以理解，为什么会有那么多无穷无尽复杂的专业论著，在试图说明造成经济周期性繁荣和崩溃的原因。如同人做无用之功，寻找最佳的经济模型是令人困惑的目标，却吸引着众多好强的教授和在企业界里谋职的博士生，一直不停地研究。过去的几百年里，他们留给我们许多有魅力的公式、图表。作为 MBA，主要精力应放在弄明白经济学的有关词汇和原理等基础知识上，而后再进一步学习其他新内容。MBA 应该把有关“风车的理论”留给喜欢研究概念的堂吉诃德们去追逐。正是出于这种考虑，本章内容着重基本概念，避免详述复杂的公式、难懂的原理。因为即使我把这些内容写了出来，你在阅读时也很可能跳过去不看，或认为用处不大，读过后在很短的时间内就都忘光了。

经济学是研究社会如何分配地球上有限的资源，以满足人类无休止的欲望的一门学科。**供给**（supply）与**需求**（demand）是起作用的两种力量。经济学中提到的**均衡**（equilibrium）是指由于市场价格起作用，促成了供给总量和需求总量相等。供给方愿意出售产品，消费者乐意购买之，在一定价格下，供需平衡。简言之，这就是经济学理论的基础。

我们用一个自酿啤酒的小店说明一下。假设该店自酿达夫啤酒。而你经常喝的却是喜力啤酒。小酒馆为了促销，正在出售 1 美元一扎的达夫啤酒。老板共有 10 桶库存啤酒，若按通常的 4 美元一扎的销售价格，也就只能卖出去 1 ~2 桶。对你而言，你虽喜欢喝喜力，但看到达夫啤酒 1 美元一扎相当便宜，就决定试试。市场这只无形的手（invisible hand）在发挥作用。如果大家都这么想，在这一“正确”的价格引导下，因为有对达夫啤酒的需求，酒馆库存的 10 桶啤酒都被卖出去了。图 8.1 表明，啤酒价格越高，酿酒厂越愿意多生产，但人们的购买欲望则会下降。

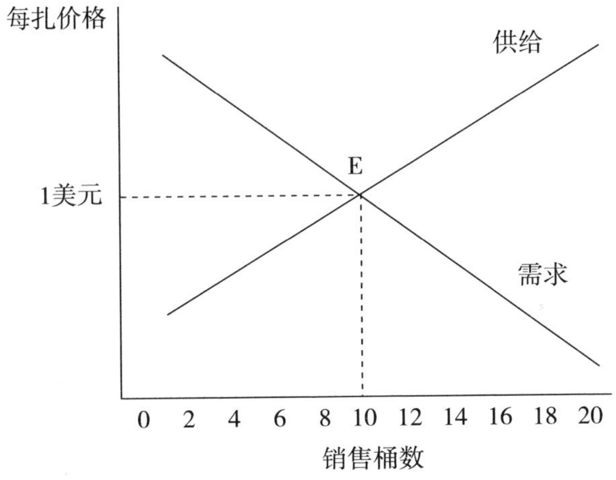

图 8.1　啤酒供需关系

将这一简单的关系推广到整个经济领域，在满足均衡价格和一定经济产出水平的条件下，总供给（AS）等于总需求（AD）。

图 8.2 虽与图 8.1 中的形状类似，但其构成却是 MBA 们需要研究的问题。

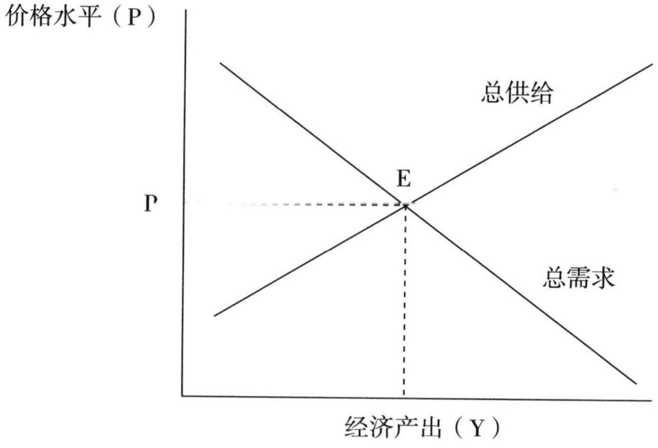

图 8.2　经济的供需关系

经济层次：微观还是宏观？

同学们可根据自己的情况，看看是对研究微观经济学还是宏观经济学更感兴趣。微观经济学研究的是个人、家庭、公司或某一行业在供需上的平衡问题。例如，前面提到的喜力和达夫啤酒之间的竞争，是微观经济学中研究的问题。宏观经济学主要研究的则是有关城市、国家或世界性的经济问题。简单地讲，“微观经济学”是研究“小”和特定的经济情况，“宏观经济学”则是研究整个经济“大”的画面。

微观经济学

微观经济学不像宏观经济学那样迷惑人，但更具实用性。由于我们中的大多数人不大可能对整个经济在宏观上有所影响，所以我们最好把精力集中在研究“微观经济学”的几个主要基本概念上。

机会成本

由于人们对产品和服务的需求永无止境，所以决策者们应把有限的资源合理地分配好。通常情况下，若要多生产某一种产品或服务，就同时伴随着要发生成本或放弃其他机会。经济学家把这种成本称为**机会成本**（opportunity cost）。

例如，20 世纪 90 年代哈雷戴维森摩托车厂，因市场需求增加已满负荷生产。当时哈雷公司占据着高价位、大马力摩托车市场份额的 60%。公司管理层迫于订单的压力，研究了如何最大限度地安排好有限的生产能力。后来，该公司做出决定，生产几种在美国和其他海外市场销售的车型。这时，哈雷公司发生了相当大的机会成本。为什么？因为公司同时还做出了另外一个决定，即不将整个生产线用于装配当时销往日本市场的最赚钱、最昂贵车型。若哈雷公司仅为了眼前利益而过分地强调短期内实现利润的最大化，就有冷落国内市场最忠实客户的危险。事实上，正是有国内用户的支持，哈雷公司才取得了成功，日本人喜欢购买哈雷车也是与之分不开的。

边际收益与边际成本

与机会成本密切相关的另两个概念是**边际收益**（Marginal Revenue，简称 MR）和**边际成本**（Marginal Cost，简称 MC）。公司通过最大限度地增加收益，同时力求将成本降至最低，以实现利润最大化。如果厂家多产出的每一件产品都有可能售出并有利润可赚，那么厂家就应该生产之。这时，产品售出后实现的边际收益，高于生产中发生的边际成本。

假设企业还继续生产，直至满足边际收益（MR）= 边际成本（MC）这一条件。在此平衡点上，售出下一个单位产品的边际利润应为零，即无利润可赚；超过这一平衡点，售出每一单位产品后边际收益递减，而边际成本增加。如图 8.3 所示。经验表明，企业向市场推出某一种产品的数量越多，市场接受这种产品的能力就越低，人们越希望少花钱购买。虽然每多生产一个单位产品的生产成本很低，但若工厂已无剩余的生产能力，却仍希望生产更多的数量，那么就只有通过雇用新员工，购买、添置新设备，租赁或新建更大规模的工厂来实现了。因此，工厂一旦满负荷生产，再多生产一个单位的产品，这时边际成本就会增加并高于生产前一个单位产品的成本。

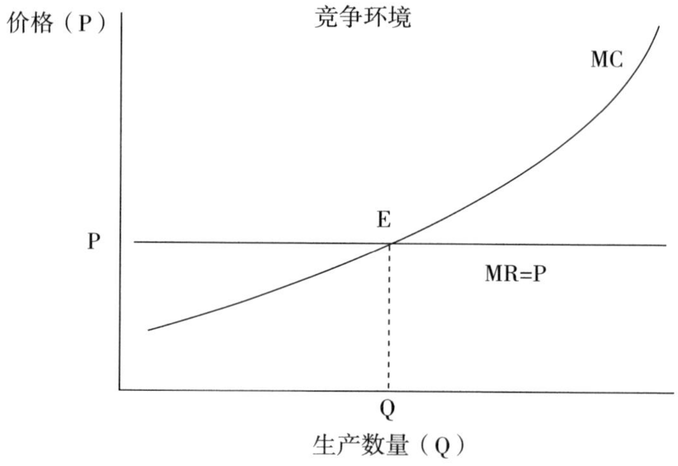

图 8.3　边际收益与边际成本均衡

再以农场主巴德·蒙塔纳先生为例。在他圈养的牛群中，多增加一头小公牛的边际成本很小，对农场主修理护栏、放养牛群毫无影响。巴德先生是个决策稳健的人，他最多只会将增加圈养小公牛的数量，控制在将来出售每头小公牛的边际收益与圈养这头牛的边际成本相抵（MR = MC）的条件下。若再多圈养一头的成本高出市场售价，巴德先生就不会再扩增牛群了。

对图 8.3 中需求曲线为什么不像以往的形状向下倾斜，而是水平的，你可能不清楚。这是由于牛肉的价格是通过公开竞争拍卖决定的，其他农场主和肉类加工厂一起对决定肉价起作用。巴德先生多卖几头牛对市场价格起不到影响作用。如果巴德先生垄断着牛肉市场，一直在满足 MR = MC 的条件下安排生产、销售，那么他的边际收益曲线就会向右下方倾斜，与前面啤酒例子中的标准需求曲线一致。

边际成本、边际收益这两个概念，对解释某一专门生产点心的工厂也适用。假设你是厂长，工厂收到一份特殊订单，对方报价比你厂通常的售价低，要求以 1.00 美元每打的价格购买 100 打点心，在教堂聚会时出售。在知道工厂还有剩余生产能力的情况下，你和会计一起商量接不接此订单。会计呈给你的每打成本为 1.45 美元，细分如下（单位：美元）：

做点心所用面粉	0.80
人工费	0.25
设备使用费	0.20
设备维修、维护费用	0.20
总成本	1.45

上面所列数据中，只有面粉是边际成本。因为工厂的机器生产线是自动的，操作机器的工人已经在岗，烤箱也是现成的，日常的生产维护也不用重新安排。

你应该高高兴兴地接这个订单，因为它能给你带来边际利润。拒绝这个订单的唯一可能是有人走漏了风声，让你的老客户知道了你把卖给他们 2.00 美元每打的点心，以 1.00 美元卖给了别人。若大家都按 1.00 美元每打的价格购买，厂家无利润，也就支付不起固定成本（此处指工人工资和维持开工的费用）了。

从以上的几个例子中可以看出，边际成本和边际收益在决定边际价格和生产决策上起着非常关键的作用。但是，在评估一个企业总的、而非一次性业务的盈利情况时，总收益必须超过总成本，以保持起码的盈利要求。

边际效用

效用（utility）一词用来描述某一产品对于消费者的价值。**边际效用**（Marginal Utility，简称 MU）指的是再多增加一个产品时带来的有用性或效用。在某一阶段，消费者已能够充分满足，若多添一个产品也就没什么价值和意义了。在前面的啤酒例子中，假设为了消除烦恼，你也去喝了些啤酒。喝了第 1 杯，又喝了第 2 杯。注意：这第 2 杯的边际效用最大。5 个小时之后，你已经喝了 12 杯，而且还打了会儿台球，跳了跳舞，把烦恼也忘了。此时此刻，再多喝一杯已用处不大。这时的第 13 杯啤酒的边际效用可以忽略不计。

价格需求弹性

在供需关系图中，爱喝喜力啤酒的客人在合适的价格条件下，愿意购买达夫啤酒。相反，如果价格定得高，需求会下降。消费者对价格变化的反应，即敏感程度，被称为**弹性**（elasticity）。

需求弹性，是我的 MBA 同学们常提到的几种经济学概念之一。例如，宝洁公司产品经理想了解价格变化对该公司品牌肥皂需求的影响，福特汽车公司生产部门的负责人也想知道价格变动对其生产有什么影响。

若消费者对价格变化非常敏感，他们的需求敏感性被称为弹性。也许爱吃快餐的人还记得发生在塔可钟（Taco Bell）的情景。1988 年。塔可钟推出廉价快餐，消费者反应强烈，人们踊跃购买。公司把快餐的价格定得较低，仅 59 美分一份，所以人们普遍认为多买几份也无妨。竞争对手注意到这一情况，也纷纷加入竞争行列。麦当劳也向好挑剔的消费者推出了大薯条、大可乐、苹果派和巨无霸系列套餐。套餐在价格上比单独购买每一种食品加在一起便宜20 ~ 50美分。

消费者若对价格的反应不敏感，经济学家称这种需求为无弹性（inelastic)，即消费者的购买行为不随价格变动而变化。某些医疗服务业以及烟草行业属于这种无弹性类。如患阑尾炎的病人痛苦难忍，对医生的任何要求都会一口答应；吸烟成瘾的人对烟草提价也只好认了。

可以看出，消费者对产品需求的**价格弹性**（price elasticity），对如何制定产品的价格起着非常重要的作用。**弹性系数**（elasticity coefficient）可定量地分析弹性，公式为：

$$需求弹性=\frac{需求量变化百分率（\%）}{价格变化百分率（\%）}$$

$$总收入弹性=\frac{总收入变化百分率（\%）}{价格变化百分率（\%）}$$

弹性系数越大，价格弹性越高。系数大于或等于1，称为弹性。研究人员发现，餐饮业的弹性系数为2，医疗服务业为0.31。确定弹性是要花很多工夫进行调研的，但如果要求的准确性不高，调查的程序可以简化。经理们在分析以往的数据时，应排除非价格因素的影响，如由于天气或竞争引起的需求变化。

弹性的另一重要特点是，它并非在所有价格水平上都保持一致。在不同的价格水平，弹性也不同。这一特点可在表8.1中反映出来。表中列出了在不同牛肉价格下，人们购买力的变化。

表8.1 对牛肉的需求弹性（假设）

价格（美元/磅）	总需求量（磅）	总收入（美元）	需求弹性	总收入弹性
5	1 000	5 000		
+25%	-50%	-38%	2.00 E	1.5 E
4	2 000	8 000		
+33%	-50%	-33%	1.50 E	1.00 E
3	4 000	12 000		
+50%	-56%	-33%	1.10 E	0.67 I
2	9 000	18 000		
+100%	-44%	+13%	0.44 I	0.13 I
1	16 000	16 000		

注：E=有弹性，I=无弹性。

出售牛肉的厂家可以从表 8.1 中找到对自己有用的数据。我们可以看出，低价位时，多数家庭有能力购买，在低价位附近的价格变动不会影响大家。但是，当价格在 2 ~ 5 美元/磅高价位变动时，人们对购买牛肉的愿望就会减弱。这时，人们可能转而购买其他商品，如面条、热狗快餐等。于是，购买者的需求弹性就反映出来了。富人可能对价格变化并不在乎，他们显得更缺少弹性一些，即“无弹性”。这也是“需求”弹性有别于“总收入”弹性的原因。如爱吃牛肉的人，即使价格高了，仍愿意购买。这样就弥补了一部分由于销售量下降造成的收入损失。

在研究供给方面的问题时，“需求弹性”这一概念同样适用，但与上例中的情况正好相反。价格越高，越能鼓励生产，但同时限制了更多的消费；价格越低，越会阻碍生产，但能刺激更多的消费。在某一市场价位上，供给量和需求量相等，市场实现均衡。

竞争的市场结构

除需求弹性以外，一个竞争的市场环境也驱动着供给、需求和价格的变化。在给定的市场环境下，竞争越激烈，市场价格变动越易引起供需的变化。以国际贸易中的钻石为例，南非戴比尔斯（DeBeers）公司控制着国际钻石市场的供应，价格因而居高，且每年按预订的上升幅度不断升高。而世界黄金市场则不然，由于有很多供应商，黄金的价格在商品交易市场是逐日浮动的。前面提到的巴德·蒙塔纳先生涉足的牛肉市场也存在这一现象。

现在，你已经了解了有关的原理。下面，让我们看看市场结构的 4 个基本内容。

完全垄断市场

若市场上唯一一家卖主控制着唯一一种产品，我们就称此市场为完全垄断市场（pure monopoly）。美国全国篮球协会（NBA）控制着职业篮球运动；电力供应设施也是另一个完全垄断的例子；医药公司拥有某种药品的独家专利权，亦是如此。例如，葛兰素史克公司（Glaxo Smithkline）控制着治疗艾滋病的新药 AZT 的生产权。虽然该药的生产成本很低，但厂家仍以很高的价格出售。限制这种贪婪的唯一办法是国家政策的干预。对这种垄断而言，消费者难以找到其他相近的替代物。

寡头市场

当市场上仅有几个厂家能提供某一种产品，且市场上也没有相近的替代物时，这时的市场就是寡头市场（oligopoly）。由于只有少数几家企业参与竞争，为避免发生价格战，大家达成一致意见，产品的价格就会居高不下，否则市场参与者之间就会爆发价格战，使产品价格下跌。在这方面，航空公司可以说是个典型的例子。航空公司为争取客户在最繁忙的路线上削价竞争，但当大家意识到谁都不是赢家时，由少数几家公司控制的这一市场就又把机票价格抬高了。

垄断竞争市场

在产品能够被明确分类，且生产厂家很多时，此市场为垄断竞争市场（monopolistic competition）。复印店就是个很能说明问题的例子。虽然复印质量相差不大，但服务质量却不同。联邦快递金考，该快印店复印一份收 7 美分，另一些廉价复印店则只收 5 美分。金考快印价格高是由于其提供 24 小时服务、店面整洁、服务热情，而廉价复印店却只能提供最基本的服务。对整个复印市场而言，由于存在廉价的复印店，就对复印市场的价格起了限制作用。金考快印就不能将复印价格抬得过高，以免吓跑客户。

完全竞争市场

在完全竞争市场（pure competition）下，许多竞争对手在出售类似或可替代的产品。对某些产品来说，不论采用何种销售方法，生产者生产、制造的产品的价格已经被确定了。金、银、小麦、玉米等就属于这一类，供应商与买家在商品交易所买卖，产品的价格由供需双方决定。生产厂家是市场公开投标竞争确定的价格的“接受者”。

总之，当你在思考特定市场环境下某一工业、某一公司或某一个体的购买行为时，微观经济学的原理就在起作用：在竞争的市场环境下，各行业生产的产品数量在某一均衡价格上与需求一致；公司生产的产品数量满足生产的最后一件产品的边际收益与边际成本相等；消费者根据各自的需求弹性购买各自所需的物品。

宏观经济学

MBA 们学习宏观经济学的目的，是了解什么力量形成和决定着公司置身其中进行生产经营的大的经济环境。例如，萧条是否又将来临？利率会不会上升？通货膨胀的压力大否？这些问题是企业决策者需要了解清楚的。理论虽不能为你提供解决问题的具体办法，但搞懂宏观经济学的基本原理，有助于为我们对将来的变化做出明智的推断提供一个参照物式的框架。

有关经济如何运行的争论：凯恩斯 Vs. 弗里德曼

经济学家们对究竟是什么推动着经济的发展各执己见。如同美国政府有民主党和共和党一样，在经济学界有凯恩斯学派（Keynesians）和货币学派（monetarists）。凯恩斯学派认为，政府干预能极大地改进经济运行的状况；而货币学派则认为，政府对经济的干预程度越低，越有利于市场发展。

这两种对立的经济理论的创始人，都深受各自所处时代的影响。剑桥大学的约翰·梅纳德·凯恩斯（John Maynard Keynes）在20世纪30年代世界经济大萧条的混乱时期，写成了对现代凯恩斯主义宏观经济学起决定作用的文章《就业、利率和货币通论》（*The General Theory of Employment*, *Interest and Money*, 1936）。凯恩斯注意到，世界各国领导人“撒手”不管的经济政策是失败的。他认为，政府及时的干预和介入有助于稳定经济，促进发展。

在第二次世界大战之后繁荣的日子里，芝加哥大学的米尔顿·弗里德曼（Milton Friedman）成了经济学货币学派最积极、最有力的倡导者。他认为，商业的唯一职能是谋取利润。在目睹了艾森豪威尔和肯尼迪时代的经济繁荣之后，他深信市场有能力自愈创伤。弗里德曼认为，政府对经济应“放手”。他还认为，政府制定的政策给许多领域带来的是弊大于利，诸如在所得税政策、农产品补贴及公共住房等方面的问题。

有关政府宏观经济政策优劣的争论，占去了MBA们学习时的很多时间。大多数共和党保守派的MBA们，常与人数虽少但好畅所欲言的民主党MBA们争论。用表8.2作参考，我想你可以像MBA们一样站在各自的立场上争论。

这一简洁的对照表包括了宏观经济学理论上有争议的主要内容。

表 8.2　凯恩斯学派与货币学派对照表

凯恩斯学派主张	货币学派主张
无政府干预，企业不能达到充分就业	即使以失业为代价，从长远看，自由的市场经济最佳
失业是需解决的一个大问题	通货膨胀是个大敌，相当于每个人被多摊了税收
通过政府公共开支和货币政策，减少经济周期产生的波动	长远来看，政府干预把经济搞得更糟
政府采取措施之前有充分的信息可参考	现成的经济数据通常不准确，政府干预时为时已晚
政府购买力能促进经济有效增长	政府购买力阻碍了私营企业发挥高效率

国民生产总值、通货膨胀和凯恩斯观点

要想了解宏观经济学的实质内容，就需要掌握**国民生产总值**（Gross National Product，简称GNP）这一概念。GNP是指一个国家一年内所生产的全部最终产品与服务的市场价值总和。GNP的变化是用来衡量一国经济健康与否的标志。弄清楚什么是“最终”这一概念十分重要，这样能避免重复计算。以汽车为例，整车由许多部件组成，但钢材使用量只在整车装配完成之后计算一次。

由于价格年年有变化，经济学家们为了便于进行年度之间的比较，必须对价格做一些调整。如每磅钢材的成本通常是每年增加的，若价格上升，就称之为“通货膨胀”。GNP在经过调整通货膨胀之后，就是**实际GNP**（real GNP）。若不做任何调整，就称之为**名义GNP**（nominal GNP）。在这种情况下，价格虽有所上升，但产品和服务的总产出实际上并未发生变化。

为了把名义GNP调整为实际GNP，经济学家们使用GNP换算系数进行调整。以2005年为基准年，GNP的换算系数为100。若1950年的换算系数为17，则理解为1950年产品和服务的价格是2005年的17%。在经济萧条和不景气时期，实际GNP下降；在繁荣时期，实际GNP上升。

例如，假设2013年你在家里自制了一磅奶糖，价值1美元。第二年同样如法炮制了一回，由于通货膨胀的因素，价值1.04美元。按2014年美元的价格计算，表面上多产生了4%的价值。是这样吗？不是。你的产出实际上与上一年相同，所以经济学家们将名义GNP乘以换算系数得出实际的GNP。通过对实际数字的分析，方能比较和衡量经济中实际增长的情况。

除GNP换算系数外，为了研究通货膨胀对经济的影响，经济学家们还采用了另外两种衡量通货膨胀的方法：**消费者价格指数**（Consumer Price Index，简称CPI）衡量消费者经常购买的、经特别选定的一揽子产品和服务中的价格变

化，所选定的这些产品和服务不随年度不同而变化；**生产者价格指数**（Producer Price Index，简称 PPI）用来衡量生产者普遍选用的原材料中的价格变化。CPI 以 1982～1984 年为基准年，即 1982～1984 年的 CPI = 100；PPI 以 1982 年为基准年，即 1982 年的 PPI = 100。2010 年，CPI 是 224，PPI 是 184。也就是说，对同样的产品而言，2010 年的价格比 1984 年高出了 224%。

还有两种与 GNP 有关的概念，即**国民生产净值**（Net National Product，简称 NNP）和**国内生产总值**（Gross Domestic Product，简称 GDP）。NNP 考虑生产过程中机器、工厂和设备的使用成本，会计中将这一成本称为折旧。NNP 是从 GNP 中减去使用固定资产发生的折旧费用后得出的。GDP 是 GNP 的一部分，即在本国境内生产的总值。对经济上过于依赖贸易的国家，这一概念显得尤为重要。例如，日本的 GNP 包括本田公司设在美国的装配生产线产出的利润，但在统计 GDP 时，则不将这一利润计算在内。

GNP 等式

根据凯恩斯的观点，国民生产总值由能够产生收入的 4 种支出构成，而每一组成部分均受政府保持经济稳定增长的政策及低失业率政策的影响。MBA 们在提到 GNP 的构成时，常戏称之为 GNP 的“开球杆”。

$$GNP = C + I + G + X$$

其中：C——个人消费

I——私人投资

G——政府购买

X——出口减进口净值

如上式所示，任何一种消费、投资或政府购买力的增加，都能促进经济增长。日本和中国通过出口带动经济发展，而美国正好相反，由于每年有大量的贸易赤字，抑制了经济的发展。

前面曾提到，凯恩斯学派的主要目标是实现充分就业，但降低了 GNP 就意味着失去更多的就业机会。如果一国的经济在低于充分就业的水平下运行，则称为存在 GNP 缺口（GNP gap）。若政府通过增加开支加以干预，经济就会发展，就业机会就会增加，这一缺口也就能得以缩小。

货币学派争辩说，政府衡量经济的统计方法不准确，例如地下的未予揭露的经济犯罪、未申报的非法收入、家庭妇女在家中的贡献等，均未被统计进去。GNP 未排除对环境造成污染所应追加的费用，也未包含业余时间内创造出来的价值。

乘数效应和财政政策

凯恩斯学派对政府加大支出能促进经济增长这一理论，持积极支持的态度。因为他们深信，个人或国家的消费支出为他人和公司提供了收入。这样一来，支出和收入就会在整个国民经济中不断重复循环，这种现象被称为**乘数效应**（multiplier effect），见图 8.4。美国国会和美国总统研究如何使用资金所制定的政策，被称为政府的**财政政策**（fiscal policy）。

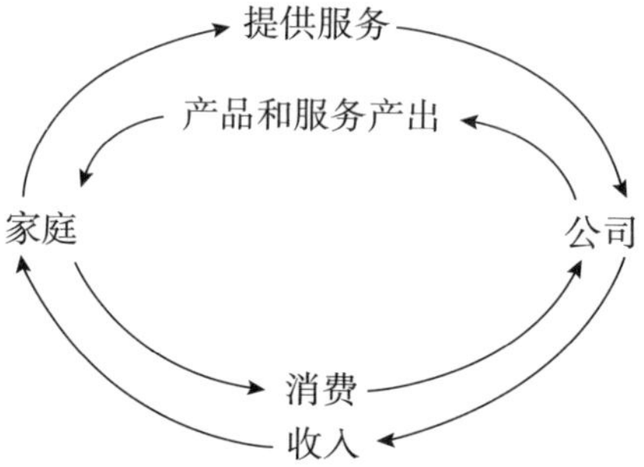

图 8.4　支出与收入在国民经济中的循环

凯恩斯学派认为，财政政策能带动缓慢运行的经济向前发展。2009 年，美国国会议员们全力支持开工新上公共设施项目，以带动当时处于衰退状态的经济。政府需出资大量购买修路所需的碎石、水泥、钢材、设备、人力等原材料，而有关修路人员又会将收入用在衣、食、住、行的消费上。这时，因为政府支出的增加，整个经济生活中出现倍增现象。

工人 100 万美元的工资收入是如何起乘数作用的呢？工人的消费对经济的影响取决于**边际消费倾向**（Marginal Propensity to Consume，简称 MPC），即怎样花掉挣来的钱。若工人从所挣收入中花去 80%，储蓄 20%，我们就认为 MPC 等于 0.8。MPC 值越高，对经济的影响力越大。用公式表示为：

$$\text{支出乘数} = \frac{1}{(1-\text{MPC})} = \frac{1}{(1-0.8)} = 5$$

由此可见，每 100 万美元的收入能导致 500 万美元（1 000 000 美元 ×5）的总消费。顺便提一句，如果哪个国会议员为自己所在选区争取到新建公共设施项目或国防项目的合同，他的得票率想必也会增加 5 倍。

产品和货币市场的 IS/LM 曲线

凯恩斯认为，在经济中起推动作用的还有利率。对经济增长起促进作用的投资（I），会受到高利率的影响而减慢速度。由于高利率的缘故，消费者每月需偿还银行贷款的金额会增加，造成消费者无支付能力，因而不愿购买汽车、住房等昂贵商品。向右下方倾斜的投资和支出曲线（Investment and Spending curve，简称 IS）描述了这一关系。

由于意识到货币的作用，凯恩斯强调，利率越高，货币的流动倾向性越强。1980 年 12 月 19 日，利率升高到前所未有的 21%，人们蜂拥投资货币基金市场；1992 年，利率降至 3% ~5%，投资者转而将资金投在股票市场。2003 年，利率为 1% ~3%。股票市场也危机四伏，投资者匆匆转向投资地产。2008 年，地产业也遇到了大麻烦。这一关系通过货币的流动性曲线（liquidity and Money curve，简称 LM）以向右上方倾斜的曲线图表示出来。在某一理论点上，IS 和 LM 曲线有一均衡点，存在一均衡利率，并达到 GNP 某一理论总值。见图 8.5。

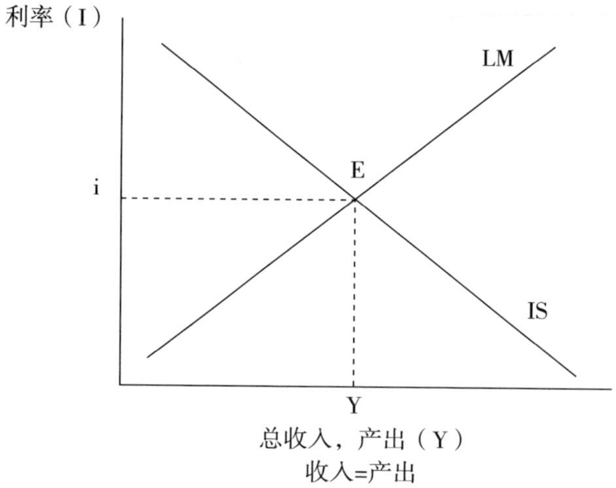

图 8.5　产品和货币市场均衡的 IS/LM 曲线

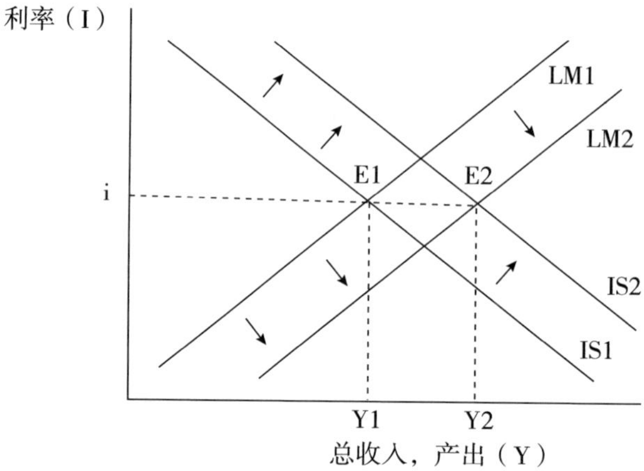

图 8.6　带有变化的 IS/LM 曲线

IS/LM 曲线并不是固定不变的。若在衰退时期政府扩大支出，人们的消费总量会增多。在这种情况下，整个 IS 曲线会上移，造成高利率和高 GNP。

如果货币供给量也随着消费量增加，从理论上讲，利率维持不变。见图 8.6。

就整个经济而言，并非存在唯一一种利率。我们不可能准确地描绘出消费者支出与利率的关系，这就是需要有经济学来研究它的原因。IS/LM 曲线虽然不准确，但仍在某种程度上反映了二者之间合乎逻辑的关系。

经济增长与货币学派观点

什么是货币？

在讨论货币学派论点之前，需了解他们所经常提到的也是最关心的问题——货币到底指的是什么。货币是能充当买、卖产品和服务的中介物。虽然听起来很简单，但货币并不仅仅指现金。经济学家们在谈到如何衡量货币供给量时，还包括“货币等价物”，诸如银行支票账户存款、货币市场资金。

提到货币供给，常用 M1 和 M2 表示。M1 是指最直接的可得到的货币，包括现金、银行支票账户存款和旅行支票；M2 指除含 M1 外，再加上银行存款及货币市场上的资金。2010 年美国的 M1 和 M2 分别为 2 万亿美元和 9 万亿美元。政府密切注视着 M1 和 M2 的供给量，以期测定经济运行中对货币的需求，达到保证其在健康水平运行之目的。

货币数量理论等式（quantity theory equation of money）

凯恩斯学派通过 LM 曲线，强调并描绘了经济中货币包含的内容。货币学派认为，货币是 GNP 的主推动杆，并用货币数量理论等式阐述了这一观点。货币供给量的变化会引起名义 GNP 的直接变化，即：

$$M \times V = P \times Q$$

货币 × 流通速度 = 价格 × 实际 GNP

货币供给 = 名义 GNP

货币数量理论认为，货币供给量是指货币量和货币量在经济中**流通速度**（velocity）的总称。流通速度是指货币易手的快慢。显然，如果将现金藏在家中床垫底下，则对经济发展毫无价值，流通速度是“零”。如果同样的现金易手多次，成为一些人的支出、另一些人的收入，那么经济增长速度就会加快。

令人感到不解的是，货币学派认为，货币的流通速度是不变的。单从货币数量理论等式上看，假设速度不变则更方便一些。这时，等式中货币供给就成了推动经济增长的决定因素。凯恩斯学派则认为这种假设是荒谬的，他们认为，在不同时期，出于对现实的恐慌或一时的欣喜，货币流通速度是变化的。例如，在萧条时期，人们担心下月的收入可能就没了，所以会节省每一个铜板。

你也许会想，从等式中看，钞票多印一些，政府不就会使经济走上高速发展的正轨了吗？事实上，名义 GNP 的总量虽然可被提高，但经调整通货膨胀之后，实际 GNP 仍维持原状或有所下降。

货币学派最关注价格水平或通货膨胀的变化，因为如果物价升高造成货币贬值，经济产出实际是减少的。怎样在华盛顿找到个有本事的聪明人，让他恰到好处地做到把货币供给总量控制在既可保证经济的发展，又能将通货膨胀控制在低水平，那才是大家求之不得的呢。

凯恩斯学派认为，存在适度的通货膨胀有利于经济发展。英国伦敦经济学院（London School of Economics）的 A · W · 菲利普斯（A. W. Phillips）先生所做的调研证实了这一点。菲利普斯发现，高通货膨胀伴随着低失业率。通货膨胀和就业的关系可用菲利普斯曲线（Phillips curve）表示。然而，货币学派并不买账，他们认为，经济的低通货膨胀同样能保持低失业率。美国以往的经济数据表明，凯恩斯学派的这一理论确有实际根据。特别是在 1950 ~ 1985 年间，该理论显得极具说服力。但也存在不一致的地方，例如 1985 之后则不然。

金融政策工具（monetary policy tool）

我曾提到，货币的供给是可以人为操纵的。在华盛顿，美国总统亲自任命一个由 7 人组成的“联邦储备委员会”（Fed），掌握着经特别授权、可以用于调控经济运行的 3 种金融“手段”：

1. 再贴现率

银行从联邦储备委员会按折扣贴现率借款，再以较高利率放（贷）款给客户。如果将折扣贴现率下调，借、放（贷）款之间的利息差就会增大，因此银行更愿意向企业和消费者发放贷款，用于其购房、买车、信用卡消费等。银行贷给信誉良好的客户所收的最低利率就是最优利率（prime rate）。贷款越多，经济中货币的供给量越高，乘数效应就越起作用。2001 年 9 月 11 日后，联邦储备委员会下调利率 1 个百分点，以防止特殊环境下严重的经济衰退。2008 年金融崩溃后，利率甚至降到了零。

2. 公开市场业务

联邦储备委员会直接参与金融市场买进、卖出政府债券，这一措施称为公开市场业务。联邦储备委员会从公众手中买回政府债券，市场上的货币供给量就会增加；当公众购买政府债券时，大量的货币回笼，货币的供给量也就减少。人们称之为量化宽松（QE）。联邦储备委员会除了将利率降至前所未有的零值，还于 2008～2010 年购买了 12 万亿美元政府债，旨在重振美国经济。

3. 法定准备金率

联邦储备委员会要求银行、经纪人等金融机构手中必须按现金存款总额的某一比率留存一部分现金，这种现金被称为**“准备金”**（reserve）。准备金是用来保证客户提取其存款时，银行有足够的现金满足其要求。当政府要求提高准备金比例时，银行就不能多放款，从而减少了经济中流通的货币供给量。

通过以上3种方法，联邦储备委员会不仅能调节货币供给量，还能改变资金成本，即利率。随着经济的增长，联邦储备委员会将逐渐增加货币供给量。若这一操作准确无误，通货膨胀和利率水平则低，经济会增长；若对货币供给控制过紧，可能会造成与20世纪80年代初类似的严重衰退；而如果像过去20年许多南美国家那样无节制地增加货币供给，通货膨胀就会失去控制。

你站在哪一边？

如果你较保守，则易被吸入弗里德曼阵营；若你在政治上倾向自由派，凯恩斯学派则对你更具诱惑。然而，无论如何，两大阵营过去对稳定经济增长均无出众的贡献，美国依然会发生经济衰退。

货币和消费理论，在经济体系中起着非常重要的作用，而其本身也是一个“先有鸡还是先有蛋”的难题。到底是哪个先起的作用？是金融政策决定了货币供给，后者反过来又影响了消费和GNP？还是凯恩斯学派的消费之“搏”拨动了货币学派的“脉”？倘若有谁能把这二者的关系搞清楚，并述之成书，定会令所有的经济学家目瞪口呆！

你需要知道的几位经济学家

除弗里德曼和凯恩斯之外，你还应该了解以下5位经济学家的一些情况。人们提到现代经济学时，常谈及这些起过关键作用的人物。

亚当·斯密和《国富论》

亚当·斯密（Adam Smith）是世界上最早的经济学家之一，人们经常提到他的名字。他在著作《国富论》（*The Wealth of Nations*，1776）中描绘了竞争这一“无形的手”，从各自利益出发，指导着某一特定的经济体制。他预见到，随着社会分工的明确，“国家的财富”会增加。以别针厂为例，亚当·斯密指出，如果根据工人技术熟练程度不同做相应的分工，工厂的生产率会提高。他注意到，10 名工人各自从事不同工序的生产，在一天内可生产别针 48 000 个；而同样时间内由一人包揽所有工序的小作坊，则仅能生产很少的几个。

约瑟夫·熊彼特和“创造性破坏”论

早已故去且被人遗忘了很久的哈佛经济学家约瑟夫·熊彼特（Joseph Schumpeter），20 世纪 80 年代又被重新搬了出来。他曾经预见到，在经济生活中唱主角的是有冒险精神的企业家。你会发现近来发行的商业期刊中，大都有“企业家”一词或其派生词。他认为，资本主义是“难以驾驭、起破坏作用的一种不安定而非均衡”的制度。他在《资本主义、社会主义和民主》（*Capitalism, Socialism and Democracy*，1942）一书中提出，资本主义是“创造性破坏”的过程。“企业家们创建新的工业以更新换代，伴随而来的必然是痛苦和不安”。20 世纪 80 年代，各种收购之风盛行一时。收购方常引用熊彼特的话来为自己开脱，认为他们的收购行为及所获得的利润是净化资本主义制度的行为。

对于有心变革但安于在公司打工、缺乏勇气自己出来创业的 MBA 们来说，理论家们也给他们起了个具有安慰奖性质的新名词，称之为“公司内企业家”（intrapreneurs）。

加尔布雷斯和自由观点

约翰·肯尼斯·加尔布雷斯（John Kenneth Galbraith）这位哈佛的经济学家，在理论上虽无大的建树，却以善做振奋人心的演讲和推销自己的专著在经济界大有其名。1951 年，加尔布雷斯为工会写了本大作，名为《美国资本主义：控制权力的概念》（*American Capitalism：The Concept of Countervailing Power*）。在《富裕社会》（*The Affluent Society*，1958）一书中，为了服务公众的利益，他呼吁国家经济降低对生产的过分依赖。而在另一本

《新工业国》（*The New Industrial State*，1967）中，他评论说，美国应逐渐向社会主义过渡。

亚瑟·奥肯和奥肯定律

亚瑟·奥肯（Arthur Okun）和菲利普斯一样，都致力于研究经济增长和失业问题。奥肯供职于耶鲁大学，是肯尼迪和约翰逊时期美国总统经济顾问委员会中最具影响力的经济学家之一。他发现，较高的经济增长率伴随着较低的失业率。对以往的数据分析也表明，实际 GNP 每增长 2.2%，失业率下降 1%。这一拇指定律被 20 世纪 60 年代华盛顿政府广泛地用来解释其刺激经济发展政策的合理性。

亚瑟·拉弗与 20 世纪 80 年代供给经济学派

亚瑟·拉弗（Arthur Laffer）是 20 世纪 80 年代最著名的供给经济学派的学者之一。供给学派认为，削减税收对刺激经济增长起着关键作用。政府的鼓励性税收政策及削减开支政策引起的储蓄增加，是促进经济发展的关键因素。个人和公司留存的收入越多，他们越愿增加储蓄或投资新项目，最终使得经济高效率地发展。劳动生产率的提高，增加了供给水平，创造着更多的财富，促进经济更高速地增长。

拉弗是在南加州大学研究并提出了用于解释税率对经济发展的刺激效应理论的。这一理论被人们称为**拉弗曲线**（Laffer curve，见图 8.7）。该曲线对里根政府 1981 年决定降低税率起了关键作用。他的理论是，税收总额与税率二者关系密切。拉弗曲线表明：税收总额随税率增加而增加，但当超过某一点时，再提高税率则会减少税收总额。高税率造成大家用欺骗的办法逃税，高税率阻碍人们工作的积极性。如果税率太高，减少之则能鼓励人们多劳多得。这样，尽管国家征收每一美元应纳税收入的边际税收减少了，但最终仍会使税收总额增加。拉弗理论的问题是过于抽象。从理论上讲，是应存在一个最佳税率，但无人知道这一最佳税率究竟是多少。

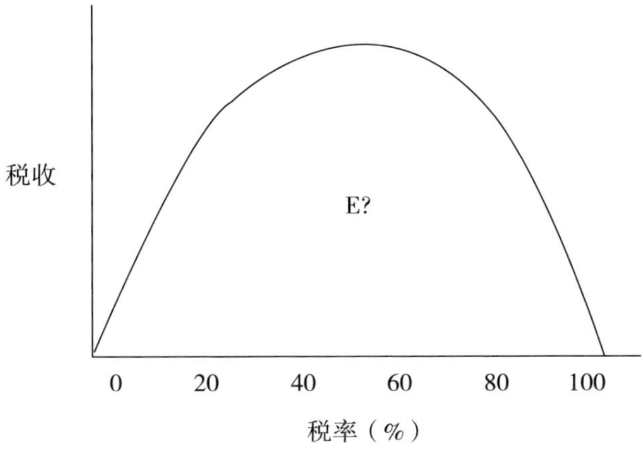

图 8.7　拉弗曲线

里根时代，供给经济学派其他的代表人物还有：乔治·吉尔德（George Gilder）［《富与贫》（*Wealth and Poverty*，1981）］和祖德·万尼斯基（Jude Wanniski）［《世界运转方式》（*The Way the World Works*，1978）］。

加里·贝克尔（Gary Becker）与行为经济学

加里·贝克尔是经济学家中首先将经济理论应用到社会学概念中的学者之一。他认为，人类的很多行为都是理性和追求效益最大化的。他的主要研究领域涉及种族歧视、犯罪、家庭结构、药物依赖。芝加哥大学教授同行史蒂文·列维特（Steven Levit）所著《怪诞经济学》（*Freakonomics*）一书，引起了大家对这一研究领域的关注。

国际宏观经济学

更广义地讲，涉及国际竞争大市场的宏观经济学，是商学院里 MBA 们最喜欢的一门课。随着全球经济的一体化，国际经济学成了 MBA 主修课程中最重要的一部分。为显得更国际化些，美国前几所名校在招收新生时还特别注意每班混招一定比例的外国学生。

国家比较优势

1817 年，大卫·李嘉图（David Ricardo）在他所著的《政策、经济和税收原则》（*Principles of Policy, Economy and Taxation*）一书中，勾画出了比较优势（comparative advantage）原则，即一国的比较优势在于该国能以低于其贸易伙伴的成本提供某种产品。由于土地、劳动力或良好气候环境的优势，从理论上讲，各国应最大限度地生产各自效率最高的产品。即使某一国家也能以相对于别国的绝对低的成本生产出其他产品来，该国仍应集中精力最大限度地生产效率最高的产品。虽然在葡萄牙羊毛和葡萄酒的成本绝对地低，但李嘉图提议，葡萄牙出口葡萄酒给英国，而从英国进口羊毛。这个建议的合理性在于，葡萄牙总的生产能力是有限的，而生产葡萄酒的效率比生产羊毛高。因此，葡萄牙的生产能力最好都用来生产葡萄酒，而从英国进口羊毛。

在美日贸易关系中，美国应充分利用其生产食品成本低的优势。美国有大量优良的可耕地、机械设备、化肥、技术经验和人员，美国农场的劳动生产率是日本的 3 倍。另一方面，日本则擅长制造电器和汽车。从理论上讲，如果世界上仅有两个国家，美国就应该停止所有电器的生产而将重心转移到生产食品上来。反过来，日本也就将效率不高的食品制造业关掉。而实际上，由于考虑各自国家的特殊利益，促成了国家建立贸易壁垒。这些都阻碍了比较优势的充分发挥。贸易壁垒中的进口税、进口配额或其他贸易规定，都是政府试图保护国内工业和就业所采取的措施。MBA 商学院历来认为，关税和贸易壁垒是“劣”招，而自由贸易对经济长期的增长更为有利。

国际收支

正如公司通过财务报表记录业务的经营情况一样，国家按照**国际收支**（Balance Of Payments，简称 BOP）会计原则来统计本国的国际业务来往。国家以 BOP 记录下本国和他国的债权、债务关系，这和会计中的现金流量表类似。国际收支会计原则显示的是一段时间内**外汇**（foreign exchange）的变化。外汇是指可用来进行国际支付的现金、黄金储备等具有流动性的资产。

外汇来源	外汇用途
商品出口	商品进口
外国旅游者境内花费	本国居民境外花费
国内运输部门收取外国人的费用	本国居民付给外国的费用
特许使用权收入	支付境外特许使用权费用
国外投资收入	支付境外利息、股息
接受外国政府援助款	本国政府援助外国款
私人汇入本国资金	私人汇出境外资金
外债增加	境外资产增加

上面包含的各项来源和用途，是外汇明细账中最常见的几项。当然，毒品买卖和走私生意是没有统计在内的。

值得注意的是，舆论界通常忽略报道国际收支的总体画面，而仅仅将焦点集中在**商品贸易逆差**（merchandise trade deficit）上。人们可以轻易地指出诸如 2010 年美国贸易逆差高达 6 500 亿美元的事实，舆论界也把它炒得如同末日来临一般。实际上，记者们忽略了美国在贸易服务业上还有 1 500 亿美元顺差，这类服务指的是咨询业、工程，以及高达 1 600 亿美元的净投资顺差。

综合考虑之后，在全国高达14万亿美元的经济规模中，净贸易赤字其实仅有3 400亿美元。

一个国家拥有足够的外汇是非常重要的。2008年津巴布韦货币崩溃，就是源于中央银行外汇储备不足，承受不了居民的大量兑换。当外国人去银行兑换美元时，中央银行用光了全部的外汇，于是大家只好抛弃手中已无兑换能力、一钱不值的津巴布韦币。

汇率和购买价格平价

汇率（exchange rate）是指一国的货币换成另一国货币时的比率。2011年，1美元可以兑换6.5元人民币、80日元、0.66英镑、0.68欧元。20世纪80年代早、中期时代，美元更值钱，美国人到欧洲旅游时发现，手中的钱很值。21世纪以来，美元减弱，美国人再去欧洲旅游就变贵了。是什么使一国的货币较另一国货币更有价值？答案是古老的供求关系。国际上做外汇的交易员在预测世界货币升浮不定时，都牢记着以下4种因素：

1. 买卖用于支付产品和劳务的货币需求。

当美国有购买法国葡萄酒的需要时，进口商卖出手中的美元，购买法国法郎，以用法国货币支付货款。

2. 有投资吸引力的货币需求。

相对较高的美国利率，促使外国投资者购买债券。

相对较高的经济增长率，促使外国投资者购买美国股票。

3. 时局动荡时对避风港的需求。

战争或动乱之时，投资者寻找购买政治稳定国家的货币。例如，1991年海湾战争期间，投资者认为在不稳定的日子里，美国比其他国家都稳定一些，所以购买美元。而2003年伊拉克战争后，投资者开始购买欧元。

4. 相对于其他国家的低通胀率。

1987 年，美国的通胀率是 3.6%，而黎巴嫩的通胀率是 723%。这反映了当时黎巴嫩内战的混乱。由于黎国货币迅速贬值，黎投资者很自然地希望持有美元。**购买力平价**（Purchasing-Power Parity，简称 PPP）指的是经调整通货膨胀之后各国货币之间的价值。如果 A 国的通胀高于 B 国，则下调 A 国的货币以补偿每年的价值损失。在黎巴嫩 1986 ~ 1987 年内战期间，汇率从 1 美元兑换 38 黎镑变成兑换 496 黎镑。由于通胀损失，黎货币贬值了 1 205%。2011 年，由于长期通胀和政局不稳，1 美元可兑换 1 510 黎镑。状况极差，但津巴布韦更糟。

对从事国际贸易等相关业务的公司来说，汇率变动对它们尤为重要。若签订合同之后到结汇时汇率发生了变化，由于货币汇率变更，原先估算的利润有可能损失殆尽。设想一个美国农民欲向日本市场出售价值 1 美元的牛肉。按照 2004 年的汇率，他应收对方 110 日元，预计有 5% 的利润。但当他收到钱时，由于汇率变化，却需要用 150 日元买回同样的 1 美元。虽然日方仍支付 110 日元，汇率变动却造成了美元购买力损失 36%。公司和个人则通过期货和期权市场来冲抵，即用套期保值手段，来避免这种汇率损失。这和“金融”一章中讲到的内容一致。

汇率机制

汇率的确定受制于一国的汇率机制。如果采用的是浮动汇率，该国的货币受上面提到的几个因素影响自由上下波动。采用固定利率的国家，该国政府通过调整利率或者买卖他国货币，维持本国对美元、欧元或者一揽子货币的汇率不变。大家称之为联席汇率制（pegging）。根据布林顿森林机制，在 1945 ~ 1971 年间，美元紧盯一定量黄金，其他货币再紧盯美元。又由于多国采用浮动汇率自由兑换，这一机制于 1971 年终止。

任何一个国家都不可能随心所欲调整本国货币。有一种说法叫“办不到的三部曲”，政府只能从下面 3 项中选两项：

>独立的货币政策

>固定汇率

>放弃资本监管

例如，如果一国选择固定汇率，该国须放弃独立的货币政策或者实施资本管制，维持固定汇率紧盯其他独立货币。在市场波动的时候，如果一国采用固定汇率，其维持汇率固定的成本就很高。当固定汇率出现问题，如 1994 年的墨西哥和 1998 年的东南亚，货币就会出现危机，回归货币本身真实水平，引发贸易和投资的中断。

将国内利率、国际资本流动和汇率议题综合在一起，芝加哥大学的格里高利·曼昆（Gregory Mankiw），归纳出了图 8.8 所示的世界经济体系图。

每一个国家，以美国为例，对贷款的供需决定着国内实际利率。该利率是基于存款人和贷款人的各自要求得到满足、在供需平衡时确定下来的。

国际市场对投资美元的回报是否有吸引力则意见各异。国家风险、国际贸易对该币种的需求、利率本身决定着流入该国的净资本。资本的流出为国家货币市场提供了美元。国际市场对美元的需求以及市场的供给情况，确定了美元的汇率。

如图 8.8 中所示，在全球宏观经济体系内，国内利率、资本流动和汇率三个变量互动并同时起着作用，围绕着均衡点不停地变化。简而言之，这就是宏观经济学。

国情分析

在预测一个国家未来的发展时，商学院常向 MBA 们讲授分析问题的方

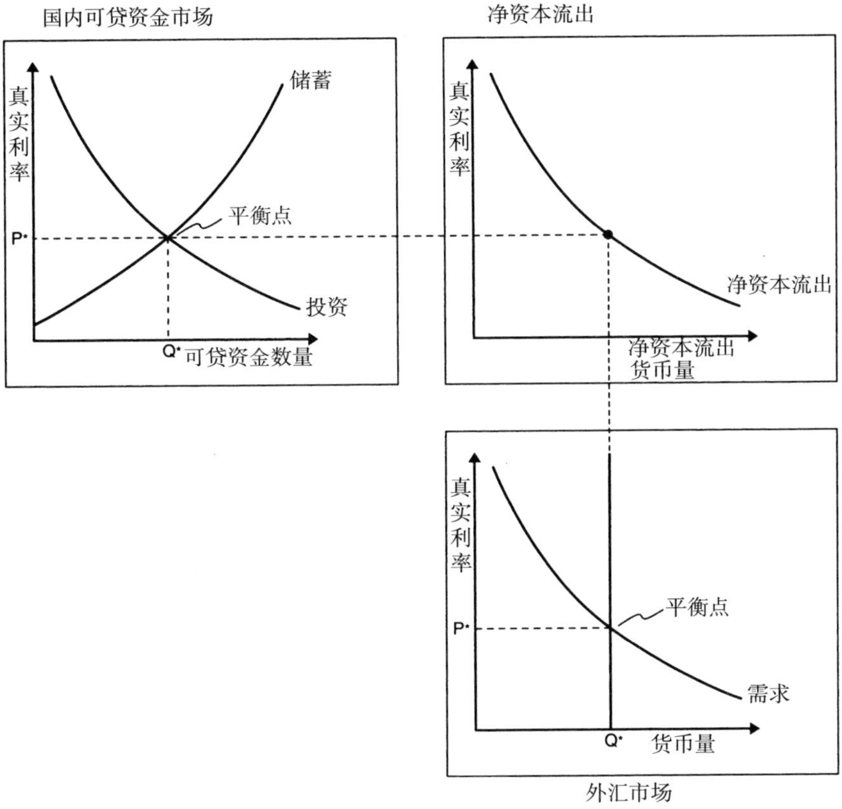

图 8.8　世界经济体系图

法。由于商学院大都倾向于将 MBA 们培养成大型跨国公司的总裁，所以必须教会这些未来的工业巨头们如何评估国外的投资机会。

国情分析（country analysis）是由哈佛商学院最先形成的。这种分析方法共分 4 个步骤。通过这种方法将所有经济、社会、政治和地理的已知数据综合在一起，对之做详细的分析。

1. 分析历史业绩。

外部测量：国际收支、汇率。

内部测量：

总体：GNP、通胀、就业。

供给：利率、投资、生产能力。

需求：消费、收入分布。

社会：人口迁移、人口增长、教育。

2. 确定国家的战略。

目标：自治、劳动生产率、公平。

政策：财政、金融、贸易、社会。

3. 分析国家的内在因素。

国家实力：大小、人口、地理环境。

政治：政府类别、稳定性、腐败程度、领导人。

机构：政府部门、商业、劳动力、宗教、农业。

意识形态：政府职能、家庭、文化、个人主义。

国际地位：贸易优势、竞争性。

4. 参考1、2、3做出预测。

参照上面的方法，让我们具体分析一个高负债、政治问题缠身的国家。就拿美国来说吧，假设时间回到1990年，你是苏黎世银行的银行家。你正在考虑是否将客户托管的资金，作为全球投资组合的一部分，投到美国。下面是MBA做决策之前所做的分析。

1. 分析美国历史业绩

外部测量：1990年，美国的贸易逆差已从1987年的1 500亿美元降至600亿美元，美元对其他主要货币呈小幅度持续减弱的趋势。过去的5年中，通货膨胀被稳定地控制在2%～5%的低水平，而且没有升高的迹象。这一期间的失业率也较低，每年在5%～6%之间。

内部测量：就美国5.4万亿美元的经济规模而言，GNP的增长较慢，为1%。美国的经济规模居世界第一位，是日本的2倍、德国的4倍、英国的

7 倍。

供给方面：利率持续下降，最优贷款利率在 8% ~9% 之间。鉴于通货膨胀较低，此利率显得过高。

需求方面：1990 年美国的个人消费已显示出小幅度稳定增长势头，但仍存在收入分配不均的问题。同以往相比，涉足劳工市场的人数有所减少。

社会方面：人口无大量的涌入或迁出。同富裕的工业国一样，美国的人口出生率低，人口增长率几乎为零。虽然所有的儿童都可享受义务教育，但成年人和年轻人中仍有较多的文盲。

从上面收集的数据中可以看出，美国经济增长过缓，存在一些问题，但不致命。由于有可以炫耀、值得骄傲的历史，下一步则要看美国领导人想把国家带往何方。

2. 确定战略

目标：美国在世界事物中占主导地位。在经历过 1981 年和 1982 年的经济衰退之后，美国政界和商业界人士都强调，要集中精力提高美国工业的劳动生产率。自 1983 年普遍采用自动化技术、推广新的管理方法及裁减人员等措施之后，工厂的劳动生产率以每年 3.1% 的速度提高。华盛顿的领袖们强调“细水长流”的经济政策。这一理论的设想是，如果经济运行良好，大家都将得益。

政策：1990 年政府未采取限制支出的财政政策，预算赤字仍然维持在较高的 2 200 亿美元水平上。10 年来，入不敷出的财政状况使得政府外债又增加了 2 万亿美元。1990 年，政府每 1 美元的税收中有 14 美分用来偿还当年外债的利息。由独立的联邦储备委员会监管的财政政策，采取了控制货币供给的限制性措施，以保证低通货膨胀、高利率。由于美国以自由贸易国自诩，联邦政府未采取通常的贸易政策，而是根据情况个案处理。

3. 对美国整体的分析

国家实力：美国是世界上的强国之一。自然资源丰富，但石油和某些金属依赖进口。

政治：美国政府是世界上公认的政局稳定的民主体制政府。美国是一个由中央政府和50个州共同分享权利的联邦制国家。虽然也存在腐败，但警觉的新闻界已把这种现象压到了最低水平。

机构：美国是发达的工业国。政府机构中的各部门以及商业、劳工、宗教和农业部的运转方式，与发达国家的机构一样。

意识形态：美国人认为，政府是为公众服务的机构。宪法中明确规定了个人享有政府不可侵犯的“权利”。美国文化充分反映了其移民历史和资本主义经济体制。美国社会多元化，拜金主义盛行。

国际地位：美国是世界上最大的消费国，在世界贸易中处于主导地位。低通货膨胀和稳定的美元，使美国能继续维持强国的地位。

4. 预测并做出投资决定

你的分析和预测也许会是下面的结果：和瑞士一样，美国是一个稳定的工业化国家，正处在经济发展周期中的缓慢增长阶段。经过分析之后，我建议：我们苏黎世银行应继续保留在美国的业务。我行在美的投资应主要集中在股票和债券市场上。我很难为客户找到其他比美国更好、更安全的投资地。但我认为，1990年美国会进入为期两年左右的经济衰退期，衰退之后的恢复期也会较长而且速度较慢。

MBA所做的以上预测对你来说肯定是很有启发的。

作为银行家，如果我对将来做出了多种预测，MBA们就称之为方案分析（scenario analysis）。用同样方法收集来的数据，人们分析的方法不同，预测的经济前景也就不同。精明的经理们是会事先准备好发生不测时的应急方案的。

国情分析可以说是一种将一个国家大量的经济数据收集起来进行分析的多用途工具。上面介绍的就是跨国公司董事会用以研究公司战略，以及世界上最优秀的投资机构的经济研究部门分析问题时所采用的方法。

经济学总结

总之，MBA 应掌握的最基本的宏观经济学和微观经济学的内容并不像你想象得那么复杂。

微观经济学：在某一均衡价格，需求和供给相等。消费者尽量降低机会成本，同时使利润边际效益和边际效用最大化。如果消费者对价格变化有反应，经济学家则称这种行为为弹性。

宏观经济学：凯恩斯学派认同政府及消费者支出和消费的正面作用，弗里德曼和他的货币学派则坚信对货币供给的控制能起到好的作用。两大阵营均有各自正当的理由，但在解释经济如何运作时，都没有绝对的说服力。双方意见统一的是，都认为在某一均衡价格下供需相等。

国际经济学：世界各国以“国际收支”的会计原则跟踪着各自经济的运行情况。若治理国家有方，该国的通货膨胀就会低，经济会持续增长而且稳定，外汇储备能保持较高水平，本国货币价值稳定。如果不是这样，该国的经济就会像黎巴嫩一样陷入泥潭。

好了，现在你就可以用所学到的方法，预测你感兴趣的国家今后经济发展的情况了。

需要掌握的主要词语

微观经济学（microeconomics）——研究个人、家庭、公司以及行业的经济行为。

宏观经济学（macroeconomics）——研究有关城市、国家或世界性的经济行为。

均衡（equilibrium）——市场价格起决定性作用，供给总量和需求总量相等的平衡点。

边际收益与成本（marginal revenue and cost）——销售每一新增加单位产品所带来的收入和发生的生产成本。

弹性（elasticity）——因产品的价格发生变化所引起的购买者需求的变化。

市场结构（market structures）——由销售者数量和产品特性确定的某一行业中的竞争环境。

凯恩斯学派（Keynesian theory）——支出和消费是经济的主要驱动力量。

货币学派（monetarist theory）——货币供应的规模和增长决定了经济的增长。货币是世界运转的动力。

国民生产总值（gross national product）——经济体在某一时期内生产的产品和服务的总量。

消费乘数（the spending multiplier）——流通资金的经济波动作用：一个人的消费是另一个人的收入。

财政政策（fiscal policy）——政府的资金支出政策。

金融政策（monetary policy）——政府控制资金供应和利息率的政策。

亚当·斯密（Adam Smith）——一位在《国富论》（1776）中描绘了资本主义制度下存在“无形的手”的经济学家。

亚瑟·拉弗（Arthur Laffer）——一位发明了拉弗曲线的经济学家，这一曲线阐述了较低的税率将为国家带来较高的税收。

国际收支（balance of payments）——对一个国家外汇收支的统计结果。

国情分析（country analysis）——在整理经济数据基础上系统地分析一个国家未来前景的理论框架。

第 9 天 战　略

- 7S 要素模型
- 价值链
- 一体化及拓展战略
- 行业分析
- 竞争战略
- 兆示
- 投资组合战略
- 全球化
- 协同效应
- 渐进主义

在 MBA 课程中，战略是最令人神往的一门课，因为它提供机会，将你掌握的所有新技能付诸应用。大多数教授坚信，战略课应在完成了大部分必修课后再讲授，原因是它需要 MBA 课程中所有学科的背景知识。战略课将 MBA 们置身于公司董事长的位置，而 MBA 们是喜欢这种感觉的。教我战略课的教授曾说，对战略概念的领略会改变你观察企业的方法。战略思维是对一个企业及其所属行业、竞争及对手和长、短期经营环境的综合分析。归根结底，战略是一个公司实现其目标的规划。

公司管理层常常对他们想要干什么或怎样干不甚了了。每当此时，他们在会议室内的讨论就会类似于刘易斯·卡洛尔（Lewis Carroll）所著《爱丽丝梦游仙境》中的一幕：

爱丽斯：请你告诉我，从这儿我该往哪里走？

柴郡猫：这要看你想去哪儿？

爱丽斯：去哪儿我并不介意……

柴郡猫：那么，你往哪儿走都无所谓了。

公司需要有深思熟虑的战略规划，否则，将不可避免地成为市场的牺牲品，而不是左右市场的胜利者。

作为组织组成部分的战略：7S 要素模型

战略规划不可能在真空中形成，而必须适应于组织，正如促销计划必须适合于相应的产品一样。战略规划包括两个特性不同的阶段：制定和执行。战略家在设计战略规划时要考虑执行的问题。托马斯·J·彼得斯（Thomas J. Peters）在《追求卓越》（*In Search of Excellence*）一书中创立了 7S 要素模型。该模型指出，战略必须紧密地融入组织之中。实际上，这一模型是彼得斯、罗伯特·H·沃特曼（Robert H. Waterman）以及朱利恩·R·菲利普斯（Julien R. Phillips）共同创立的，但由于彼得斯口才出众，通常认为他是这一模型的创立者。7S 要素模型为通盘考虑公司事务提供了一个框架，以便诊断公司的问题，制定和执行相应的战略。如果一个战略需要大幅度调整现有组织，即称为**重构**（reengineering）；反之，即称为**组织性调整**（organizational tinkering）。7S 要素包括：

- 结构（structure）
- 系统（system）
- 技能（skill）

- 风格（style）
- 员工（staff）
- 首要目标/共同价值观（superordinate goal/shared value）
- 战略（strategy）

图9.1展示了影响一个组织变革能力的诸多因素的**多样性**（multiplicity）和**相互关联性**（interconnectedness）。该图的另一显著特点就是，它“没有起始点或隐含的等级关系”。在任何一个组织中，不同的因素使经营得以运转，在一个“卓越”的组织中，每一S要素都与其他S要素互为补充，一致地促进公司目标的实现。这与第一章中所述的促销计划并无根本的区别，即**内部一致**（internally consistent）和**互为支持**（mutually supportive）。7S要素模型是一个有益的工具，可帮助你理清思路，进而界定并有效地解决复杂问题。

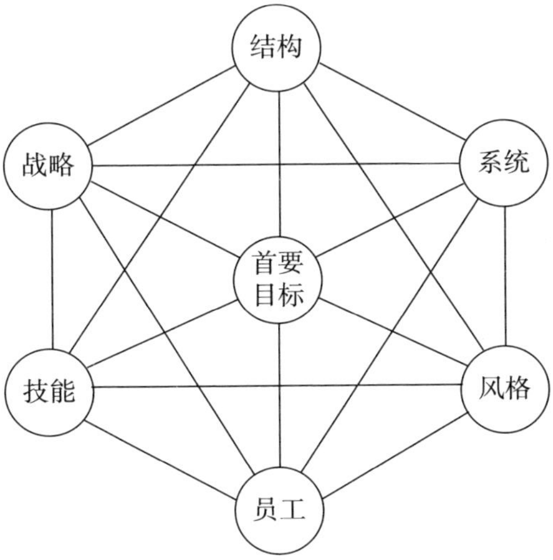

图9.1　7s要素模型

资料来源：*Business Horizons*, June 1980. © 1980 by the Foundation for the School of Business at Indiana University. Used with permission

如果你回顾一下“组织行为”一章里展示的**基础组织模型**（basic organizational model），对7S要素模型你会觉得似曾相识。战略理论家们从MBA其他课程中借用了许多思想和概念并加以综合。于是，这里既出现了同样的S要素，也有某些增补和删除。

结构

一个公司的结构会影响其战略规划及变革能力。组织行为学曾讲过，一个公司的结构可以客户或地域为焦点。例如，一个公司如果决定改变其战略，以更好地关照客户，就需要采用以客户为重点的结构，将公司所有的技能用于满足客户的特殊需求。假定有一家电动工具生产厂商，出于竞争需求，需将生产、销售、财务分开的功能形式，转变为具有两个客户部门的组织形式，其中一个部门为家庭消费者服务，另一个为工业客户服务。这两块市场有着不同的需求，通过上述两个核心部门可以有效地给予满足。在特殊情况下，还可以建立类似矩阵式的临时性结构，组成项目小组，专门从事新产品开发。

战略

战略是一个公司针对或预期其外部环境、客户或竞争对手所发生的变化而计划采取的行动。一个公司能够采用的一系列不同的战略，是本章的重点。

风格

听起来像是基础组织模型中的一个新添要素，但这一S要素更多的是与文化相关。文化或风格是长期向整个组织的所有人员所传递的行为、思维、信念和象征的总和。鉴于一个公司的固有文化很难改变，制定新战略时考虑这一因素就显得十分重要了。如果一个消费品公司一向保守，势必需要尽全力使自己相信一件新产品的功效或活力。历史上，宝洁公司被认为是创新节奏慢的公司，但近来已有变化，该公司在向全国推出其Bounce牌织物柔软剂之前曾用数年时间进行市场测试。与此对照的是，现在仅用数月就将新产品在全国上市。

员工

没有热血之躯，也就没有公司的存在。彼得斯所讲的员工，实际上指的是人力资源系统，它包括员工的评审、培训、工资，以及诸如动机、士气和态度等无形的精神因素。如果员工们斗志昂扬，公司就有能力去应变和竞争。高层管理者常常忽视这一因素，一是因为觉得它并非那么重要，再就是它有太多“感性”的东西，“让人事部门去应付这些事”是最常见的一种态度。但是，这一软性要素是至关重要的，因为没有员工的合作，一个公司何以有能力获得成功！

技能

这一要素与员工紧密相连，是一个公司所拥有的独特的能力与才干。技能的范围广至一名员工会讲西班牙语、对统计学的理解，或会使用计算机等。有些公司在某些特定领域非常出色。杜邦和3M公司以其卓越的研发能力而著称；IBM和通用电气公司的强项是，为其产品提供出色的服务支持；国际性公司需要懂外语并对其他风俗、文化有深入了解的员工。以美国运通公司为例，它获取这些能力的途径是雇用所在市场当地的有识之士为自己服务。

系统

一个组织运营、收集信息的正式和非正式的方法步骤，构成了公司的系统。如上所述，彼得斯将与人事有关的系统列为员工的一部分，当然这里所讲的S因素，与资金、物料的配置和监控以及信息的收集系统不无关系。

当一个公司在市场上面临重大挑战时，管理层必须拥有关于其运营、客户及其竞争对手的详细数据，以判断形势的严重性。管理会计系统提供有关生产成本和利润的经营数据；市场研究和销售跟踪系统提供有关客户的信息；竞争情报系统则提供其他公司动态的消息。

首要目标

最后的这一要素是任何组织的核心所在。按照彼得斯的说法，“首要一词的词义是位高一等”。首要目标是那些超乎一般公司日标所表述的指导性概念，诸如价值观、理想等往往不同于纸面的内容。“首要目标是一个生意赖以构筑的基础概念。”例如，1980年彼得斯写道，惠普公司的首要目标是“在组织的各个层次上都有创新人员”，3M的首要目标是生产“新产品”，而IBM的首要目标则是“服务客户”。

使命宣言

在公司谈及目标时总要提及**使命宣言**（mission statement）。使命宣言应该是对公司目标和工作重点的一个准确而简短的表述，遗憾的是，这些宣言大多是冗长、乏味而枯燥的公文。当高级管理人员从某个著名商学院昂贵的管理培训班学成归来时，他们大多会成立一个专题小组或外聘咨询人员负责起草使命宣言。这种做法含有很大的“低水平攀比”味道。如果一个公司在其年报中包括了一个使命宣言，那么所有的竞争对手也都会转而编制他们各自的使命宣言。克莱斯勒和金宝（制汤）公司年报中的使命宣言可谓出类拔萃：

> 克莱斯勒的首要目标是使客户满意。我们通过高超的工艺、创新的产品、优良的品质和出色的服务，来实现这一目标，而且我们是作为一个团体来实现这一目标的。我们的目标是，通过为消费者提供品质和价值超群的食品，来实现利润和股东价值的最大化，并在我们所竞争的每类产品中建立或确保第一或第二的地位。

两公司的目标都是明确的。克莱斯勒侧重于让客户满意，而金宝的主要目标是让股东满意。使命宣言的用词通常都是精心雕琢的，以期向特定时刻的重要群体传递信息。克莱斯勒的重点放在获取更多销售。金宝是由多兰斯（Dorrance）家族控制的，在编制宣言时，该公司的管理被认为只是为了该家族的利益，而不是为了广大股东。除了编制过程中的政治因素外，如果一个公司尚无自己的首要目标，使命宣言即可成为一个有益的代用品。

7S 要素模型范例

当一个公司所有的 S 要素步调一致地运行时，这个公司会成为一个强有力的竞争对手。苹果电脑公司早年的成功，可以说是源自其 S 要素间的平衡。其创建者为公司树立了一种企业家风格，这一风格吸引了一批最聪明且最具创造性的员工。公司创建者们凭借他们一流的技能，采用一种宽松的矩阵式结构组织苹果公司，这种结构十分适合员工的个性以及新产品开发。此外，苹果公司还开发了一套后配系统，以奖励创新并跟踪运营情况。这些奖励支持了苹果公司强调兴趣与团队精神的共同价值观，进而实现了其首要目标——将最好的、方便用户的电脑提供给每一个家庭。苹果公司的战略是，为家庭、学校和制图部门创造独特的、方便的系统，所有的 S 要素相互配合和支持首要目标。

你不妨对自己喜爱的公司进行一下分析，把上述 7S 要素列在一张纸上，并由此深入钻研进去。一个拥有 MBA 学历的战略咨询人员，将会像你一样使用 7S 要素模型。但咨询公司的研究报告会附有花哨的电脑图表，装订精美且收费不菲。

价值链和一体化

当一位 MBA 开始对一个公司进行战略分析时，首先要了解的一个问题就是：这个公司是做什么生意的？价值链和一体化有关概念有助于解答这一问题。

价值链

在上述基本问题得到解答后，战略分析的下一步是评估公司对其产品所增加的价值。服装行业的价值链是这样的：

羊毛/棉→纤维→纱线→布匹→服装→分销→零售→消费者

在链中的每一个环节，阶段参与者随着产品逐步接近消费者，都给产品增加一定价值。首先，原材料必须有人生产、收集或开采。这些生产要素——羊毛、棉、化工品——逐一加工，最后制成服装。服装生产出来后，市场营销人员必须进行促销、宣传，分销商必须运输，零售商必须将其卖给消费者。

一体化

前向和后向一体化

一个公司可以在价值链上的任一环节从事活动。一个公司在价值链上进一步向下游领域拓展经营，称为向消费者方向**前向一体化**（forwardly integrated）。例如，一个果园经营者种植并向公众出售水果，他就是向购买者前向一体化。他可以决定以低于商店的价格或按与商店相同的价格出售，以赚到更多的利润。

如果一个公司在与原材料较接近的领域经营，称为**后向一体化**（backwardly integrated）。国际纸业公司拥有自己的林场和纸张生产设施，即属于后向一体化之列。

一个公司属于前向还是后向一体化，取决于你是在价值链上哪一点来观察它的。如果你认为一个果园经营者是以种植为主，那么你就会认为他的上述做法是在向链中的零售环节前向一体化；如果你认为其主业应是零售水果，那么你可以说他是后向一体化，因为他种植自己出售的产品。国际纸业公司的林场业务是后向一体化，而其消费用纸品的生产和批发又是前向一体化之举。

林场←后向一体化←**国际纸业公司**→前向一体化→消费用纸品

纵向与横向一体化

不同行业也可以从纵向和横向的角度来观察。**纵向一体化**（vertically integrated）可用来描述那些在一个行业价值链中参与许多不同层次活动的公司。国际纸业公司属于纵向一体化，因为它同时拥有林场和造纸厂。这个名词可同时用于前向和后向一体化的公司，其关键点在于，一个公司同时从事几个增加价值的职能。

1998 年克莱斯勒公司买下美国汽车/吉普公司（AMC）时，它在价值链的同一水平上收购了一个竞争对手，这叫作**横向一体化**（horizontal integration）。克莱斯勒总裁李·艾柯卡选择了不进入另一个增加价值的领域，相反，克莱斯勒向侧翼或水平方向发展。如果克莱斯勒买下的是美国钢联公司（USX）［前美国钢铁公司（U. S. Steel）］，它将被横向一体化。假定如此，克莱斯勒在其汽车工业的制造领域将会增加一个新的价值功能。

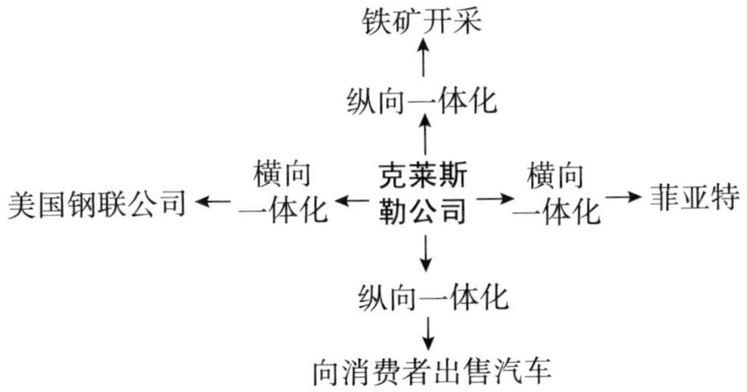

战略分析家通过分析各行业的价值链，来确定目前及今后的竞争渊源。当化工公司追求高利润时，它们通过前向一体化进入高附加值产品领域，例

如，生产布匹或地毯的纤维产品。由于像杜邦这类公司的介入，价值链中纤维环节的竞争变得更为激烈。同样，把价值链中生产、分销和零售环节全部一体化了的服装公司，将使本来已经充满竞争的服务业面临更多的竞争压力。

一体化战略能够带来明显的益处，诸如确保原材料供应和低成本。但不利之处是，“公司所有的鸡蛋全放在了一个篮子里”，致使公司对单一行业的波动承担过高的风险，“覆巢无完卵”嘛。在不景气时，如果原油供应商就是埃克森自己，那么埃克森炼油厂就不可能从原油供应商处索取优惠。同样，通用汽车公司也不可能向客户倾销其过剩的库存发动机，因为唯一的客户就是公司自身。

战略的层次

战略是一个含义甚广的词，通常用来描述决定总领“全局”的思维和策略。但实际上，其含义要远为复杂。战略可以在 3 个不同的层次上考虑：

- 职能战略（functional strategy）——与所从事的价值活动有关的战略。
- 经营战略（business strategy）——应付竞争的策略。
- 公司战略（corporate strategy）——应该进入什么业务领域。

开始战略思考时，你必须问自己：我是在哪个层次上考虑问题的，在职能层次、经营层次，还是公司层次？

职能战略

职能战略是管理层为其业务所选择的运营方法以及增加价值的行为方式。以菲利普·莫里斯公司为例，其职能战略是通过采用最先进的加工技术来降低成本。如果感到仅靠一个烟草供应商对自己并不牢靠，那么引入更多的供应商不失为好的职能战略。

经营战略

经营战略是一个公司在其目前所处行业中应对竞争的作战方案。

经营战略要比职能战略高一个层次，但一个公司如何运营、如何竞争，这两者之间显然是有交叉的。菲利普·莫里斯公司的经营战略是，将其众多的品牌挤占住商店的货架并斥巨资为其大做广告，以此赢得竞争。通过采用这些战略，大的烟草公司既保住了市场份额，也防止了新的竞争对手在其行业中占有一席之地。

公司战略

公司战略考虑所有的商业机会。菲利普·莫里斯公司更名为奥驰亚集团，以凸显其经营的多样性。公司战略使公司业务范围涵盖了从多样化烟草产品至消费产品的各个领域。该公司的高级管理人员在审视了烟草工业的发展潜力、外部法律环境及消费者不断增长的健康意识后得出结论，认为进入更“健康”的行业才是明智之举。它收购通用食品、卡夫食品、纳贝斯克公司及米勒酿酒公司，就是按这一公司战略进行的。2002年，奥驰亚集团又一改重视米勒品牌“健康”的态度，将该品牌卖给了SAB，成立SAB米勒。2009年，奥驰亚集团追求股东利益最大化，又将这些公司卖掉，其出发点还是担心烟草业给股东带来负面影响。公司战略是动态调整的。

拓展战略

学者们喜欢发明图表来展示他们的理论，并使之易于应用。一个最简单的战略图表就是**安索夫矩阵**（Ansoff matrix，见图9.2）。1957年，H·I·安索夫发明了这个图表，用以对商业拓展进行清晰的分类。确定战略分类的标准在于，产品对于公司的新鲜程度以及公司对于将要进入的市场的经验。所谓产品或市场的“新鲜程度”，是相对于进行战略考虑的公司而言的，而不是指产品或市场本身的年龄。

矩阵图的威力在于，它可应用于任何行业。安索夫为论述战略方向发明了一套简明的词汇。如果好时食品公司想在美国销售更多的巧克力，那就是一个**渗透战略**（penetration strategy），即现有产品、现有市场。如果它想在东欧销售巧克力，那就成为拓展战略，即现有产品、新市场。通过**相关多样化战略**（related diversification strategy），好时公司可开发新的泡泡糖产品在美国销售，即新产品、现有市场。如果它决定在尼泊尔销售汽车，即新产品、新市场，那就是**无关多样化战略**（unrelated diversification strategy）了。一个公司总是有许多的拓展选择，但问题是必须有足够的资金和时间进行管理，才能有效地拓展。假定好时公司的管理层决定在上述 4 个方向全面拓展，它们很可能面临一个许多业务无法充分管理的结果。一个高级管理人员一天只有那么多时间，即便经理们可以驾驭这些新企业，公司也可能缺乏足够的资金来支持这些拓展行动。

市场 \ 产品	现有	新
现有	市场渗透	相关多样化（产品开发）
新	拓展（市场开发）	无关多样化

图 9.2　安索夫矩阵

资料来源：*Harvard Business Review*. An exhibit from “Strategies for Diversification” by H. Igor Ansoff, Volume 35, No. 5 (Sept. /Oct. 1957). Copyright © 1957 by the President and Fellows of Harvard College; all rights reserved

行业分析

除了讨论拓展（一体化和多样化）的语汇之外，你还需要某些工具以协助制定生存战略。哈佛大学的迈克尔·波特提出了驱动行业竞争的 5 种力量，颇有助于公司在竞争的环境下生存。见图 9.3。他的著作《竞争论》和《竞争优势》实为战略思考的基石。如果你必须购买商业书籍的话，除本书外这两本书也是必买的。波特的理论可用来制定你现有业务的生存战略，或评估向其他行业拓展的“吸引力”。波特为分析决定行业竞争程度及其盈利水平的 5 种力量提供了工具。

驱动行业竞争的 5 种力量为：

- 替代品的威胁。
- 新进入者的威胁。
- 供应商的议价能力。
- 购买商的议价能力。
- 对手间的竞争强度。

5 种力量示例

让我们在锡罐行业中应用一下这个模型。由于各种力量的作用，该行业竞争极为激烈。该行业的钢材供应商可以向许多其他行业出售钢材。因此，制罐业在市场上没有太大影响。波特强调能力，即在价值链中一个参与者强迫链上其他人接受其意志的能力。

锡罐的用户主要是少数几个大食品加工商，用户可借助其势力，通过利

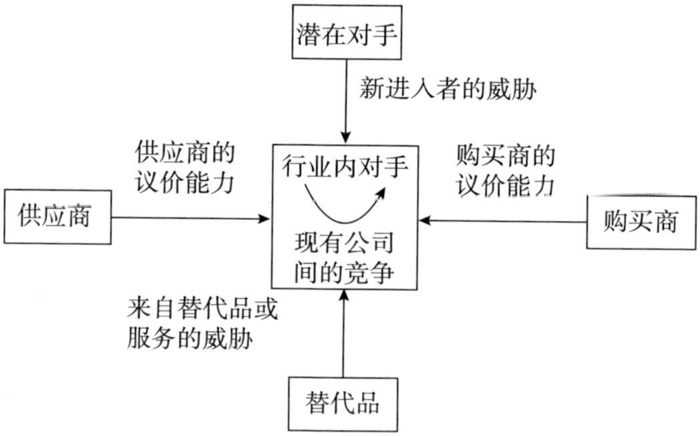

图 9.3 波特 5 种竞争力理论

资料来源：The Free Press, a division of Macmillan, Inc., from *Competitive Advantage: Creating and Sustaining Superior Performance* by Michael E. Porter. Copyright © 1985 by Michael E. Porter

用制罐业的竞争来强迫其降低价格。

像德尔·蒙特（Del Monte）这种规模的加工商，也可威胁用塑料包装替代罐装。许多食品加工商已经转而使用塑料包装。结果是，对罐装需求的萎缩使竞争更为激烈。

更为糟糕的是，**新进入者**（new entrant）可以轻易地买来制罐设备，制罐生产在较低的产量和成本上即可有效率地进行，这就使得该行业一旦利润可观的话，便有新的竞争对手加入进来。德尔·蒙特如果愿意的话，可以购买包装设备自制包装罐。由于生产技术随处可得且价格低廉，**进入壁垒**（barrier to entry）是很低的。容易进入，加大了行业的潜在竞争程度。

由于这 4 种力量使得行业竞争激烈，第 5 种力量，即现有公司间的竞争，也同样强而有力。销售人员对竞争情况了如指掌，因为他们往往从一个日见萎缩的客户群中争取订单。这种竞争力可能造成痛苦的价格战，在有些情况下，由于不惜一切代价争取客户，竞争对手会制定极低的价格而置利润于不顾。正如波特模型所展示的，5 种力量都向锡罐行业施加压力，从而形成该行业的竞争。详见图 9.4。

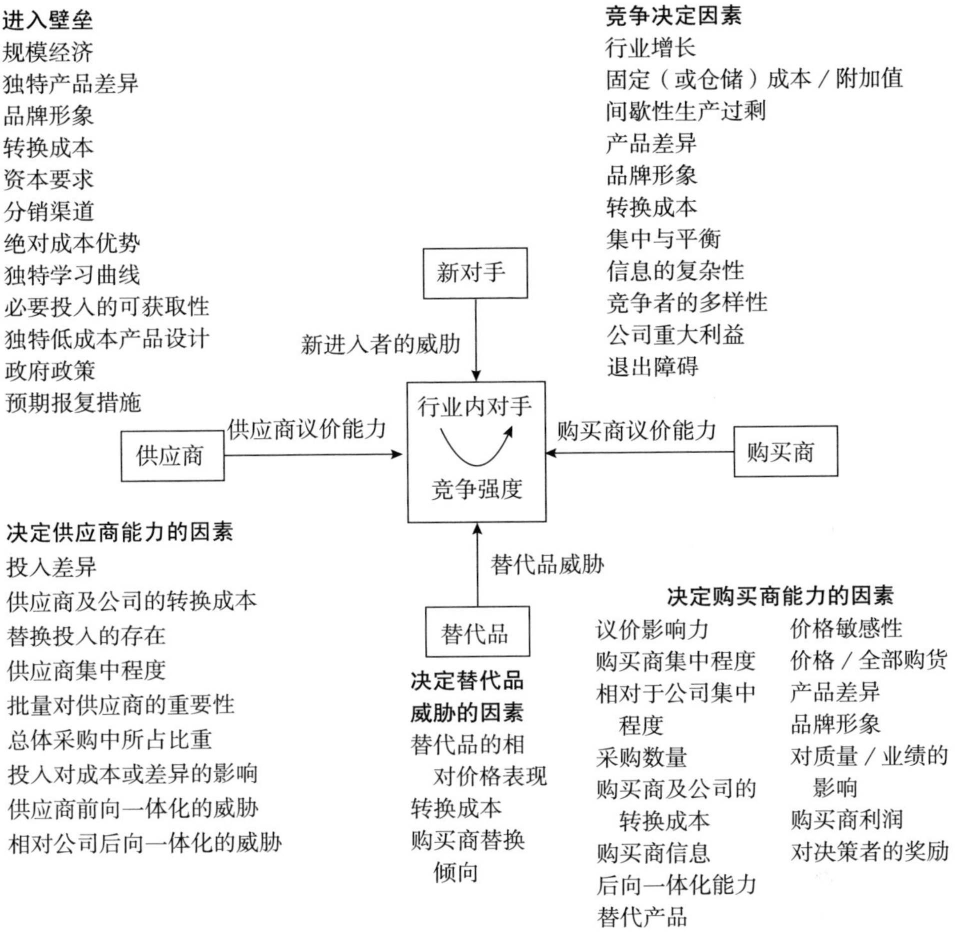

图 9.4　波特 5 种竞争力理论详图

资料来源：The Free Press，a division of Macmillan，Inc.，from *Competitive Advantage：Creating and Sustaining Superior Performance* by Michael E. Porter. Copyright © 1985 by Michael E. Porter

在竞争环境下，公司应做些什么呢？费城皇冠瓶盖公司追求的战略是，增加产品价值。皇冠公司为客户提供专业咨询服务，帮助他们解决包装中的问题，交货及时以降低客户的库存成本，改进和创新包装规格以满足客户的特殊需求。在成本方面，皇冠公司注重降低生产成本，以使其产品定价具有竞争力。该公司不仅生存了下来，而且日渐兴旺。

如果想进入锡罐行业，你应该问问如下问题：

- 这个行业对我是否有吸引力？
- 我能不能照搬皇冠公司的战略？
- 如果决定进入，我是否能赢得一场价格战？
- 如果选择进入，对我而言，利润潜力如何？
- 我的资金能否在其他行业进行更好的投资？

不论哪个行业，一个管理者希望进入一个新领域时，都必须提出同样的上述问题。即便不考虑拓展，波特模型也对如何在自身行业更有效地竞争提供了卓见。请务必仔细地研究波特模型中 5 种力量的决定因素。这些都是 MBA 们争取竞争优势时要考虑的问题。

某领域起作用的力量是显而易见的。战略的核心就是懂得现有力量的存在，并利用它以实现自己的目的。垃圾处理行业的 WM 公司就尽力游说，要求政府立法实施更严格的环保政策。为什么？因为只有少数公司能够符合要求。这样的话，帮助 WM 公司阻止了竞争对手。严谨的法规为新入市行业设置了障碍。特别重要的是，原有的垃圾处理公司能够保证增加其利润。医药公司迫切要求出台维生素和营养补充品行业规范，也是出于这一原因。

一般性战略

一个公司有许多方法分析其竞争挑战。我们刚讨论过的波特 5 种力量分析框架即是其中一种。但大多数可供选择的行动属于所谓的**一般性战略**（generic strategy，见图 9.5）。一般性战略可以广泛用于从洗碗布到计算机许多行业。波特在一个由职能和经营战略因素构成的矩阵中，清晰地捕捉了以下 3 种主要战略：

- 成本领先。
- 差异化。
- 专一化。

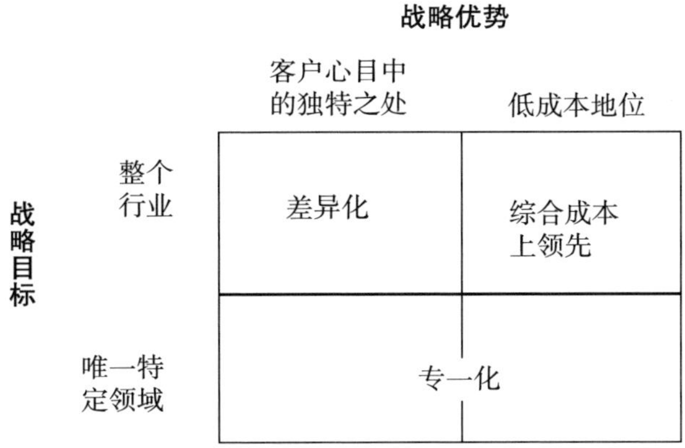

图 9.5 3 种一般性战略

资料来源：The Free Press, a division of Macmillian, Inc., from *Competitive Strategy: Techniques for Analyzing Industries and Competitors* by Michael E. Porter. Copyright ⓒ 1980 by The Free Press

成本领先和学习曲线

最简单的战略是**成本领先**（cost leadership）。在行业中达到最低生产成本后，一个公司便可以要么降低价格，要么保持高额利润，以投资于研究项目，开发出更好的新产品。**低成本生产者**（Low-Cost Producers，简称 LCP）也可选择将利润用于更积极地宣传和销售产品。

一个与成本领先相关的经营概念是**规模经济**（economies of scale）。规模经济意味着随着生产产量的提高，单位成本逐渐下降。生产越多时，工厂在几个方面学得越多，也将更有效率。

这些“学习到”的效率来自6个领域：

- 劳动效率（labor efficiency）——通过重复或自动化而学会。机器人和计算机辅助制造（Computer-Aided Manufacturing，简称CAM）使工厂自动化取得了巨大进展。
- 新工艺和改良方法——用成本更低的方法来做同样的事情。
- 产品重新设计——重新设计以降低材料和劳工成本。如果用计算机进行产品设计，则称为计算机辅助设计。
- 产品标准化——减少产品零件间的差异。
- 规模效率——倍增工厂加工能力并不会倍增其成本。增加设备或扩大面积，不像从零开始那么昂贵。
- 替换——使用低廉但合格的原料。

为使用起见，“学习”概念必须是可以量化的。**学习曲线**（learning curve），又称**经验曲线**（experience curve），则正好能达到这个目的。学习曲线于20世纪60年代由波士顿咨询公司（Boston Consulting Group，简称BCG）创建，并将数字与人们认为存在的规模经济联系起来。他们发现，每当“累计”生产量倍增时，加工成本则按一个稳定且可预计的比例下降。

例如，咨询人员对一个加工项目的研究显示出一个“80%学习曲线”。这意味着累计生产每次倍增时，下一组产品的成本仅为第一组的80%，或者说，减少了20%。计算机数据模型可以对此进行数学验证。但要记住：“累计生产”是从第一组产品开始算起，这一点很重要。而第一组产品指的是用某种生产方法从装配线上制造的第一批产品，而不是当月或当年的第一批产品。

为了展示上述的数学含义，我假定了“80%学习曲线”对生产吉列刀片的成本所产生的影响，见表9.1。

表 9.1 学习曲线效应——刀片生产成本

生产数量	单位成本（美元）	单位数学计算	生产方法
1	10.00		手工制造
2	8.00	10×0.8	
4	6.40	8×0.8	人工装配线
1 048 576	0.12	$10\times(0.80)^{20}$	
2 097 152	0.09	$10\times(0.80)^{21}$	全自动化

数学计算显示，当刀片生产量倍增21次后，单位成本每次递减20%，由10.00美元降至0.09美分。一个简单的学习曲线可绘制成图，如图9.6所示。

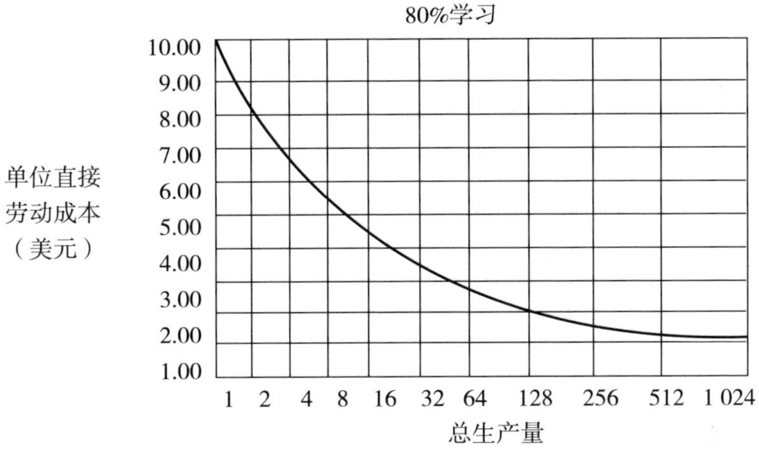

图 9.6 刀片学习曲线

学习曲线的战略含义在于：要先于竞争对手沿曲线下滑。凡是希望确保成本领先的公司，一定要力争比竞争对手多生产产品，这样生产成本就会下降得更快。

低于成本“倾销”，是日本人在电子工业中追求成本领先战略时所采取的一个策略。这些深谋远虑的公司以低价出售其录像机，以期增加产量，降低成本，从而实现利润。日本生产厂商计算利润时是以5年而不是1年作为时间尺度的。因此，他们计划在第1年亏损，为的是在第3、第4年实现较大的利润。作为学习曲线战略的结果，日本人获取了市场份额，并将美国竞争对手挤出圈外。美国竞争对手认为，电子行业并不具有吸引力，且受不合理价格的困扰，而具有战略眼光的日本公司则轻易地拿走了市场。原有产品成熟后，日本人便将其销售利润用来开发诸如激光影碟机等新产品。

如同“营销”一章所述，当一个产品在其产品生命周期中达到成熟并广为使用时，曲线就不再那么有用了。要将累计生产倍增，势必需要大量增加产量，这显然是不现实的，且利润也可能很低。在这种情况下，剩下的竞争对手，如若仍然锲而不舍的话，就有机会追赶上来。

学习曲线不是静态的。一种新工艺或新材料，可以增加工人的劳动生产率，从而改变原有的曲线。在刀片生产例子中，由于采用了一条全新的生产线，一条新曲线可能是按照比如说“75%学习曲线”而非按照80%的学习曲线在降低成本，这被称为跳跃到一个新的曲线。这时，累计生产总数从零开始重计，新的曲线开始生效。每当生产倍增时，下一批的生产成本将为前一批的75%，或称降低了25%。对于不断创新的产品，学习曲线无甚功效。由于新曲线在不断形成，沿着任何一条曲线下滑都时不我待。

差异化

前面讨论过，**差异化**（differentiation）是市场营销的首要目标，其含义是，你的产品或服务在消费者心目中显得与众不同。就产品而言，意味着提供更好的设计、可靠性、服务和交货等。就服务而言，差异化可以是雇员的礼貌、随叫随到、专长和选址等。即便是相同的产品或服务，也可通过广告进行差异化。一场广告传媒战可以使消费者确信哪件产品更好，例如，由于名人认可，使得消费者确信耐克鞋比匡威鞋好。

专一化

采用**专一化**（focus）战略，一个公司便可或者专攻一个市场区域或一个细分市场，或者专攻一件产品。专一化战略的优势源于对某一类客户和产品了如指掌，公司因此而在市场上建立了某一种“特许”。在啤酒市场上，巨头公司如百威、银子弹和米勒主导着市场，而小型的 Hudy 啤酒公司则坚守在俄亥俄州。大公司可以有低成本和花哨的市场营销策略，却缺乏地方的“迷信”追从。Hudy 经过多年在当地的活动和社区参与而寻求到了客户的忠诚，Hudy 专一于俄亥俄州。

蓝海战略

2005 年出版的《蓝海战略》一书中，作者论述了如何开拓未形成竞争市场的新领域，企业如何通过高速增长从中获取利润。这种做法是避免在成熟市场直接和已有的产品、客户激烈竞争。通过综合采用成本领先和差异化战略，公司能创造出新的行业领域。

任天堂采用蓝海战略开发了任天堂 DS 便携式电子游戏机装置，Wii 游戏机能追踪人体动作。

竞争策略：兆示

兆示（signaling）是一个重要的战略工具，用来让竞争对手知道你在想什么。竞争对手们常常通过兆示向对方预示它们计划要做的事情或要采取的行动，以迎接对方的挑战。当然，一个公司也可以瞒天过海。兆示可用来防止灾难性的（和代价高昂的）价格战。但与竞争对手直接沟通议定价格或划分市场，是非法的！反垄断法禁止这样的行为。但通过明智的兆示，公司可以不进监坐牢却能达到预期的目的。

在航空业，兆示是司空见惯之事。在全国统一使用的订票屏幕上，一场猫捉老鼠的游戏天天上演。比如，德尔塔公司可以暂时将其从亚特兰大至洛杉矶航线的票价大幅调低，以抗衡美洲航空公司在同一航线的降价行为。德尔塔公司价格下调无疑是说："美航，如果你想在这条航线上玩把戏，那可不是闹着玩的！"

作为回应，如果美航提高了票价，这实际上意味着兆示："咱们讲和吧。"如果美航保持其低票价，是在兆示它想一决雌雄。这有点像打牌。

常用的合法兆示有以下 6 种：

- 价格变动（price movement）——兆示动机并惩罚不可接受的行为。
- 事先声明（prior announcement）——威胁、试探竞争对手的决心，避免意外。
- 媒体讨论（media discussion）——将你行动的理论和打算传递给竞争对手，与其相互沟通。由于竞争公司间的高级管理层不能直接联系，只好间接地通过媒体进行。例如，美孚的某个高级管理人员可以表达他对价格战的厌倦，希望"市场营销信息"成为竞争的基础。通过这一方式，德士古公司、雪佛龙公司和英国石油公司就得到了通知，会采取相应行动按美孚的新价格上调油价。
- 反击（counterattack）——用降价或促销手段冲击竞争对手的国内市场，以报复它们对你现有地盘进行的侵蚀。假如麦氏咖啡最好的市场是纽约，而宝洁麾下的福杰仕公司（Folger）的最好市场在加州。如果麦氏的营销经理用积极的定价和促销手段进攻福杰仕公司的地盘，后者的有关人员一定会怒发冲冠。他可能会有两个选择：积极地守卫加州市场；采取攻势，进军麦氏的纽约市场。如果采取后一做法，他就会向对手兆示其愤怒并建议停战，以利双方。

- 宣布结果（announce result）——将行动的结果明白地告知竞争对手，从而避免代价昂贵的误解。在新产品试销时，生产厂家可以明确地宣布失败，以期阻止竞争对手对其现有产品的反攻。在价格战中，一方竞争对手可以声明降价是暂时的，这样兆示天下以免对手误认降价是长期性的。
- 诉讼（litigation）——将竞争对手送上公堂。当柯达公司进军一次成像业务时，宝丽来公司通过法庭明确表示，柯达公司的相机和胶卷构成了对其专利的侵权，同时公开宣布将使用一切手段要求索赔。最终，柯达退出了这一市场，且在1991年同意向宝丽来支付10亿美元以了结此案，并放弃一次成像业务。

兆示、囚徒困境与博弈论

与兆示相关的一个概念是**囚徒困境**（prisoner's dilemma，见图9.7），常用于公司战中。有两个人因谋杀被捕，被隔离开无法交流。警方没有充分证据，也无从指控其中任何一个人。但如果能让一人坦白并指证另一个人，那就可以有足够的证据指控其中一个人。警察对两人许诺，如果他证告另一个人，可以从轻量刑。假如两人都拒不坦白，不牵连另一方，将因缺乏证据而被释放。但两人并不知道对方会怎样行动，一方会相信另一方将守口如瓶吗?

像航空业这样竞争激烈的行业，上述情况就好比两家公司相互信任对方，共同保持高价。打破这种默契总是很诱人的，因为价格战可能消灭另一家公司。如果它们决定在这种不稳定的关系中合作下去，就可能陷入囚徒困境。

如果一个竞争对手采取“不合理”的行动，任何形式的兆示都会归于失败。这时，任何要求停止竞争的兆示都会不予理会，因为在不合理竞争对手的心目中，唯有取胜，而非利润最大化，才是目标。

	缄默	**坦白**
缄默	两人同获自由	本人轻罚 另一人重判
坦白	另一人重判 本人轻罚	两人共判谋杀

图 9.7　囚徒困境

注：在此案例中两个犯人的判刑是不同的，坦白的人判刑较轻。

博弈论（game theory）是研究造成竞争的各种因素间相互关系的学科。通过分析人们参与各类活动中可能出现的结果（例如，打桥牌、从政、面对战争或者从事商业活动），制定出能够战胜对手的策略。你需要全盘考虑将要采取的具体步骤，并针对竞争对手可能采取的应对措施，综合制定出下一步的行动方案。借用计算机庞大的运算能力，人们在商业活动中使用博弈论已经变得相当普遍。1994 年诺贝尔经济学奖，就颁给了研究博弈论的学者。

同年，在美国联邦政府拍卖 120 兆赫个人通信设备使用波段频率（PCS）的竞标活动中，投标人积极地用到了博弈论。借此，该理论得到了更广泛的认同。美国联邦政府的拍卖程序设计得异常烦琐，投标人不得不使用复杂的决策工具。由于多家公司竞标并在 51 个市场同时拍卖，所以竞标人使用博弈论分析竞争对手的思路，并采取实际应对方案。在经历了 112 轮投标之后，政府筹集到了 77 亿美元的资金。

投资组合战略

如果说兆示听起来颇为有趣的话，MBA 们所参与的投资组合游戏则更是乐趣无穷。**投资组合战略**（portfolio strategy）被认为是公司级战略规划的集大成者，也是 MBA 们以及波士顿和纽约知名管理咨询公司的核心题目。在 20 世纪 60 年代，许多学者和管理者坚信，如果一个公司能把无关的业务与周期相反的业务凑成一个正确的组合，将免受经济下滑的影响，于是多样化概念当时曾风靡一时。通用电气公司是一个典型的例子，20 世纪 60 年代它曾经一度涉足 160 项业务之中。

但在 20 世纪 70 年代，当利润下降且华尔街对无关多元化表示不满时，公司董事们又纷纷求助咨询人员。他们想知道，应该进入哪些业务领域，继续从事哪个业务，卖掉哪些企业。资金是稀缺的，应制定一个战略将有限的资本汇集到最有希望的业务中。

如你所料，于是每个咨询公司都创立了各自的理论，设计了矩阵模型，以解答投资组合管理的问题。知识渊博的 MBA 们十分熟悉 4 种主要投资组合模型，你也不应例外。

波士顿咨询公司增长/份额矩阵

波士顿咨询公司（BCG）的模型是利用市场增长率和相对市场份额把公司分为 4 类。他们的研究发现，高市场份额是与高投资回报率以及由学习曲线效应引起的低成本紧密关联的。因此，这一理论认为，在某些业务中拥有稳定的高市场份额是为上策，借以满足其他业务的资金需求。基于这一前提，其业务有图 9. 8 所示 4 种组合。

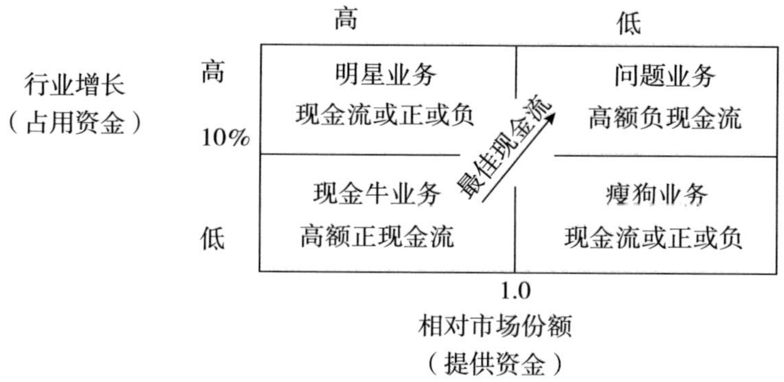

图 9.8　BCG 业务组合图

明星业务（star）代表一个高增长行业中高市场份额的业务。明星业务的成长使其可以满足自身的资金需要。互联网搜索引擎公司谷歌，就是靠自有资金发展起来的一个很好的例子。2010 年其销售额达到 290 亿美元，毛利率达到 33%，公司靠自有的资金能维持投资新项目和现有项目的发展。这类公司的特点是，多处于竞争的环境中，需要管理层高度警觉以维持在 BCG 矩阵中所处的令人羡慕的位置。

现金牛业务（cash cow）是低增长行业中的高市场份额业务，这些现金牛业务可为其他业务提供资金。作为昨日之星的烟草公司就是今朝的现金牛（即摇钱树）。以菲利普·莫利斯为例，万宝路香烟赚得的利润用来收购食品公司，发放股息。不用说，该公司的目标是保住在美国低增长烟草行业中的主导地位，并继续尽可能地“从乳牛身上挤奶”。

瘦狗业务（dog）是指低增长行业中市场份额低的业务。这些业务没有出路，而且为了保住其竞争力，需占用公司大量的资金以及管理人员的时间和精力。美国许多钢铁公司就属此类企业，其设备需要昂贵的投资进行翻新，但由于需求疲软，外国竞争增强，公司无法说服母公司给予更多的投资。结果，同意这一分析的公司董事们便置钢厂于不顾而任其生锈。

问题业务（question mark）是指高增长行业中的低市场份额业务。为了成长，这些业务需要资金。有些战略学家将其称为“问题儿童”。如果它们成功了，会成为明星，且日后会成为现金牛；如果失败了，它们要么消亡，要么随其行业的成熟而变成瘦狗。新兴的生物技术和纳米技术公司英国人类基因组科学公司（Human Genome Sciences）和美国纳米顶级技术公司（Nanophase Technologies）等均属问题企业之列。昂贵的研究工作必须依靠资金支持，以期能生产出灵丹妙药。

在咨询人员将你的公司列为瘦狗之前，所有这些以动物为代号的清谈还是很有趣的。瘦狗企业并不一定是坏的企业，只不过是大公司组合中不受欢迎的一类企业而已。华尔街的投资者要求一定水平的销售增长和资金生长，而瘦狗企业却难以做到。有许多瘦狗企业的管理者和收购专家，将瘦狗企业从大公司手中买下后变成了百万富翁。教我收购课程的几位客串“教授”，都曾从为大公司清理这类麻烦的业务中获利丰厚。

投资组合战略也有其缺陷。这种战略认为，组合中的各个企业间没有显著的联系，而实际上并非如此。许多组合在一起的企业分享技术、市场和后勤支持服务。应用投资组合概念时很难做到资源共享，因为投资组合战略要求，各个像变戏法似的不断变化其经营和业务，以实现增长和资金最大优化。历史上，除了个别例外，只有投资银行和咨询顾问从买卖 BCG 矩阵业务的戏法交易中渔利。这种公司戏法的另一批受益者，就是这些投资组合公司的管理层。如果一个业务不灵了，没有必要修理、调整，干脆卖给管理层了事。

麦肯锡公司的多元因素分析

麦肯锡公司对组合戏法采用了一个全然不同的处理方式。鉴于 1970 年通用电气公司对 BCG 双变量模型不甚满意，麦肯锡公司创立了自己的模型。两个模型的指导原则是一样的，即出售、继续持有或投资于一个组合中的某个业务。在麦肯锡的术语中，你收获现金牛，舍弃瘦狗。

麦肯锡模型有两个核定业务评估的通用变量：**行业吸引力**（industry attractiveness）和**业务实力**（business strength）。麦肯锡模型并不简单，每个变量均由一系列行业因素所决定。在任一行业中，有些因素的重要性超过另外一些因素。

麦肯锡模型有9个象限（见图9.9），而BCG模型有4个。麦肯锡模型制定了6种一般性行为方式，即：

- 投资并持有
- 投资以增长
- 投资以重建
- 在有前途的业务领域有选择地投资
- 收获，从乳牛身上挤奶
- 舍弃，出售瘦狗

尽管麦肯锡模型考虑到了许多因素而颇具吸引力，但其评估却带有主观性。正如BCG矩阵所示，每个因素都分别评入“高”“中”“低”档。例如，沃尔玛公司的销售增长可从其公开发布的年报中获得，但一个人如何能够客观地将其公司“形象”量化呢？而这正是麦肯锡在其矩阵中用以评估一项业务地位时的一个因素，显然，这是很主观的。

业务地位 \ 行业吸引力	低	中	高
高	S	I	I
中	H	S	I
低	H	H	S

I=投资/增长　　S=选择/盈利　　H=收获/舍弃

图9.9　麦肯锡公司地位/行业吸引力评判表

理特管理顾问公司战略业务单元

理特管理顾问公司（Arthur D. Little，简称 ADL）的模型，是 MBA 组合专家的另一个堡垒。ADL 围绕着战略业务单元（Strategic Business Unit，简称 SBU）这一概念建立了一套体系。当一个公司的相似业务被组合到 SBU 之中后，投资组合战略就变得不那么复杂了，因为要费心思的单位已大为减少。在不同 SBU 中的业务部门之间，除了通过母公司而建立的财务联系外，不再有其他联系。

ADL 组合过程有如下 4 个步骤：

1. 将一个公司的所有业务划分到几个 SBU 中去。
2. 将各 SBU 置入一个矩阵。
3. 评估每个 SBU 所处的行业状况。
4. 做出决策。

与麦肯锡的 9 个象限相比，ADL 矩阵有 24 个象限。ADL 模型中的两个基本变量分别为**行业成熟度**（industry maturity level）和**竞争地位**（competitive position）。不用说，这两个变量与麦肯锡和 BCG 的模型非常相似。不过，ADL 的术语源自交通信号而非动物世界所产生的灵感。具有高市场份额或处于有吸引力市场的 SBU 被界定为绿色，那些处于中间状态者为黄色，而那些低市场份额或处于饱和市场的前景暗淡者则被标以红色。如图 9.10 所示。

基于其交通信号灯式的分类，咨询人员对每一个已有的 SBU 设计适当的战略：**构筑**（build）、**维护**（maintain）或**清理**（liquidate）。对于绿色的 SBU，可使用许多不同的战略；对于红色的 SBU，可供选择的战略受到了所在不利环境的“限制”。一旦 SBU 划分了类别，咨询人员便依靠一般性战略工

竞争地位	萌芽	成长	成熟	老化
领导	G	G	G	G
强势	G	G	G	Y
有力	G	G	Y	R
防守势	G	Y	R	R
弱势	Y	R	R	R
朝不保夕	R	R	R	R

行业成熟度

G=绿色　　Y=黄色　　R=红色

图 9.10　ADL 战略业务单元模型

具，诸如专一化、渗透或多元化，来制订适当的策略计划。

其他需要了解的流行战略咨询理论

正如在“营销”一章中所介绍的，无论你分析哪种营销战略，在研究面临的竞争问题时，都必须评估自身公司的**核心竞争力**（core competencies）。自 1990 年以来，许多咨询公司的业务来源，都是靠为其他公司分析它们最擅长做什么。例如，咨询公司分析菲多利食品公司后得出结论，该公司的核心竞争力是其分销系统。

1990 年流行起来的另一个管理咨询话题是**客户保持**（customer retention）理论。贝恩咨询公司（Bain & Co.）是推广该理论的主要代表。该理论的核心内容是，确定能够培养忠诚客户的方法并留住这些客户。贝恩公司围绕这一理论，开展了一系列相关的顾问服务。实际工作中，公司和公司顾问一起对客户进行详尽的调查，了解客户购买习惯和满意程度。公司顾问们通过对客户群进行分析，从中发现哪些是需要特别对待的最理想的客户。读者需要特别注意的是，通常情况下，为公司带来巨大销售额的“最好”的客户并不能给公司带来最大的利润。另外，公司需要建立一整套收集和存储客户数据的系统，为公司销售人员联系客户提供有效的工具。如果公司真能留住好客户，那么就比开发新客户源效率要高得多。

1993年，詹姆斯·钱皮（James Champy）和迈克尔·哈默（Michael Hammer）出版《公司再造》（*Reengineering the Corporation*）一书后，掀起了一股新的咨询风潮。他们利用该书的成功，推出了自己设计的CSC指数，提供公司再造咨询服务，为客户提供如何重新审视自身的每一项业务的专家顾问咨询。正如1995年4月《波士顿环球报》（*The Boston Globe*）中提到的："经理们应该强调员工的团队意识，放弃原有的等级制，并开发出新的结构，克服以往各自为政的类似传统销售和营销部门的结构，利用计算机技术替代烦琐的书面公文。"

通过重新表述公司收入模式，思腾思特管理咨询公司（Stern Stewart & Co.）亦在金融领域有所创新。该理论旨在引起公司管理层对提高公司股票业绩的重视。1993年引人注目的新战略咨询概念是**经济增加值**（Economic Value Added，简称EVA）或**市场增加值**（Market Value Added，简称MVA）。EVA是公司税后净经营利润减去股本资本的成本后的差额。尽管会计师们多年来一直把这种差额称为**盈余收入**（residual income），思腾思特对其做了修改，并冠以EVA这一新的名称。

$$经济增加值 = 税后净经营利润修正值 - 股本资本成本\% \times (修正后总资产 - 流动负债)$$

这一概念实际上是公司的财务业绩扣除股东提供的股本资本成本。公认会计原则中用于衡量财务报表中净收益的计算方法，没有考虑股东的股本成本。在公司提供咨询服务时，客户了解了新的计算方法，顾问们也提醒公司管理层从战略的角度考虑某些因素，以提高股票的价格。

全球化与战略

在经济上，世界正变得越来越互相依赖。因此，在全球规模上进行战略规划就成了当务之急。**全球化**（globalization）是 MBA 们的常用语，虽说是个相当模糊的词语，却是一个“热门”话题。有人试图把“全球”一词插入到所有 MBA 课程和文献中。

全球化的可能性，取决于一项业务所在行业的类别。如果一个行业从性质上讲属国内范畴，则可以成功地运营，而不必担心大型跨国公司（Multinational Corporation，简称 MNC）闯进来试图进行敌意收购或某种竞争。面包制造业和卡车运输业，是两个国内性质行业的范例。而汽车和计算机则是全球性行业，花费巨资从事研究的必要性以及显著的学习曲线效应，都有利于大型跨国公司。不论哪个行业，都存在着或者促进或者反对全球化的力量。

推动全球化的力量有：

- 先进的通信和交通——传真、光缆、卫星、超音速飞机。
- 较少的贸易限制——较低的关税、税负及统一规定。
- 消费者需求的趋同性——各地的人们开始具有相同的品味。
- 技术的复杂性与变革——新兴的高科技行业要求更大数量的投资，以追赶迅速变革的全球性努力。
- 跨国公司间的角逐——大型跨国公司在其特定行业中争夺全球主导地位。

阻碍全球化的力量有：

- 协调成本——更多的经理人员，通信成本。

- 地域限制——在广泛地区内运营的交通限制和后勤障碍。
- 国民差异——品味偏好、用途、传媒、语言及分销渠道的差异。
- 保护主义——关税、政府补贴及政府审批。

一个行业归属哪个类别——全球性还是国内性的争论并不重要，重要的是研究起到推动还是阻碍作用的某一类别的力量。如果一个公司发现自己置身于一个新兴的全球性行业中，就必须采取行动，否则就会被别人超过。由于分类包括了从国内到全球的整个范围，可供采取的行动方向自然也在此范围之中。一个受到威胁的汽车制造商，可以游说政府将外国人拒于国门之外，以使该行业成为国内性行业。或者，在同样情况下，该汽车制造商也可以像中国公司所做过的那样，选择积极的拓展战略，走出国门。

谈及全球化，MBA 们通常会提到弗里德曼的《世界是平的》一书（2005 年出版）。他认为，从商业角度看，随着技术进步，世界的竞争环境越来越公平。弗里德曼总结了他认定的有助于世界整合的“趋平”因素（flatteners），认为今后将形成一体化、超竞争的全球市场。

协同效应和战略

协同效应（synergy）是指两个或更多企业合并后产生的效益，以便合并后的业绩高于单个企业业绩之和。当你进行组合性收购或撤资时，协同效应就成了关键问题。倘若企业合并的协同效应无法明确定义和量化，势必出现错误。或许有可能分享生产、批发和市场，但这些联动或相关关系必须认真加以研究，然后再包括在收购或兼并目标的定价之中。在兼并时，必须对目标公司进行估价，以保证用适当数量的母公司股票换取目标公司的股票。

4 种业务联系为：

- **市场联动**（market linkages）：

  客户基础——同样的购买商。

  分销渠道——到达消费者的同样途径。

  品牌身份——一个品牌名声和价值向其他产品的可转移性。

- **技术联系**（technological linkage）：

  运营技术——工艺。

  新产品技术——研究。

  信息技术——数据收集、数据库。

- **产品联系**（product linkage）：

  产品线延展的可能性。

  剩余生产能力——用于生产其他产品。

  原材料采购——增强与供应商的购买能力。

  员工职能——同样的会计和人事职工可以为所有产品类别提供服务。

- **无形资产联系**（intangible linkage）：

  共享管理诀窍——与相同的购买商打交道的经验。

  价值链的相似构造。

  采用相似的一般性战略。

1994 年，桂格公司的运动饮料佳得乐（Gatorade）和另一家公司的斯纳普（Snapple）果蔬、茶饮料是绝配。于是桂格花了 17 亿美元收购了该公司。尽管已经是非碳酸饮料行业领导者，通过这次收购，桂格跃升为排在可口可乐和百事可乐之后的第三大饮料公司。桂格的分析师们认为，其强大的分销体系、共享式制造系统和经济规模优势，可以推动这一新时代饮料销售额和盈利跃升到新的高度。然而，可口可乐和百事可乐均通过推出低价立顿和雀巢茶品积极地进入这一市场。可口可乐针对斯纳普的高端市场推出水果国度（Fruitopia）与其竞争。最终，新时代变成了过时的产品。1997 年斯纳普销售溃败，亏损 14 亿美元。桂格公司以 3 亿美元将该公司出售给了制造 RC 可乐和蜜思迪（Mistic）果蔬饮料的三弓公司（Triarc）。尽管两家公司业务有关联性，但市场对这一产品的认同趋势超出了其他任何形式的协同效应。三弓公司通过调整战略提升公司品牌价值，并于 2000 年将斯纳普品牌以 15 亿美元卖给了苏打饮料制造商吉百利史威士股份有限公司（Cadbury Schweppes）。

有时即使确实存在协同效应，要使两个组织在一起工作也常常会耗费相当的成本。决策会因更长的审批过程而进展缓慢。组织日益僵化，是大公司的一个副产品。在变化迅疾的市场中，组织僵化是个战略劣势。

战略怀疑主义

前面的讨论可能已给人造成这样一种印象，即公司的成功源自专家的战略规划。在我称之为**战略怀疑主义**（strategic skepticism）的领域内，战略规划并不是学者们所宣扬的那种分析过程。

根据麻省理工学院斯隆商学院詹姆斯·布赖恩·奎因（James Brian Quinn）所述，战略应看作一个**逻辑渐进主义**（logical incrementalism）的过程，在他看来，战略是在长时间内所做的许多小型决策的结果。其他理论家也认为，战略不是前节所描述的正式过程。战略可以有 5 种不同形式，全部以英文字母“P”开头，即：

- 计划（plan）

- 策略（ploy）
- 模式（pattern）
- 过程（process）
- 着眼点（perspective）

战略是一家公司正规计划的结果。通用电气利用麦肯锡的组合技巧购买或卖出了其下属部门。在另一家公司，战略则是执行了一个成功的战术性策略。卡夫通用食品利用邮寄订货销售其名牌咖啡，而不仅仅是在实体食品店销售。

战略也可以仅仅是从事商业活动与决策的一种模式、一个过程或着眼点。在我为一家小型珠宝商工作的经历中，我们遵循这样一个简单的哲学：善待客户，低价出售，保证质量，完全诚实。这是我们刻意选择的经营方式，且是一个成功的战略。

战略还可以是一个企业家洞察到其旗舰产品可能兴旺、抢手的结果，或是经过一段时期潜心研究制订的特殊计划。总而言之，顾问们兜售的正规计划程序并不总是成功的答案。

为适合战略规划家们的理论，历史常被改写。本田摩托车成功故事的一种说法，将本田宗一郎描述为一个为愿望与梦想所驱使的充满自由精神的人，他不曾有过一个宏伟的计划。公司的成功源自其制造一辆能赢的赛车的强烈欲望，及其将摩托车于1958年慢慢地一步一步地打进美国市场的方法。宗一郎是幸运的，美国对他的“无足轻重”的日本进口货几乎未予任何限制。

关于本田，波士顿咨询公司的顾问们向英国摩托车工业的客户们讲述了一个大不相同的故事。在他们看来，本田曾制订计划沿学习曲线下降，以取得较低成本，并以低价占取世界市场份额。本田的市场份额优势，为大量投资于调研与先进制造技术提供了条件。波士顿咨询公司认为，本田的市场领导地位也为该公司以较低单位成本广告宣传及促销本田产品提供了条件。这段历史哪种说法是真实的呢？就我个人而言，我倾向于那个色彩完美的故事。但是无论是否经过计划，成本领先地位原则很显然对本田的成功作用匪浅。事实上，如果将理论与一位经理本人的良好判断与常识结合使用的话，战略则是战无不胜的科学与艺术的结合体了。

战略与中国孙子兵法

若不提及公元前4世纪中国的军事战略家孙子，任何关于战略的课程都是不完整的。出于某种原因，他的准则已成为众多MBA讨论战略问题时的题材。我设想性情暴躁的本田先生一定经常引述孙子的话。《孙子兵法》一书甚至端放在我老板的案头。引述孙子的话肯定使你听起来聪明绝顶，或者看起来就像电影《华尔街》中那位冷酷的了解内幕的交易员戈登·盖库（Gordon Gekko）。以下是几段引文，不妨在下一次商务会谈时一试：

“兵者，诡道也。”

“予之，敌必取之，以利动之，以卒待之。”

“百战百胜，非善之善者也。”

“不战而屈人之兵，善之善者也。”

“兵非益多也，惟无武进。”

“上兵伐谋。”

战略的执行

正如我在本章开始时所言，若不着眼于战略的执行，制定战略无异于浪费时间。对于 MBA 而言，战略性变革这一命题正可谓坐而论道容易实施难。聪明的引述一段名言亦不能解决问题。我不可能在一章中告诉你如何扭转一个衰退的生意，却可以对其前途给予战略性思考。与一些学者引导你相信的相反，我认为战略不是由某个策略或诀窍构成的；相反，战略是一个公司的“全体”同仁如何共同努力实现目标。

管理者不是一天之内就能设计出或执行好战略的，领导者必须辨明哪些因素在其控制之下及哪些不在其控制之下。MBA 们把那些在其控制之下的因素称为**行动杠杆**（action lever）。战略家们还必须对付人们对抗变革的现实，他们必须确立明确的目标，制订行动计划以及事出所料时的应急计划。这和组织行为学中提及的行动规划方案有极为相似之处。

战略是动态的。管理者必须不断地检查已定的战略，以确保其战略反映了商业环境中、公司内部及其目标的变化。**竞争优势源自追求一个逐渐发展的不易被竞争对手抄袭的战略。**

需要掌握的主要词语

7S 要素模型（the seven S model）——如何将公司的结构、系统、技能、风格、员工、首要目标、战略有效结合的战略。

价值链（the value chain）——生产和运送产品和提供服务的过程。

一体化（integration）——拓展业务的方式：后向、前向、纵向、横向一体化。

安索夫矩阵（Ansoff matrix）——拓展业务的 4 种战略。

波特 5 种力量理论（Porter's five forces theory）——决定行业竞争激烈程度的 5 种力量。

学习曲线（the learning curve）——由于生产效率更高，生产的产品越多，生产量每增加一个单位，单位产品成本降低，以使生产更加有效。

兆示（signaling）——与竞争对手的间接沟通。

囚徒困境（the prisoner's dilemma）——在一个行业内竞争关系的内在特性。

投资组合战略（portfolio strategies）——大型企业决定购买、出售或保留哪些经营实体的理论。

全球化（globalization）——由于多种全球性因素，某种行业中所固有的世界范围的竞争。

协同效应（synergy）——由于两个公司的联合，共享资源，所产生的递增利润。

渐进主义（incrementalism）——战略不是宏伟的计划，而是经过一段时间逐步发展而来的。

第10天 MBA微型课程

- 调研
- 公开讲演
- 谈判
- 国际商务
- 商法
- 商务写作
- 地产投资
- 领导力培训
- 理财规划

10分钟调研课程

信息就是力量，这就是商学院要教授学生调研技能的原因。取得高效成果性调研的关键，是知道去哪里获得信息。如果你在工作中再做少许努力，便可以获得一些获取信息的真知灼见和实际本领，而这些正是你那些不甚勤奋的同事们所望尘莫及的。在本书所有的章节中，这部分对你可能是最有价值的，所以我用它来结束本书。假设你需要某一竞争对手、某人或某一行业的有关情况，应从下述出处去找。

互联网

互联网起初还只是在大学图书馆才能用到的设施，现在，任何人随时随地都能使用。互联网所提供的产品、商业和行业信息量相当巨大。由于读者上网查询的资料，并不能完全按照你期望的那样搜索出来，所以大家还需要耐心，而且上网的速度有时也达不到你所期望的水平。要想找到需要的资料，应该浏览数个网站。我们推荐几个给大家参考：

Google. com

Yahoo. com

Bing. com

Wikipedia. com

Realtime. com

BlogSearch. com

登录这些网址后，注意搜索结果的导向指南，以便缩小检索结果的范围。选择和使用正确的语句进行搜索，可以节省大量的时间。

检索信息的另一渠道，是利用特殊兴趣团体在线商务研讨论坛以及微博。你可以在线请教对检索话题有研究的其他人，或者浏览其他会员贴出的信息。亚马逊公司提供具有自身特色的免费“图书内容查询”服务。

就查询商业有关的内容信息，你可以上收费合理的 WSJ. com 网站上的 Factiva. com 网站。该网站整理了道琼斯和路透社数据库内容，这些内容通常在互联网上难以免费查询到。

对版权和专利的检索查询，则可以通过 www. uspto. gov 了解。这一网站提供了解竞争对手情况的丰富内容，有助于使用者了解产品命名和产品开发的资讯。

书籍及在线数据库

《标准普尔公司工业概览》（*Standard & Poor's Industry Surveys*）——这一多卷套书及时提供了对20个主要行业深入的调查研究。

《价值线投资调查》（*Value Line Investment Surveys*）——这一信息来源为投资者提供有关76个行业详尽的最新公司信息。

《普兰克特工业年鉴》（*Plunkett's Industry Almanacs*）——资料丰富的一套书卷，介绍各行业和公司（www. plunketresearch. com）。

《盖尔调研》（*Gale Research*）——该社出版了一系列图书，成为所有优秀商业图书馆的基石藏书：

- 《市场份额报告》（*Market Share Reporter*）——本书提供了发表于公开出版物上的市场份额信息。省时！
- 《商业评级年报》（*Business Rankings Annual*）——本书提供了发表于公开出版物上的商业评级信息。这是一本很好的行业资料。
- 《协会百科全书》（*Encyclopedia of Associations*）——美国大多数行业与产品都设有协会、商业集团与俱乐部。这些组织很愿意人们了解其组织、会员制和主要关注的方面，其中许多组织出版调研论文、会员指南与简讯，其工作人员也可以帮助你获得其他的信息。不要忽略《协会百科全书》。

《百科全书》（*Encyclopedias*）——这可能是最易被忽视的一个迅速、简捷易懂的信息资料库。你即便年纪再大也别忘了读维基百科（Wikipedia）或《不列颠百科全书》（*Encyclopedia Britannica*）。

《生活方式市场分析家》（*The Lifestyle Market Analyst*）——由国家人口统计与生活方式研究会出版的年度研究是市场信息的最佳来源之一。它将人口统计数据、生活方式与媒体习性结合在一起。该公司还出版邮编号码分析。

《国会季度报告之华盛顿信息指南》(*Congressional Quarterly's Washington Information Directory*)——本书将华盛顿官员们的全部官方机构放于你的掌中。本指南关于商业部的章节对于关注国际贸易是的人有帮助的。如果你付了所得税，你也就有权享受这一服务。为什么不用呢?

谷歌学术(*Google Scholar*)——大学研究论文数据库。

国际商务

《做生意于……》(*Doing Business in…*)——对于从事国际商务的人来说，这一由普华永道和安永联合出版的系列丛书，是一个极佳的信息来源。它讨论了国际商务惯例与种种细节微妙之处。

费用昂贵的调研

尼克斯调研信息库(*The Nexis Research Database*)——现在仅有一些图书馆与商业机构能提供这一费用较高的网上电脑服务，它可搜寻所有的新闻、金融与市场信息。因为现有的信息大，你必须精确地确定检索使用的关键字。如果要节约费用，你可以先使用免费查寻。如果有钱的话，使用这一数据库是非常有效的，也能省你不少时间。

Find/SVP——提供大多数产品种类的现成的研究报告。报告写作精心，售价介于几百元到几千元之间，研究结果包含大量的可以从其他来源及专有调研渠道免费获得的信息。

金融数据库(*Financial Databases*)——Factset、Capital IQ、Factiva、彭博、Investex和SDC，使用这些金融数据库成本高，可在大公司和图书馆查阅。

访谈

通过平时的与人交流，大家总能收集到不少信息。访谈后，不要忘记请对方再引荐别人。通过与公司或行业内行家们的广泛沟通，你也可以在别人面前显得像个圈子里有水平的人。访谈中，如果提到了对方认识的人的名字，那么对方就会感觉很轻松，回答你的提问也就更诚恳。

贸易展览

要想真正了解某一行业，你就需要参加该行业的年会。在这一场所，你可以见到行业的主要领先者和开发出来的新产品。

会展目录也算是行业联络的百科全书，通过在线查询可以找到许多国内和国际贸易展会信息。我就定期参与五金用品、玩具礼品和汽车展览会。

跟踪时事

有几份报纸与杂志是MBA们必须腾出些时间阅读的。MBA们必须信息灵通，而这些出版物可以给予他们信息优势。如果不知道世界在发生着什么，他们怎能指望自己可以明智地谈话与思考呢？为了成功，你必须阅读。

- 《华尔街日报》（*The Wall Street Journal*）——如果你没有时间，只读首页，它提供了你需要知道的商业新闻。
- 《福布斯》、《商业周刊》与《巴伦周刊》（*Forbes*，*Business Week*，*and Barron*）——这些都是最出色的商业杂志。就了解新闻而言，看上面这份《华尔街日报》即可。而这些报刊杂志为你提供工商业发展的大趋势，刊登众多为读者深度撰写的故事与分析文章。

- 《广告时代》（*Advertising Age*）——大多数的商业杂志都偏爱金融，而《广告时代》则从纯粹销售的角度讨论商业。它是广告领域的行业杂志，提供全面的商业展望。由于大部分产品都在此刊登广告，这本杂志是了解竞争信息的好来源。
- 地方报告/地方商业日报——如果你不了解你所在社区的商家们，那么它们可能永远也不会知道你自己。

10 秒钟公开讲演课程

1. 了解你的听众。了解他们的兴趣及其所关注的问题的广度。

2. 了解你自己的能力。你能讲好一个笑话吗？

3. 简洁明了。详细的信息最好以书面形式提出来。讲话应阐明概念与激发兴趣。

注意（KISS）：保持简短和简明。

1 分钟谈判课程

1. 了解你的对手。性格、过去、能力、实力。

2. 了解你自己。性格、过去、能力、实力。

当双方的愿望发生冲突时，便会气氛紧张，这时有些人可以比其他人更好地处理矛盾。最好不要以你自己的性格为理由欺骗自己。要么努力提高你处理冲突的能力，要么努力学习如何补偿这方面的短处。

3. 做好准备工作。

充分了解可能达成的妥协方案的影响。

4. 提前决定你的战略与底线。

不要陷入不惜一切代价“获取胜利”的险境。

5. 每一次谈判后及时总结，为下一次谈判获取经验。

在哪些方面我应有所改进？我可以从对手那里学到什么？

1 分钟国际商务（外交政策）课程*

1. 了解东道国的文化、价值观念、习俗与信仰。不要假设东道主会分享你的价值观念。

2. 当你在国外时，你是客人，东道主是主人，且拥有权力。

3. 你是一个外国人，你永远也不能真正了解东道主。

4. 跨国公司以其跨越国界传送经验并避免错误的能力而获得竞争优势。

5. 国际投资为长期投资。衡量国际投资的回收也应是长期的。

6. 若不尊重东道国及其人民，你将很难成功。如果你不尊重他们，他们是会知道的。

7. 在国际商务中，制定一个符合商业道德的决策余地很大，你务必自律。

20 分钟《商法》（法律）课程

读者可以把这一节称为 20 分钟法律课程，我们在此总结的是《商法》

* 本部分内容摘自弗吉尼亚大学达顿商学院教授尼尔·博登（Neil H. Broden）的案例讨论。

(《商业法》) 中最基本的概念。我们在这里没有时间涉及离婚的法律内容。对法律的解释，可以说是仁者见仁、智者见智，仅对法律概念或者法律名词的注解，我们都能单独成卷，而且法律专家们还会争论不休。秉承《MBA 十日读》的一贯原则，我们把复杂问题简单化，在这里只列出提纲。关于成立公司可供选择的模式，如合伙制、公司制，我们在本书的“金融”一章中已经做过介绍。

普通法

美国法律的基础是**普通法**（common law），通常被称作**《案例法》**（case law）。《案例法》是美国法律的基础和指南，其形成建立在对以往案件的裁决和法律解释。法院做出的决定，被称作**裁决**（holding）。遵循**判例**（stare decisis）意味着法院应该遵循以前法院，特别是上级法院，对类似案例做出的裁决。美国法律体系所要求的是，可预见性、灵活性、通俗性和合理性。在这一法律体系中起重要作用的是，建立在普通法基础上的两大类型的法规。

《实体法》和《程序法》

《实体法》（substantive laws）是确立法律行为规范的实际规定和规则，这些内容包括人们在社会中的权利和义务。《程序法》（procedural laws）则是在公正的法律体系下，监督这些法律规定和规则的执行过程，以及人们使用法律维护自身利益的能力，以加强法律体系的合理性和公正性。

实际工作中，律师们常把用到的联邦和州立的法典称作《成文法》（statutes）。《成文法》是联邦和州的立法机构和政府部门颁布的法律条文的细则。这些法律包括《刑法》、《税法》、《政府条例》。为了说明这些法律条文在实际案例中是如何应用的，律师们需要引证被称为《案例法》的以往判案解释。通过将《成文法》和《案例法》密切结合，在遵循法院一定程序的前提下，律师可以为代理人在法院打官司。

对 MBA 来说，参与商业交易至关重要，实际工作中也常会听到《统一商法典》（Uniform Commercial Code，简称 UCC）一词。该法典是法律体系中特殊的一部分，综合了商业往来中的《成文法》和《案例法》的内容。这一综合性的成文法规被各州所接受，内容涵盖了商业交易中涉及的主要领域，包括销售合同和商业票据等。商法典统一性的特点，为保障州与州之间商业活动的正常运行提供了一套可参照的法规。如果没有《统一商法典》，那么美国公司跨州之间的经商活动，就会和与外国公司进行商业交易一样异常复杂。

法律程序

法律程序通常包括 9 个步骤：

1. 司法权（jurisdiction）——法院受理某一案例，必须对该案例涉及的问题有司法权，所做的裁决对双方有制约力。

2. 起诉状（pleading）——法院审理案件所需的相关文字资料。原告（plaintiff）递交最初的文字资料，即诉状或请愿书（complaint or petition）。原告认为被告（defendant）有过失，需要受到惩罚或者应该承担赔偿责任。在相应的法律文件中，原告是用希腊字母 π 代表的，被告用希腊字母△表示。

3. 收集信息（discovery）——在开庭审理案件之前这段时间，律师需要收集相关信息并寻找证人。双方有权查阅另一方的证据。和电影里表演的有所不同，实际工作中并没有什么让人吃惊的。

4. 开庭前会晤（pretrial conference）——这一程序通常发生在联邦法院的民事案件中。为了提高办案效率，律师和法官共同协调双方争议，将争论的内容集中到几个最主要的问题上。通常庭外调解是此时发生的。

5. 开庭审理（trial）——法庭正式开庭审理案件。如果选出了陪审团，就把选择陪审团的过程称作陪审团成员资格审核（voir dire），开庭审理的地方称作审判地点（venue）。陪审团对证据的真实性做出判断，法官对陪审团就法律方面的问题提供指导。如果原告的诉状构不成案件，那么法官可以做出未经陪审团庭审的裁决（summary judgment），无须进一步审理案件。

6. 法官指导陪审团与陪审团裁决（jury instruction by the judge and the verdict）——法官就做出决定涉及的法律问题，指导陪审团。陪审团在其权限范围内，确定证据的真实性，并决定相应的处罚。

7. 庭审后动议（posttrial motion）——在这一阶段，包括出于各种原因，要求法庭重新审理案件，并说明为什么需要重新审理。提出重审案件的理由包括法律程序存在问题、对适用法律的疑义、陪审团不端行为、异乎寻常的处罚等。靠提供新的证据，要求重新审理案件的成功率是非常少见的。

8. 上诉（appeal）——法律案件中的双方当事人一般都有权向更高一级的法院提出上诉。提出上诉理由的总结性文字资料，被称作上诉纲要（brief）。而实际上这份纲要内容翔实，引述了一审法院的裁决，提出了申辩理由，并就重新开庭审理案件找到了适用的法律依据。

9. 执行裁决（secure or enforce the judgment）——指的是把人送进监狱或者把钱收回来。

在没有法院的参与下解决商业争端

如果双方当事人希望避免上法庭，那么可以通过立场中立的中间人协商解决争端。

调解（mediation）——调解人引导双方达成不具制约力的合理解决方案。如果双方对方案不满意，那么可以拒不执行调解方案。

仲裁（arbitration）——仲裁员的仲裁结果对解决双方争议有制约力。仲裁结果是最终的结论，不能再提出上诉的要求。仲裁员是登记在案的、经过培训的专业人士。

犯罪行为和民事侵权行为

此法涉及的内容是围绕着一个人侵害了他人利益展开的。这种侵害被划分为刑法或侵权法两类。

犯罪行为——那些危害社会的行为属《刑法》的管辖范围。对这类行为的处罚，依据《宪法》中的有关规定，有拘禁、缓刑和罚款。这类需要受到惩罚的犯罪行为，主要有犯罪意图（mens rea），或者由于疏忽造成的。对这类行为的辩护，有**正当防卫**（self-defense）、**紧急避险**（necessity）和**精神错乱**（insanity）。

民事侵权行为——是对个人或财产造成伤害的行为，包括限于产品的责任、诈骗、人身伤害、盗窃等**非法侵占**（conversion）行为。对这些行为的处罚，是在《民事案例法》的基础上通过罚款进行的。原告起诉触犯《民法》的被告人时，需要证明该被告没有尽到具备正常行为能力的人应该对原告提供的应尽的注意，没有尽到应尽的责任。如果某人受聘的工作岗位有特殊的技能要求，那么从业者应该做到的，是遵循该行业（商业）的通常标准。另外，要证明被告是直接或间接地造成伤害他人的肇事者。对雇主而言，他们需要对员工在正常范围内的行为后果负责。雇主需要承担的这种责任，被称作被告上司责任（respondent superior）。

举证责任（burden of proof）——对于刑事犯，我们必须对判定被告有罪不存任何疑义。在民事案件的裁决中，判定被告需承担民事责任也一定要有确凿的证据。

通常，一起案件中同时具有刑事和民事两方面的因素。例如，如果按照刑事案件起诉盗用公款的案子，那么法院可以用监禁惩罚被告。而如果按照侵权法起诉盗用公款的案子，那么原告为了尽力追回款项，要求法院裁决被告赔偿现金，以弥补资金上的损失。在侵权法中被告采用的辩护依据有原告内容与事实不符（refuting the allegation）、我事先征得原告同意（done with my consent）和精神错乱。

《合同法》和《财产法》

在许多商务往来中，为了获得某种利益，相关当事人需要与各方签署合同。在交谈中，大家常提到合同，而“合同”一词，也有其严格的法律定义。法律文件中，为简便起见，有时常用“K”表示合同。

合同——双方或者多方之间明确表明的及暗含的依法可执行的协议。只有满足下列条件的合同，才能生效：

1. 合同方的权利——合同方必须有法律赋予的权利，且在精神正常的情况下签署合同。年幼的人可以否认签署了合同，但是成人不能否认和年幼的人签署的合同。一项例外的内容是，提供维持生存必需品、提供基本庇护场所，不受是否签署合同的约束。
2. 双方签署协议或有意见的交流——只有在一方提供了有效的报价且另一方接受后才能生效。报价必须清楚地表明签署合同的意向、条件明确，并传达给另一方。注意，广告不属于有效的报价，而是发出了“从事交易的邀请”。报价在对方接受之前可以随时取消，沉默并不构成接受了报价。
3. 明确的对价（交易金额明确——译者注）——为了保证做出承诺的可执行性，必须有明确的价值金额。
4. 合法性——必须保证合同涉及的内容和行为合法。

财产

商业活动都是围绕着财产进行的，大家希望在从事商业活动的过程中获得最大利益。当然，财产本身并不能代表商业活动的全部，和财产相关的权利、责任，也是其不可分割的一部分。财产分类有以下几种：

- 地产（real property）——土地。
- 个人财产（personal property）——不依附于土地或建筑物的财产。个人财产也被称为动产（chattel）。
- 固定财产（fixture）——依附于地产的个人财产。
- 知识产权（intellectual properties）——具有创造性的财产，不具备实际的形状。
- 专利（patents）——发明人对有一定创新性、实用的，但非突破性的发明或者工艺流程具有 20 年的权利。1995 年以前，专利的寿命期只有 17 年。
- 版权（copyrights）——作者对写作作品有长达本人寿命期加 50 年之久的权利。1978 年以前，版权可以长达 75 年。
- 商标（trademarks）——在贸易或商业活动中使用的标识，具有长达 20 年且到期可延续的权利。

《统一商法典》第 2 条：销售合同

前面提到的《统一商法典》涵盖了许多与财产有关的交易和合同。在整个商法体系中，这一部分非常重要，我们在本节和下一节中将做进一步的介绍。在与财产有关的法律中，常把经常性地从事合同中产品交易的人，称为商人。商人之间的交易是具有针对性的，需要签署各种不同程度的文件，以保证合约的可执行性。

委托（bailment）

在规定的有限时间内和目的明确的前提下，委托人（bailor）将财产的支配权，而非所有权，临时性地转移给受托人（bailee）即为委托。例如把衣服送去干洗，就是委托。

当某人把私有财产委托时，受托人应该提供的关心程度，取决于双方达成的互利基础上的一致意见。如果受益的只是委托人，那么只要“稍微用心”就可以了。例如，“帮我个忙，我要外出，请把这些东西寄存在您处。”如果委托是对双方都有利的，如收费仓库，就需要受托人“更用心”。如果只有受托人一方受益，那么在照顾财产上，受托人就需要“特别用心”。例如，周末借我（受托人）用一下你的车。

销售（sale）

销售是按照一定的价格获得收入后，完全彻底地将所有权转移的过程。销售方卖出的只能是自身拥有的物品，下面3种情况除外：

1. 诚实购买物品的买方，在买到物品后就具有了所有权。作为买方，你是不知道物品的所有权可能会存在问题的。
2. 如果你从零售商那里购买物品，但该零售商已经将物品卖给了其他人，那么你作为正常商业活动中的购买方，拥有物品的所有权。零售商有没有物品的所有权，对你没有影响。
3. 如果你从交易商手中购买了某一类产品，但交易商只是受托人，你作为正常商业活动中的购买方，也拥有物品的所有权。零售商有没有物品的所有权，对你没有影响。

运输合同（shipment contract）

在运输合同和相应的发票上，你会注意到一些条款，非常明确地解释了风险是什么时候从卖方转移给买方的。如通常使用的离岸价（FOB），物品在交付到船上以后，风险也就同时转移给了买方；另外，发票中常提到的到岸价（CIF），其内容则包括了物品的成本、保险和运输费用。

产品责任（product liability）

产品责任是指其制造商和卖方提供的担保。明示担保（express warranties）是对产品使用性能做出的书面或口头形式的担保。默示担保（implied warranties）是在销售产品时附带的不需要书面或口头声明的担保。商品性（merchantability）即暗含性质的担保，意味着商品具备其通常的商业使用价值。如钢笔是用来写字的，不是用于做外科手术的。保证产品的适用性（warranty of fitness），也是卖方出售商品时，知道自己卖的是什么产品，更具针对性的一种暗含意义上的担保。如果卖方知道自己出售产品的用途，卖方就应该保证产品具备该项功能。严格责任（strict liability）也属于暗含担保范畴，是指产品在正常使用条件下，卖方保证产品的功能可靠、安全和有效，能达到正常人期望的功效。

欺诈法（statute of frauds）

该法是指为了防止发生欺诈行为，在主要合同中需要具有书面形式的相关规定。凡是涉及下面内容的合同，均需以书面形式写明：

1. 售出产品的价格等于或高于500美元。
2. 土地的销售。
3. 一年以后才需要履约的服务合同。
4. 承诺为第三方的债务承担支付责任。
5. 承诺用自己的钱代为销售别人的地产。
6. 承诺在结婚时提供嫁妆。

当然，这些内容不一定都需要写进同一份书面合同。如果具体内容是在不同合同中分别签署的，但只要能够把这些内容联系到一起，在起诉中，就可被认为是有效合同。

口头证据法规（parol evidence rule）

此法规禁止对合同有争议的各方引用合同之外的证据。当然，针对这一法规，也有许多例外的情况。这样就使得口头证据法规是一种指导性的，而非一项非常严格的法律条文。例如，法院会把合同的签约方是否在处于压力或者欺诈情况下签约，作为合同之外仍需考虑的证据。

当事人原则（privity rule）

此规定要求，只有合同的当事方才能就合同提出起诉。这一范围可以扩大到包括合同授权的一方，以及履行合同过程中的第三方获益人。

不可抗力（force majeure）

如台风、洪水，都是不可抗力造成不能履行合同的原因。不可抗力通常是合同中必须明确列出的内容。

债务更新（novation）

合同的双方中的一方，可以将权利转交给第三方，从而摆脱合同的束缚。新介入的第三方，担负起履行书面合同中规定的责任和义务。帮别人还房屋抵押贷款，就属于这类内容。

合约起诉应具备的主要条件

起诉的前提条件有如下内容：

1. 能证明合同确实存在。
2. 发生了违反合同或者拒不履行合同的问题。

3. 确实造成了损失。

如果合同中明确规定了不履行合同时应受的处罚，这就是通常所说的**违约金**（liquidated damages）。

《统一商法典》第3条和第4条：商业票据

商业票据即可议付票据，是持有人可以交易的凭证，不受票据发行人的限制。支票属于这类可议付票据。票据需要具备以下特征才能够议付：

1. 书面形式。
2. 付款方签字。
3. 必须有无条件付款的承诺。
4. 支付的金额必须明确。
5. 必须在约定的时间之前、有兑现要求的时候能够支付。
6. 必须明确支付给特定的人或者持票者（bearer）。

当交易可议付票据时，通常出售方是采取不正当手段获得票据的，并将其卖给毫无防备之心的买方。作为进行正常业务中的买方，如果本身并不知道卖方是通过采取不法手段获得票据的，那么买方的权利不受票据来源真实性的影响。

代理协议

代理（agency）是指双方之间具有法律关系，一方代表另一方行事。虽然这不属于UCC代理协议，却是商法中重要的组成部分。代理方面的法律关系主要有4种形式：

1. 合同——以书面、口头或者暗含的方式达成代理协议，一方接受其代理人代其发生的行为。
2. 认同——一方接受另一方作为其代理人所造成的后果，对其代理人的行为承担责任。
3. 禁止反言（estoppel）——一方允许另一方作为其代理行事，并让其他各方相信这种代理关系确实存在。代理人所做的一切，默认方均承担责任。
4. 必需性（necessity）——如果某人在处于某种特殊情况下没有处置问题的能力，那么，提供诚心诚意帮助的另一方，就构成代理关系。

《破产法》

现在已经没有过去那种因还不起债而被关进监狱的事情了。《破产法》为从事商业活动的单位和个人，提供了重新开始和按照更实际的还款计划还款的机制。

本法中的下列规定，有助于读者了解《破产法》的基本内容（译者注）：

- 第 7 章（Chapter 7）——受托人将公司的剩余财产清算，尽最大的可能偿还债务。破产后，除了需要支付给员工的基本生活费和赡养子女的债务费用外，其他的债务都被免除。
- 第 11 章（Chapter 11）——法院指定的官员批准公司的重组方案，按照新的计划偿还贷款。单位（公司）和个人在新的债务重组方案安排下，正常运转业务。需要支付给债权人的债金，理论上不应该低于第 7 章中清算总量。
- 第 13 章（Chapter 13）——这种涉及个人破产的规定，是针对有固定收入，总金额为 100 000 美元以下的无担保类型债务，以及 350 000 美元以下的担保债务的当事人。债务人须向法院提供一份最长期限不超过5年的还款计划。

《统一商法典》第9条：有担保的交易

保证债权人利益不受第三方索赔行为侵犯的规定。这些受到保护的权利，被称作**有效担保权益**（security interest）。

如果借款一方质押其他资产给债权人，让债权人代为保管，那么债权人就拥有了有效担保权益。把物品拿到典当行，就是提供质押担保的例子。

如果债权人手里没有真正地拥有财产，那么他可以针对这一财产附加某些特定的有效担保权益，避免第三方索赔。债权人可以通过采取下面两种方式附加特定的权益：

1. 附加声明（attachment）——在这一过程中，债权人签署一份书面协议，明确财产和债务。债务人由于提供抵押担保权益获得了报酬，债务人对财产具有法律赋予的所有权。

2. 提交财务报告（filing a financial statement）——通过提交债权人和债务人签字的财务报表，使担保权益有效。报表必须提交给财产所在地或者债务人居住的州、县或当地政府部门。银行通常按照《统一商法典》的要求，对贷款抵押物做登记。这种申报材料是可供大众检索的公开资料，其他人可以了解哪些财产实际已经被抵押出去。

一种有效担保权益的特殊形式是**消费贷款担保**（Purchase Money Security Interest，简称PMSI）。在这种交易中，售出的消费品，如汽车、家具等其他家用物品本身，实际上就是卖方提供消费信贷的担保。在这种情况下，无须登记。

在债务人不偿还债务或者不履行合约时，就出现违约。当法院为了要求欠债方还钱并没收财产时，那么对财产的处置就需要按照索赔的优先级进行清算。

商界人士需要了解的几项法规

《联邦交易委员会法案》（*Federal Trade Commission Act*）——**联邦交易委员会**（FTC）负责禁止在商业活动中出现不公平事件或发生欺诈性行为。广告业和产品标识属该委员会着重监管的内容。

《谢尔曼反托拉斯法》（*Sherman Antitrust Act*）——这一法规是管理那些“实际上”限制商业活动的做法。如为了操控某一行业产品的价格，厂家之间串通定价（price fixing），共同控制生产数量；人为划分地域以限制商业往来，蓄意排斥其他行业以及限制供货方供货等，均属于受限制的商业行为。限制供货方供货是指某一商业实体签署契约，要求厂家必须从某一供货商处购买，限制了其他供应商供货的机会。

《克雷顿法》（*Clayton Act*）——本法规限制垄断性商业行为和做法，如禁止发生可能会造成减少行业竞争的并购。由于受这一法规的限制，法院可能禁止一些会造成行业竞争减弱的并购行为。例如，某些人同时在某一特定行业相关联的数家公司董事会中任职，那么就可能造成减少行业竞争。《克雷顿法》严禁这种做法。

《罗宾逊－帕特曼法》（*Robinson-Patman Act*）——这一法规禁止在确定产品价格时，考虑非实际制造成本和运输成本之外的其他因素。

总之，我们把商学院里通常讲授的商业法课程的主要框架做了总结。实际工作中，切记要从律师那里征询意见，但学完这部分内容后，你就可以在办事、说话时像个熟悉法律的内行了。

1 分钟 MBA 商务写作课程

1. 尽量在开头的第一句话中明确要介绍的内容，不要浪费阅读者的时间。

写简单的备忘录（memo），也要有明确的目的。

2. 要用第一人称，语气要让人感到亲切，并要尊敬他人。写信函时，要假设收信人就坐在你的旁边。不要用太多的技术词汇和专业术语，也不要炫耀自己的词汇量。如果心情不好或者感到委屈，就不要写信函，更不要发出去，否则后悔晚矣。除了不得已而为之或者有真凭实据，不要埋怨公司内其他人或者写别人负面的内容。

3. 尽可能用主动语句，不用被动语句。

主动语句：史蒂文·西尔比格是这本书的作者。

被动语句：这本书是由史蒂文·西尔比格所著的。

4. 删除多余的字、举例和冗长的句子。用标题区分不同内容，减少不必要的过度分段。尽量用一页纸完成备忘录，其他资料可以作为附件附上。

5. 用办公软件中提供的“拼写和语法”检查功能，核对一下要发出的备忘录。读一遍后再发送。

10 分钟地产投资课程

在世界最富有人群中，很多人的财富是靠投资房地产积累起来的，所以每一位 MBA 都应该了解地产投资。投资地产的目的是，通过充分利用好投资杠杆和政府税收优惠政策，选择价值被低估的地产，创造财富。

在地产投资中，投资者最应关注的应该是现金流。现金流充裕，则能支付相关费用，自己手头也不紧。计算现金流的简单方法是，将收到的租金扣除支付银行抵押贷款和相关的其他费用。现金流有盈余，则可以考虑投资扩大地产投资组合，或者把钱花在其他消费上面。出租住房居住用的租约，简而言之就是每月有收入的合同。商业地产的租约有两种：一种是**包租租约**（gross lease），租户支付租金，业主支付除水电气之外的全部运营费用；另一种被称为**净租约**（triple net lease），租户支付租金、税费、保险、水电气和维护费。

与租约有关的费用，分为三种类型的经营费用。经营费用也分为固定费用、变动费用，以及预计添置大件和装修费用。固定费用包括税费、保险，基本上是每年或者每季度支付一次。变动费用包括租户不承担的水电气、维修维护费，以及预留的如果房子租不出去时的欠租费用。另外，预计添置大件和装修则考虑寿命期长的物件，包括新屋顶、壁炉、遮阳板安装、重新刷漆等。

租户帮你还抵押贷款的费用，这相当于你的投资有了收益。随着一次次支付银行贷款，即使你投资地产的价值没有怎么升值，你的股权股份也增大了。

正如在“金融”一章中提到的，杠杆作用增大了你的投资回报。这种投资属于普通百姓能够接触到的少数几种高杠杆效应的交易品种。抵押贷款如果只付5%的首付款，杠杆作用相当于20：1；如果抵押贷款的首付是20%，投资潜在的杠杆作用是5倍。这也是小额投资可以带来高额回报的体现。随着地产的升值，你可以通过再抵押融资，投资更多的地产或者提取一部分现金；在地产升值的大环境下，投资地产能创造积累财富；在地产贬值的环境中，投资也可能血本无归。但是，和生物科技股票比较起来，地产价值还是更实在得多。除非投资的地产遇有严重的环境污染问题，否则你总能从别人破产的困境中找到适合自己的地产投资机会。

地产的升值主要是由通胀、市场供需情况、投资者认为地产对自身的适用性造成的。如果用于居住的地产有被改成商业地产的可能性，则能变得更有价值。这也是地产的终极价值最大化。地产投资和位置选择有极大关系。不同城市、不同社区、不同街区，其地产价格差异很大。如果你觉得通过修缮希望投资的地产，可以提高地产的价值，建议你最好还是找专家评估一下能否实现。

抵押贷款买房，贷款利息在纳税前可以从收入中扣除，这是对买房人提供的一种税收补贴。使用信用卡发生的利息是不能作为税收扣减项的，政府对抵押贷款人提供税收扣减上的帮助。美国政府的城市发展和住房部、联邦住房管理局，以及复员军人管理局，可以帮助你提供购房融资。

税收折旧也是政府通过税收扣减补贴购房者的一种优惠措施。美国地产的税收折旧年限是，民用居住地产 27.5 年，非民用地产 39 年。计算折旧前，土地价格必须从房产价值中扣除。你可以查一下，地产税单中应纳税价值构成是否正确。将购房总价乘以相应比例，计算得出预计可以作为折旧部分的价值。

在房地产交易上挣得的利润，如果直接转入购买新地产，可以不支付这部分的税费。这本身就是一类独特资产。IRS 1031 条款递延税费方案中，你可以像将个人退休账户自由转入其他 IRA 账户中一样，将地产净值转入。在这种转入安排下，你的地产投资可以作为落地为安的财富而没有什么风险。这种安排需要全部利润转入类似的地产而不能提现，这种转入的财富也不能用于还债或者其他用途。

对地产的评估，也有几种不同方法。**资本化率**（capitalization rate）是一种简单评估投资收益的方法。地产的价值等于租金的净收益（租金减去经营成本）除以资本化率。资本化率是投资地产的投资人，在考虑了根据市场利率情况市场地产升值和出租因素所预期的投资回报。2011 年，人们通常预期的资本化率为 8%。假设地产净租金为 10 000 美元，这种方法将地产的价值评估为 125 000 美元。当然，如果地产的新主人通过翻修等工作将租金提高，也可以将地产价值增值。

另一种方法，是使用**毛租金倍数**（gross rent multiplier）的大拇指定律的粗略估算。这种方法不准确。最准确的评估方法应该还是如“金融”一章中介绍的，通过全面分析现金流、预计的折旧，考虑了风险的贴现率，来计算投资的净现值（NPV）。而且还应该对某些变量进行敏感性分析，检验一下项目的抗风险能力。

为了投资地产需要安排的融资工作，可以有以下一些方式，如传统的银行贷款、政府贷款、抵押贷款、卖方融资。

投资地产成功的5个要点总结如下：

1. 了解作为投资地产的真正价值。
2. 研究你所处地段的房产情况。
3. 规划好如何投资自己的积蓄。
4. 按照规划投资。
5. 管理好投资，以实现自己的投资目标。

表10.1所示的工作要点流程可以帮助你计算投资地产的潜在回报。

10分钟领导力培训

领导力培训是MBA教学中推出的一项新内容。个人领导力培训对公司高层管理者极具吸引力，他们支付每小时数百美元的费用进行讨教。我已经在第四天的“组织行为”一章中，介绍了涉及领导力理论的内容。现在众多MBA课程都包括专设的领导力课程，以便学生日后能成为领导者，说白了是期望同学们事业有成时，别忘了为母校大量捐款。

成为有领导力的人物，需要具备诸多特质，包括做决策时要充满自信，能调动他人的积极性，并敢于为自己的决定承担责任。总之，需要克服自身的忧虑和恐惧感，这远比周末攀岩难得多。许多商业领导者的忧虑和恐惧，是害怕失去控制。由此引发的其他恐惧感还包括担心精神错乱，在众人面前露怯丢面子，害怕失败。这种恐惧感是自找的，只有你自己能够有效地控制并改变这种状态。应该抱有“如果相信自己能够处理遇到的所有问题，那么

表 10.1　分析地产投资回报的工作要点

地段：______________________________

____

基本回报

1. 地产价值　______________
2. 该地产能够从银行借到的贷款　______________
3. 自己投资的自由资金　______________
4. 毛租金收入______月租金 ×12 =　______________
5. 费用______月 ×12 =　______________
6. 偿还贷款______月 ×12 =　______________
7. 利息费用（贷款总额 × __%）=　______________
8. 贷款支付（6 −7）=　______________
9. 现金流（4 −5 −6）=　______________
10. 扣减折扣（折旧）　______________
11. 可抵税总量（10 −9 −8）=　______________
12. 节省税费（税率× 11）=　______________
13. 地产利润（8 +9 +12）=　______________
14. 基本回报（13/3）=　______________

自由资金投资回报

15. 现金流（9）　______________
16. 偿还贷款（8）　______________
17. 节省税费（12）　______________
18. 折旧__% ×1 =　______________
19. 总投资（15 +16 +17 +18）=　______________
20. 自由资金回报（19/3）=　______________

还怕什么呢?”的信念。因此,“消除恐惧感,你只需要培养自己的自信力,相信自己能够应对前进路上遇到的任何困难”。这正是苏珊·杰佛斯(Susan Jeffers)博士所著《直面恐惧,从容应对》(*Feel the Fear and Do it Anyway*)一书中提到的智慧指南。“无论什么事情发生在自己身上,无论外部环境如何不利,我都能应对。”但如果真的发生极为糟糕的事情该怎么办?你也可能遇到自己控制不了的事件,只要自己尽力,就不会怨天尤人了。

许多事情会让人心生恐惧。露辛达·巴西特(Lucinda Basset)在《化恐慌为力量》(*From Panic to Power*)一书中明确指出,家庭和外部环境是造成你成长过程中有恐惧感的最直接原因。

- 成长过程中所处的环境过于严厉,一直在有恐惧和负罪感的环境中生活。
- 家庭成员不善于表达感情,从不表扬自己,也不认同。
- 父母对自己期望过高,结果总不能让他们满意。
- 家里有反应过度的成员,造成家庭气氛紧张。
- 家里失去亲人或者家人得了重病,有人染上毒瘾。

这看上去糟透了,但是对许多家庭来说,包括我自己在内,都遇到过上面列出的形成我们个性、习惯和性格中某些困惑的因素。正是这些环境因素,形成我们具有追求完美、心有负罪感、痴迷、紧张、敏感、过激、过分担心别人对自己的看法、过多的控制欲的性格。人的许多这种特质,都是促成你在学生时代或者进入商业领域后成功的动因。但也正是这里提到的某些特质,反而造成你难以成为成功的领导者。

要想改变自己,首先需要认识到自己有恐惧感的问题,并相信自己能克服。当自己感觉控制不住局面,也就是产生恐惧感的核心问题时,你就容易屈服认命。职场上,这种焦虑是外部因素造成的,也会诱发内心焦虑,如紧张、额头冒汗。只有自己能决定如何面对这些问题,不要硬扛问题,要了解这些问题。

在你处理外部问题的认知过程中，大脑意识中倾向扭曲实际情况，往不利状态考虑，产生不必要的焦虑。大卫·伯恩斯（David Burns）在《好心情手册》（*feeling good*）一书中阐述了需要关注我们在认知方面的这种主观意识错误。

1. 零和思维：没有达到最完美的结果就是失败。
2. 泛泛推论：遇到不利因素，总以为摆脱不了困境会失败。
3. 负面思维：把事物正面的因素都过滤掉，注意力都集中在负面因素上。
4. 否认正确事物：对正面因素视而不见，而坚持自己的误解。
5. 妄下结论：想象人们会做出负面的反应，出现不好的局面。
6. 夸大问题低估正面因素：夸大困难的严重性，低估正面因素的力量。
7. 感情用事：把意识中不好的情绪当成周围世界就是如此糟糕。
8. 用“本应该”论调：总用“本应该”或者“本不应该”激励自己，造成自己身处一旦出现不利情况要会鞭打惩罚强迫做某些事的压力环境中。这种“必须”和“应该”做的也就成错误的了。
9. 误贴标签：给自己或者他人贴上“失败者”或“愚笨”的标签。
10. 把问题个人化：把外部因素造成的问题当成是自己引发的，有负罪感。

压力大的时候，深呼吸几口新鲜空气，用“正面的心理对话”克服压力。往好处想的正面思维，能让自己感觉更好。负面思维是一种坏习惯，通过练习，自己可以克服并战胜之。如，杰佛斯提到的一种好的练习方法，想象头脑中有两种声音影响着你：一种是不停敲打自己，总是假设会出现各种结果，怀疑你做的决定，或者总是后悔做出的决定；另一种正面的声音是，“自己有能力，有才智，即便出现不理想的结果，也能应对。你控制不了世界，但是你能够控制自己对外面发生的一切事情的反应，并不断学习改进，今后能做出更好的决定”。

杰佛斯建议，你在做出决定时，考虑自己能有哪些收获，而不是自己会失去什么。要下工夫做些调研，做出全面的实事求是的决定。明确事情的轻重缓急，相信自己的直觉，快乐上路。你做出的任何决定，都不会引发世界的毁灭。美国发生了安然、世通、安达信丑闻和麦道夫旁氏骗局，大家不也都过来了吗?！玛莎·斯图尔特（Martha Stewart）因股票内幕交易进了监狱，现在不也自由了吗?！

做出决定后，不要把自己禁锢在结果“应该”如何，要抛弃这种思维。如果事情发展到最后不是非常理想，那么就承担责任并尽力改变现状。不要花时间辩解自己当初做出决定是如何正确。你改变不了过去，你只能影响未来。带着负罪感工作，也没有效率。原谅别人，也原谅自己，关注解决问题。

如果你的思维方式过于负面，巴西特建议你认清这些负面想法是什么，并从此打住。问自己这些想法是否是事实，是否实际、合理。用头脑中正面的声音正视问题，分析透，相信自己能够处理，先让自己感觉好起来。习惯用正面声音对话，总比负面声音对话要好很多。人在正面思维和头脑意志力强的状态下，就会采取行动处理解决问题，而不是忙于担忧问题。如果处在忙着处理问题中，自然也就没时间担忧了。“通过改变思维状态，调节你的情绪”。通过专注解决问题分散你的注意力，抽出时间锻炼身体，听听音乐或者做其他积极运动，能够缓解焦虑。这样，在下一个挑战面前，你就能更乐观应对，从容领导。

还有很多专家也提出过类似的建议。斯宾塞·约翰逊（Spencer Johnson）的《礼物》（*the Present*），是一本讲述一位年长智者就如何专注把握现在而达到积极乐观生活状态，提出告诫方面非常好的著作。把握现在，专注现实。把注意力集中在处理对自己重要的问题上。吸取过去的经验教训，今天就在行动中有所改变。规划未来，设想美好的未来在等待着自己，制订行动方案，并脚踏实地为实现自己的理想努力。

约翰逊在《谁动了我的奶酪》一书中，列举老鼠和小人物陷入困境，而他给出的答案则是，面对变化的世界，要主动出击采取行动。他提倡，将应对变化作为生活中的常态，主动预测变化，积极应对。接受变化并积极应对的生活态度，比面对恐惧和焦虑惊慌失措健康得多。

领导力培训在触及实际问题的同时，也谈论大的人生规划。课程中讲述的内容包括，有效安排好时间，按照轻重缓急安排工作日程。尽管解决不了日程表中所有的问题，但这种安排能让自己在一天结束时感到有成就感。注意，日程不要排得太满，有时安排太多也是某种逃避心理的表现。维护好交际网络和客户关系，也要不断更新电子通信产品的联系方式。整理这类名单也要有些技巧，避免今后想联系这些人时忘记姓名，如把这些在高尔夫球观赛中遇到的人的名字，加上“大师赛”备注，这样便于查找。

在谈及人生大问题时，领导力培训能够帮助你设定详尽的生活目标，涉及公司、事业、个人、商业关系、家庭关系和社区关系。你将和培训师定期回顾审视进展，确保自己没有走偏。史蒂芬·柯维（Stephen Covey）在所著的《高效能人士的七个习惯》（*7 Habits of Highly Effective People*）中建议我们，“担负责任，确定什么对自己最重要，并为之快乐地活着。首先要了解别人，然后要让别人了解自己。”他在2004年增加了一条新习惯，即“找到你的愿望，你心灵的呼唤，你的心灵密码，激励他人寻找真正的自我”。

领导力培训师，正如你能想象到的，视自己为“健康身心教练”，推荐坚持运动锻炼，健康饮食，不吸烟，少喝咖啡因饮料，要静思冥想（打坐），拥有充足的睡眠。他们推荐360度全方位调整，和公司领导、同事、顶头上司相处融洽。培训师们可能还提供其他建议，如每天吃水果，那样就会没时间吃垃圾食品。面带笑容，你的微笑能感染他人，自己也能快乐。不要接受电视中看到的糟糕画面，那是世界被扭曲的负面影像。回报社会，帮助他人就如同帮助自己。这些方面的很多因素影响着你承受压力和焦虑的大小，也因此会干扰你作为商业领袖的影响力。

10 分钟理财规划

商学院当然希望自己的学生们都能成功地实现个人财富目标。一些顶尖的商学院提供理财规划和金融管理课程。对 MBA 学生来说，没有什么比能创造个人财富更重要的了。由于 MBA 们的平均工资属于打工族中挣得最多的10% 那一部分群体，所以要想成为百万富翁，关键就是做好规划，严格自律。

原则1：犒劳自己

将收入的10% 主动存起来。

利用递延支付税款带来好处，并实现利润最大化。充分利用好现有的401（k）或者403（b）方案，把握并利用好雇主为你支付的福利费用。山姆大叔提供的税收好处，一定要尽量利用上。如果你是按照25% 的税率支付所得税，那么和你扣税后拿到支票再存到银行相比，你已经从雇主直接将你的收入存到银行专有账户安排中，通过避税而获得了25% 的回报。如果雇主还要匹配相应的福利给你，你的回报就多了两倍。你从共同基金投资中挣到的钱，又是一笔额外收入。即使是在互联网泡沫期间，其他的投资很难赶上这种规划安排带来的高回报。注意，你的收入应该是在扣除税款之前自动转入投资账户的。

如果你的雇主还没有选择适用的401（k）方案，建议你考虑其他递延支付税款的方案。充分利用传统的个人退休账户（IRA）、罗斯个人退休账户（Roth IRA，提款前免税个人退休账户）和小型企业雇员配款账户（Simple IRA）政策。尽量安排好从工资中或者你的存款中，自动系统地扣除一部分收入用来投资。如果是自己的公司，递延的税收支付能为你节省更多。申请一份个人的401（k）或者小型企业雇员配款账户。

如果你按照这一规划做，即便你的收入水平一般，到退休时也能省下上百万美元。

原则2：还是买房好

买房吧，别再租了。租房子住不会给自己带来任何财富，当然，租房对业主而言还是有好处的。正如政府对税收递延账户拥有者提供的优惠，美国的联邦政府也对购房者提供补贴。抵押贷款的利息可以从收入中扣除，这样减少你支付的税费。如果你的个人所得税是按照25%支付的，政府补贴你贷款利息的25%。在抵押贷款的头几年，支付给银行费用大都属于利息费用，政府要补贴你整个抵押贷款利息的25%。这么好的交易，实在让人难以拒绝。

房屋抵押贷款有几年期，也有更长的，如15年期和30年期。15年期的抵押贷款，支付的利息少一些，和30年的贷款相比，你能缩短一半的时间就将房子转到自己名下，这也逼着你多存钱，当然每月支付的房贷也会多一些。30年的房贷，利息支付的多一些，但时间长。30年房贷的优点是，买的房子可以大一些，房子升值后，你可以有更多的财务灵活性。和其他投资相比，抵押贷款的杠杆效应效果最佳。在贷款首付20%的情况下，你把控着相当于投资额5倍的不动产价值。

如果你能多存些钱，并希望早点还清贷款，最好每两周还一次贷款，每月多还一次，或者每年多还一个月的贷款。这样，你就可以10年内拥有自己的房产了。记住，要比较各银行之间的贷款条件，包括利率水平和收费标准。可以参考bankrate. com网站。

投资可出租地产。随着离拥有自己房产的愿望越来越近，你个人的财富逐渐积累起来。你可以利用这些资产，为自己再买一套房子，或者购买用于出租的其他地产。这种投资的好处是租户给你存钱，他们代你支付了抵押贷款的费用。参阅“十分钟地产投资课程”一节内容，了解更多地产投资的财务回报分析。

原则 3：准备好应急资金，设立投资组合账户

每个人均需要准备好应急用的资金，专家建议这笔钱的总额应该相当于 3 ~ 6 个月的收入，当然，想高枕无忧，多准备一些更好。最好是每月定额存续一部分钱，养好这个金蛋并尽快达到预计的目标。这笔钱享受不了政府的税收补贴，你是从工资收入中变现的，税款已经被扣除。你最好别动这笔钱，把钱存在现金存款利息高的地方，你可以通过 bankrate. com 找到满意的交易条件。

一旦准备好了应急资金，则应该进行长期投资并在投资账户上再投入相同的或者更多的钱。你可以把这笔钱用于教育基金、投资生意，或者退休时用。

原则 4：明智地投资

把能用于投资的钱积攒好后，真正投资时，选择投资组合时可千万不要有太多创意。要挑选《福布斯》杂志和 morningstar. com 网站选出的长期共同基金业绩最好的机构。股票的投资要分散一些，选出大型、中型和小型市值规模的共同基金公司投资，投资要求也广泛一些，如价值投资、匹配型投资和投资成长型公司。投资债券的种类也要有所区别，要囊括长期、中期和短期债券。要注意投资成本费用，这对投资回报也有正面影响。你需要关注整个投资组合，而不是只盯着一只股票，可以通过 morningstar. com 网站跟踪分析自己投资组合的进展。选择现金存款时，则可以通过比较 bankrate. com 网站和市场的利率，找出对自己有利的机构存款。

你也可以将存款的一部分投资于一些高风险的项目，但是要严格要求自己，这部分投资应该只占你投资积累中的很小部分。

原则 5：该节俭就节俭，该花钱一定舍得花

使用好自己积累起来的财富，和学会积累财富同样重要。我们应该学会享受生活，活着毕竟不是给别人看的。花钱时要有所取舍。为了满足自己的某些爱好，无论是打高尔夫球还是收藏红酒，可以随意一些。但对于不是什么非常重要的消费，你应该注意节俭。

如大家常提到的，如果每天喝一杯 5 美元的咖啡，或者吸类似价格的香烟，等你退休时，可能就花掉了本来可以存到退休时享用的百万美元。没必要在买车上浪费太多钱，一辆中等价位的车坚持开上 20 多万公里，可以为你省下不少频繁更换新车支付的更多费用，包括折旧和利息。如果能坚持这样做，也能为你省下百万美元的退休金。

其他领域可以存些钱的地方是，少用信用卡。一些专家建议还是不用信用卡好，因为刷卡和花现金相比，持卡人的心里没有花现金时那种“心痛”的感觉。如果不得不用信用卡，要选择有类似现金存款功能的发现卡（Discover）。不要不付清上一期月度余款，应避免其递延到下一个月，银行收的利息可比你从投资中能挣到的回报高很多。

Ten-Day
MBA
By the authority of the author,
this diploma confers upon
the degree of Ten-Day MBA
and herewith all the rights and privileges of
a Master of Business Administration
from the University of the Self-Taught
Steven Alan Silbiger
Author

附录

一、缩略语

缩写	全称	意思
ABC	activity-based costing	作业成本法
ADL	Arthur D. Little consulting group	阿瑟·利特尔顾问公司
AIDA	attention/interest/desire/action	注意/兴趣/欲望/行动
BCG	Boston Consulting Group	波士顿咨询公司
CAPM	capital asset pricing model	资本资产定价模型
CDF	cumulative distribution function	累计分布函数
CDS	credit default swap	信用违约互换
COGS	cost of goods sold	销货成本
CPM	critical path method of scheduling	关键路径计划法
CPM	cost per thousand	每千……费用
CRM	customer relationship management	客户关系管理
EBIT	earnings before interest and taxes	息税前利润
EMV	expected monetary value	期望值

EOQ	economic order quantity	经济订货量
EVA	economic value added	经济增加值
FASB	Financial Accounting Standards Board	财务会计准则委员会
FIFO	first in first out	先进先出
FRICTO	flexibility, risk, income, control, timing, other	灵活性、风险、收入、控制、时间、其他
FSI	fleestanding insert	独立插页
GAAP	generally accepted accounting principles	公认会计原则
GDP	gross domestic product	国内生产总值
GNP	gross national product	国民生产总值
GRP	gross rating points	毛额定点数
IPO	initial public offering	首次公开上市
IRR	internal rate of return	内部收益率
IT	information technology	信息技术
JIT	just-in-time inventory	即时库存制
LBO	leveraged buyout	杠杆收购
LCP	low-cost producer	低成本生产者
LIFO	last in first out	后进先出
M&A	mergers and acquisitions	兼并与收购
MBO	management by objective	目标管理
MBWA	management by walking around	走动式管理
MNC	multinational corporation	跨国公司
MRP	material requirements planning	物料需求计划
NNP	net national product	国民生产净值

NPV	net present value	净现值
PE	price-earnings ratio	市盈率
PLC	product life cycle	产品生命周期
POP	point of purchase	采购点
QWL	quality of work life	工作生活质量
RIF	reduction in force (layoff)	力量削减
ROE	return on equity	权益报酬率
SBU	strategic business unit	战略业务单元
SEC	Securities and Exchange Commission	证券交易委员会
SEO	Search Engine Optimization	搜索引擎优化
SKU	stock keeping unit	储货单元
SMSA	Standard Metropolitan Statistical Area	标准大都市统计区
SOX	Sarbanes-Oxley Act	《萨班斯－奥克斯利法案》
SPC	statistical process control	统计过程控制
SWOT	strengths, weaknesses, opportunities, threats	SWOT 分析
TRP	total rating points	总额定点数
TQM	total quality management	全面质量管理
WACC	weighted average cost of capital	加权平均资本成本
YTM	yield to maturity	到期收益率

二、数量分析表

1 美元现值系数表

现值

r = 贴现值

期数

= N	1%	2%	3%	4%	5%	6%	7%	8%
1	0. 9901	0. 98039	0. 97087	0. 96154	0. 95238	0. 9434	0. 93458	0. 92593
2	0. 9803	0. 96117	0. 9426	0. 92456	0. 90703	0. 89	0. 87344	0. 85734
3	0. 97059	0. 94232	0. 91514	0. 889	0. 86384	0. 83962	0. 8163	0. 79383
4	0. 96098	0. 92385	0. 88849	0. 8548	0. 8227	0. 79209	0. 7629	0. 73503
5	0. 95147	0. 90573	0. 86261	0. 82193	0. 78353	0. 74726	0. 71299	0. 68058
6	0. 94205	0. 88797	0. 83748	0. 79031	0. 74622	0. 70496	0. 66634	0. 63017
7	0. 93272	0. 87056	0. 81309	0. 75892	0. 71068	0. 66506	0. 62275	0. 58349
8	0. 92348	0. 85349	0. 78941	0. 73069	0. 67684	0. 62741	0. 58201	0. 54027
9	0. 91434	0. 83676	0. 76642	0. 70259	0. 64461	0. 5919	0. 54393	0. 50025
10	0. 90529	0. 82035	0. 74409	0. 67556	0. 61391	0. 55839	0. 50835	0. 46319
11	0. 89632	0. 80426	0. 72242	0. 64958	0. 58468	0. 52679	0. 47509	0. 42888
12	0. 88745	0. 78849	0. 70138	0. 6246	0. 55684	0. 49697	0. 44401	0. 39711
13	0. 87866	0. 77303	0. 68095	0. 60057	0. 53032	0. 46884	0. 41496	0. 3677
14	0. 86996	0. 75788	0. 66112	0. 57748	0. 50507	0. 4423	0. 38782	0. 34046
15	0. 86135	0. 74301	0. 64186	0. 55526	0. 48102	0. 41727	0. 36245	0. 31524
16	0. 85282	0. 72845	0. 62317	0. 53391	0. 45811	0. 39365	0. 33873	0. 29189
17	0. 84438	0. 71416	0. 60502	0. 51337	0. 4363	0. 37136	0. 31657	0. 27027
18	0. 83602	0. 70016	0. 58739	0. 49363	0. 41552	0. 35034	0. 29586	0. 25025
19	0. 82774	0. 68643	0. 57029	0. 47464	0. 39573	0. 33051	0. 27651	0. 23171
20	0. 81954	0. 67297	0. 55368	0. 45639	0. 37689	0. 3118	0. 25842	0. 21455
21	0. 81143	0. 65978	0. 53755	0. 43883	0. 35894	0. 29416	0. 24151	0. 19866
22	0. 8034	0. 64684	0. 52189	0. 42196	0. 34185	0. 27751	0. 22571	0. 18394
23	0. 79544	0. 63416	0. 50669	0. 40573	0. 32557	0. 2618	0. 21095	0. 17032
24	0. 78757	0. 62172	0. 49193	0. 39012	0. 31007	0. 24698	0. 19715	0. 1577
25	0. 77977	0. 60953	0. 47761	0. 37512	0. 2953	0. 233	0. 18425	0. 14602
26	0. 77205	0. 59758	0. 46369	0. 36069	0. 28124	0. 21981	0. 1722	0. 1352
27	0. 7644	0. 58586	0. 45019	0. 34682	0. 26785	0. 20737	0. 16093	0. 12519
28	0. 75684	0. 57437	0. 43708	0. 33348	0. 25509	0. 19563	0. 1504	0. 11591
29	0. 74934	0. 56311	0. 42435	0. 32065	0. 24295	0. 18456	0. 14056	0. 10733
30	0. 74192	0. 55207	0. 41199	0. 30832	0. 23138	0. 17411	0. 13137	0. 09938

1 美元的现值

1 美元：$(1+r)^{-n}$

距离付款的期数

9%	10%	12%	14%	15%	16%	18%	20%	25%
0. 91743	0. 90909	0. 89286	0. 87719	0. 86957	0. 86207	0. 84746	0. 83333	0. 8
0. 84168	0. 82645	0. 79719	0. 76947	0. 75614	0. 74316	0. 71818	0. 69444	0. 64
0. 77218	0. 75131	0. 71178	0. 67497	0. 65752	0. 64066	0. 60863	0. 5787	0. 512
0. 70843	0. 68301	0. 63552	0. 59208	0. 57175	0. 55229	0. 51579	0. 48225	0. 4096
0. 64993	0. 62092	0. 56743	0. 51937	0. 49718	0. 47611	0. 43711	0. 40188	0. 32768
0. 59627	0. 56447	0. 50663	0. 45559	0. 43233	0. 41044	0. 37043	0. 3349	0. 26214
0. 54703	0. 51316	0. 43235	0. 39964	0. 37594	0. 35383	0. 31393	0. 27908	0. 20972
0. 50187	0. 46651	0. 40388	0. 35056	0. 3269	0. 30503	0. 26604	0. 23257	0. 16777
0. 46043	0. 4241	0. 38061	0. 30751	0. 28426	0. 26295	0. 22546	0. 19381	0. 13422
0. 42241	0. 38554	0. 32197	0. 26974	0. 24718	0. 22668	0. 19106	0. 16151	0. 10737
0. 38753	0. 35049	0. 28748	0. 23662	0. 21494	0. 19542	0. 16192	0. 13459	0. 0859
0. 35553	0. 31863	0. 25668	0. 20756	0. 18691	0. 16846	0. 13722	0. 11216	0. 06872
0. 32618	0. 28966	0. 22917	0. 18207	0. 16253	0. 14523	0. 11629	0. 09346	0. 05498
0. 29925	0. 26333	0. 20462	0. 15971	0. 14133	0. 1252	0. 09855	0. 07789	0. 04398
0. 27454	0. 23939	0. 1827	0. 1401	0. 12289	0. 10793	0. 08352	0. 06491	0. 03518
0. 25187	0. 21763	0. 16312	0. 12289	0. 10686	0. 09304	0. 07078	0. 05409	0. 02815
0. 23107	0. 19784	0. 14564	0. 0178	0. 09293	0. 08021	0. 05998	0. 04507	0. 02252
0. 21199	0. 17986	0. 13004	0. 09456	0. 08081	0. 06914	0. 05083	0. 03756	0. 01801
0. 19449	0. 16351	0. 11611	0. 08295	0. 07027	0. 05961	0. 04308	0. 0313	0. 1441
0. 17843	0. 14864	0. 10367	0. 07276	0. 0611	0. 05139	0. 03651	0. 02608	0. 01153
0. 1637	0. 13513	0. 09256	0. 06383	0. 05313	0. 0443	0. 03094	0. 02174	0. 00922
0. 15018	0. 12285	0. 08264	0. 05599	0. 0462	0. 03819	0. 02622	0. 01811	0. 00738
0. 13778	0. 11168	0. 07379	0. 04911	0. 04017	0. 03292	0. 02222	0. 01509	0. 0059
0. 1264	0. 10153	0. 06588	0. 04308	0. 03493	0. 02838	0. 01883	0. 01258	0. 00472
0. 11597	0. 0923	0. 05882	0. 03779	0. 03038	0. 02447	0. 01596	0. 01048	0. 00378
0. 10639	0. 08391	0. 05252	0. 03315	0. 02642	0. 02109	0. 01352	0. 00874	0. 00302
0. 09761	0. 07628	0. 04689	0. 02908	0. 02297	0. 01818	0. 01146	0. 00728	0. 00242
0. 08955	0. 06934	0. 04187	0. 02551	0. 01997	0. 01567	0. 00971	0. 00607	0. 00193
0. 08215	0. 06304	0. 03738	0. 02237	0. 01737	0. 01351	0. 00823	0. 00506	0. 00155
0. 07537	0. 05731	0. 03338	0. 01963	0. 0151	0. 01165	0. 00697	0. 00421	0. 00124

1 美元终值系数表

终值

r = 贴现值

期数

= N	1%	2%	3%	4%	5%	6%	7%	8%
1	1. 01	1. 02	1. 03	1. 04	1. 05	1. 06	1. 07	1. 08
2	1. 0201	1. 0404	1. 0609	1. 0816	1. 1025	1. 1236	1. 1449	1. 1664
3	1. 0303	1. 06121	1. 09273	1. 12486	1. 15763	1. 19102	1. 22504	1. 25971
4	1. 0406	1. 08243	1. 12551	1. 16986	1. 21551	1. 26248	1. 3108	1. 36049
5	1. 05101	1. 10408	1. 15927	1. 21665	1. 27628	1. 33823	1. 40255	1. 46933
6	1. 06152	1. 12616	1. 19405	1. 26532	1. 3401	1. 41852	1. 50073	1. 58687
7	1. 07214	1. 14869	1. 22987	1. 31593	1. 4071	1. 50363	1. 60578	1. 71382
8	1. 08286	1. 17166	1. 26677	1. 36857	1. 47746	1. 59385	1. 71819	1. 85093
9	1. 09369	1. 19508	1. 30477	1. 42331	1. 55133	1. 68948	1. 83846	1. 999
10	1. 10462	1. 21899	1. 34392	1. 48024	1. 62889	1. 79085	1. 96715	2. 15892
11	1. 11567	1. 24337	1. 38423	1. 53945	1. 71034	1. 8983	2. 10485	2. 33164
12	1. 12683	1. 26824	1. 42576	1. 60103	1. 79586	2. 0122	2. 25219	2. 51817
13	1. 13809	1. 29361	1. 46853	1. 66507	1. 88565	2. 13293	2. 40985	2. 71962
14	1. 14947	1. 31948	1. 15259	1. 73168	1. 97993	2. 2609	2. 57853	2. 93719
15	1. 16097	1. 34587	1. 55797	1. 80094	2. 07893	2. 39656	2. 75903	3. 17217
16	1. 17258	1. 37279	1. 60471	1. 87298	2. 18287	2. 54035	2. 95216	3. 42594
17	1. 1843	1. 40024	1. 65285	1. 9479	2. 29202	2. 69277	3. 15882	3. 70002
18	1. 19615	1. 42825	1. 70243	2. 02582	2. 40662	2. 85434	3. 37993	3. 99602
19	1. 20811	1. 45681	1. 75351	2. 10685	2. 52695	3. 0256	3. 61653	4. 3157
20	1. 22019	1. 48595	1. 80611	2. 19112	2. 6533	3. 20714	3. 86968	4. 66096
21	1. 23239	1. 51567	1. 86029	2. 27877	2. 78596	3. 39956	4. 14056	5. 03383
22	1. 24472	1. 154598	1. 9161	2. 36992	2. 92526	3. 60354	4. 4304	5. 43654
23	1. 25716	1. 5769	1. 97359	2. 46472	3. 07152	3. 81975	4. 74053	5. 87146
24	1. 26973	1. 60844	2. 03279	2. 5633	3. 2251	4. 04893	5. 07237	6. 34118
25	1. 28243	1. 64061	2. 09378	2. 66584	3. 38635	4. 29187	5. 42743	6. 84848
26	1. 29526	1. 67342	2. 15659	2. 77247	3. 55567	4. 54938	5. 80735	7. 39635
27	1. 30821	1. 70689	2. 22129	2. 88337	3. 73346	4. 82235	6. 21387	7. 98806
28	1. 32129	1. 74102	2. 28793	2. 9987	3. 92013	5. 11169	6. 64884	8. 62711
29	1. 3345	1. 77584	2. 35657	3. 11865	4. 11614	5. 41839	7. 11426	9. 31727
30	1. 34785	1. 81136	2. 42726	3. 2434	4. 32194	5. 74349	7. 61226	10. 06266

1 美元的终值

1 美元 = （1 + r）$^{-n}$

距离付款的期数

9%	10%	12%	14%	15%	16%	18%	20%	25%
1.09	1.1	1.12	1.14	1.15	1.16	1.18	1.2	1.25
1.1881	1.21	1.2544	1.2996	1.3225	1.3456	1.3924	1.44	1.5625
1.29503	1.331	1.40493	1.48154	1.52088	1.5609	1.64303	1.728	1.95313
1.41158	1.4641	1.57352	1.68896	1.74901	1.81064	1.93878	2.0736	2.44141
1.53862	1.61051	1.76234	1.92541	2.01136	2.10034	2.28776	2.48832	3.05176
1.6771	1.77156	1.97382	2.19497	2.31306	2.4364	2.69955	2.98598	3.8147
1.82904	1.94872	2.21068	2.50227	2.66002	2.82822	3.18547	3.58318	4.76837
1.99256	2.14359	2.47596	2.85259	3.05902	3.27841	3.75886	4.29982	5.96046
2.17288	2.35795	2.77308	3.25195	3.51788	3.80296	4.43545	5.15978	7.45058
2.36736	2.59374	3.10585	3.70722	4.04556	4.41144	5.23384	6.19174	9.31323
2.58043	2.85312	3.47855	4.22623	4.65239	5.11726	6.17593	7.430081	11.64153
2.81266	3.13843	3.89598	4.8179	5.35025	5.93603	7.28759	8.9161	14.55192
3.0658	3.45227	4.36348	5.49241	6.15279	6.88579	8.59936	10.69932	18.18989
3.34173	3.7975	4.88711	6.26135	7.07571	7.98752	10.14724	12.83918	22.73737
3.64248	4.17725	5.47357	7.13794	8.13706	9.26552	11.97375	15.40702	28.42171
3.97031	4.59497	6.13039	8.13725	9.35762	10.748	14.12902	18.48843	35.52714
4.32763	5.05447	6.86604	9.27646	10.76126	12.46768	16.67225	22.18611	44.40892
4.71712	5.55992	7.68997	10.57517	12.37545	14.46251	19.67325	26.62333	55.51115
5.14166	6.11591	8.61276	12.05569	14.23177	16.77652	23.21444	31.948	69.38894
5.60441	6.7275	9.64629	13.74349	16.36654	19.46076	27.39303	38.3376	86.73617
6.10881	7.40025	10.80385	15.66758	18.82152	22.57448	32.32378	46.00512	108.42022
6.6586	8.14027	12.10031	17.86104	21.64475	26.1864	38.14206	55.20614	135.52527
7.25787	8.9543	13.55235	20.36158	24.89146	30.37622	45.00763	66.24737	169.40659
7.91108	9.84973	15.17863	23.21221	28.82518	35.23642	53.10901	79.49685	211.75824
8.62308	10.83471	17.00006	26.46192	32.91895	40.87424	62.66863	95.39622	264.6978
9.39916	11.91818	19.04007	30.16658	37.8568	47.41412	73.94898	114.47546	330.87225
10.24508	13.10999	21.32488	34.38991	43.53531	55.00038	87.2598	137.37055	413.59031
11.16714	14.42099	23.88387	39.20449	50.06561	63.80044	102.96656	164.84466	516.98788
12.17218	15.86309	26.74993	44.69312	57.57545	74.00851	121.50054	197.81359	646.23485
13.26768	17.4494	29.95992	50.95016	66.21177	85.84988	143.37064	237.37631	807.79357

三、正态分布表

表中的每一个数据代表正态分布曲线下的区域，该区域介于均值和偏离均值“Z”的标准差之间。Z =（x – 均值）/标准差。

Z	0. 0	0. 01	0. 02	0. 03	0. 04	0. 05	0. 06	0. 07	0. 08	0. 09
0. 0	0. 000	0. 004	0. 008	0. 012	0. 016	0. 0199	0. 0239	0. 0279	0. 0319	0. 0359
0. 1	0. 0398	0. 0438	0. 0478	0. 0517	0. 0557	0. 0596	0. 0636	0. 0675	0. 0714	0. 0753
0. 2	0. 0793	0. 0832	0. 0871	0. 091	0. 0948	0. 0987	0. 1026	0. 1064	0. 1103	0. 1141
0. 3	0. 1179	0. 1217	0. 1255	0. 1293	0. 1334	0. 1368	0. 1406	0. 1143	0. 148	0. 1517
0. 4	0. 1534	0. 1591	0. 1628	0. 1664	0. 17	0. 1726	0. 1772	0. 1808	0. 1844	0. 1879
0. 5	0. 1915	0. 195	0. 1985	0. 2019	0. 2054	0. 2088	0. 2123	0. 2157	0. 219	0. 224
0. 6	0. 2257	0. 2291	0. 2324	0. 2357	0. 2389	0. 2422	0. 2454	0. 2486	0. 2518	0. 2579
0. 7	0. 258	0. 2612	0. 2642	0. 2673	0. 2704	0. 2734	0. 2764	0. 2794	0. 2823	0. 2852
0. 8	0. 2881	0. 291	0. 2939	0. 2967	0. 2995	0. 3023	0. 3051	0. 3078	0. 3106	0. 3133
0. 9	0. 3159	0. 3186	0. 3212	0. 3238	013264	0. 3289	0. 3315	0. 334	0. 3365	0. 3389
1. 0	0. 3413	0. 3438	0. 3461	0. 3485	0. 3508	0. 3531	0. 3554	0. 3577	0. 3599	0. 3621
1. 1	0. 3643	0. 3665	0. 368	0. 3708	0. 3729	0. 3749	0. 377	0. 379	0. 381	0. 383
1. 2	0. 3849	0. 3869	0. 3888	0. 3907	0. 3925	0. 3944	0. 3962	0. 398	0. 3997	0. 4015
1. 3	0. 4032	0. 4049	0. 4066	0. 4082	0. 4099	0. 4115	0. 4131	0. 4147	0. 4162	0. 4177
1. 4	0. 4192	0. 4207	0. 4222	0. 4236	0. 4251	0. 4265	0. 4279	0. 4292	0. 4306	0. 4319
1. 5	0. 4332	0. 4345	0. 4357	0. 437	0. 4382	0. 4394	0. 4406	0. 4418	0. 4429	0. 4441
1. 6	0. 4452	0. 4463	0. 4474	0. 4484	0. 4495	0. 4505	0. 4515	0. 4525	0. 4535	0. 4545
1. 7	0. 4554	0. 4564	0. 4573	0. 4582	0. 4591	0. 4599	0. 4608	0. 4616	0. 4625	0. 4633
1. 8	0. 4641	0. 4649	0. 4656	0. 4664	0. 4671	0. 4673	0. 4686	0. 4693	0. 4699	0. 4706
1. 9	0. 4713	0. 4719	0. 4726	0. 4732	0. 4738	0. 4744	0. 475	0. 4756	0. 4761	0. 4767
2. 0	0. 4772	0. 4778	0. 4783	0. 4788	0. 4793	0. 4798	0. 4803	0. 4808	0. 4812	0. 4817
2. 1	0. 4821	0. 4826	0. 483	0. 4834	0. 4838	0. 4842	0. 4846	0. 485	0. 4854	0. 4857

（续表）

Z	0. 0	0. 01	0. 02	0. 03	0. 04	0. 05	0. 06	0. 07	0. 08	0. 09
2. 2	0. 4861	0. 4864	0. 4868	0. 4871	0. 4875	0. 4878	0. 4881	0. 4884	0. 4887	0. 489
2. 3	0. 4893	0. 4896	0. 4898	0. 4901	0. 4904	0. 4906	0. 4909	0. 4911	0. 4913	0. 4916
2. 4	0. 4918	0. 492	0. 4922	0. 4925	0. 4927	0. 4929	0. 4931	0. 4932	0. 4934	0. 4936
2. 5	0. 4938	0. 494	0. 4941	0. 4943	0. 4945	0. 4946	0. 4948	0. 4949	0. 4951	0. 4952
2. 6	0. 4953	0. 4955	0. 4956	0. 4957	0. 4959	0. 496	0. 4961	0. 4962	0. 4963	0. 4964
2. 7	0. 4965	0. 4966	0. 4967	0. 4968	0. 4969	0. 497	0. 4971	0. 4972	0. 4973	0. 4974
2. 8	0. 4974	0. 4975	0. 4976	0. 4977	0. 4977	0. 4978	0. 4979	0. 4979	0. 498	0. 4981
2. 9	0. 4981	0. 4982	0. 4982	0. 4983	0. 4984	0. 4984	0. 4985	0. 4985	0. 4986	0. 4986
3. 0	0. 49865	0. 4987	0. 4987	0. 4988	0. 4988	0. 4989	0. 4989	0. 4989	0. 499	0. 499
3. 1	0. 49903	0. 4991	0. 4991	0. 4991	0. 4992	0. 4992	0. 4992	0. 4992	0. 4993	0. 4993
3. 2	0. 4993129	0. 4993	0. 4994	0. 4994	0. 4994	0. 4994	0. 4994	0. 4995	0. 4995	0. 4995
3. 3	0. 4995166	0. 4995	0. 4995	0. 4996	0. 4996	0. 4996	0. 4996	0. 4996	0. 4996	0. 4997
3. 4	0. 4996631	0. 4997	0. 4997	0. 4997	0. 4997	0. 4997	0. 4997	0. 4997	0. 4998	0. 4998
3. 5	0. 4997674	0. 4998	0. 4998	0. 4998	0. 4998	0. 4998	0. 4998	0. 4998	0. 4998	0. 4998
3. 6	0. 4998409	0. 4998	0. 4999	0. 4999	0. 4999	0. 4999	0. 4999	0. 4999	0. 4999	0. 4999
3. 7	0. 4998922	0. 4999	0. 4999	0. 4999	0. 4999	0. 4999	0. 4999	0. 4999	0. 4999	0. 4999
3. 8	0. 4999277	0. 4999	0. 4999	0. 4999	0. 4999	0. 4999	0. 4999	0. 5	0. 5	0. 5
3. 9	0. 4999519	0. 5	0. 5	0. 5	0. 5	0. 5	0. 5	0. 5	0. 5	0. 5
4. 0	0. 4999683	0. 5	0. 5	0. 5	0. 5	0. 5	0. 5	0. 5	0. 5	0. 5
4. 5	0. 4999966	0. 5	0. 5	0. 5	0. 5	0. 5	0. 5	0. 5	0. 5	0. 5
5. 0	0. 4999997133	0. 5	0. 5	0. 5	0. 5	0. 5	0. 5	0. 5	0. 5	0. 5

四、文献目录

第1天 营销

Assael, Henry. *Consumer Behavior* ⓒ *Marketing Action*. Boston: Kent Publishing, 1981, p. 471 (paper towel perceptual mapping).

Koselka, Rita. "How to Print Money." *Forbes*, December 24, 1990, p. 118 (Vlassis).

Kotler, Philip (Northwestern). *Marketing Management A nalysis, Planning and Control*. Englewood Cliffs, N. J.: Prentice-Hall, 1984.

Maxwell, John C., Jr. "Coffee Sales Climb in'89." *A dvertising Age*, April 16, 1990, p. 64 (coffee market shares).

Morgensen, Gretchen. "The Trend Is Not Their Friend," *Forbes*, September 16, 1991, p. 118 (brand extensions).

Newton, Derek A. *Sales Force Management: Text and Cases*. Boston: Irwin, 1990, pp. 7-9 (salesman historical periods).

Paley, Norton. *Manager' S Guide to Competitive Marketing Strategies*. New York: American Marketing Association, 1989, pp. 18-19 (Xerox), pp. 46-47 (segmentation selection).

Silbiger, Steven. "Study of the General and Gourmet Coffee Markets." Sponsored by Westway Merkuria, Inc., Englewood Cliffs, N. J., July 1989.

——, and Mark Parry. "Cafe Blason," Case UVA-M-369, copyright ⓒ 1990 by the Darden Graduate Business School Foundation, Charlottesville, Virginia.

Willoughby, Jack. "The Last Iceman." *Forbes*, July 13, 1987, p. 196 (vacuum tubes).

第2天 商业道德

Freeman, R. Edward, and Daniel R. Gilbert, Jr. "The Problem of Relativism: When in Rome…" Chapter 2, *Corporate Strategy and the Search for Ethics*. Englewood Cliffs, N. J.: Prentice-Hall, 1988, pp. 24-41. Adapted by permission of Prentice-Hall.

Friedman, Milton (Chicago). "The Social Responsibility Is to Increase Profits." *The New York Times*, September 13, 1970.

第3天 会计

Rao, Srikumar. "Overhead Can Kill You." *Forbes*, February 10, 1997, p. 97 (activity-based accounting).

Stern, Richard I. "McDonnell Douglas' Make-or-Break Year." *Forbes*, January 7, 1991, p. 37 (McDonnell Douglas income statement).

第4天 组织行为

"Active Listening," Case UVA-OB-341, copyright © 1986 by the Darden Graduate Business School Foundation, Charlottesville, Virginia.

Beer, Michael. "Note on Performance Appraisal," Case 478-019, College, copyright © 1977 by the President and Fellows of Harvard College; all rights reserved.

Byrne, John A. "Business Fads: What's In-and Out." *Business Week*, January 20, 1986, p. 55 (MBA buzzwords).

Edwards, Jeffrey R. "Assessing Your Behavior Pattern," Case UVA-OB-360, copyright © 1987 by the Darden Graduate Business School Foundation, Charlottesville, Virginia, p. 3 (Types A and B).

French, John R. P., and Bertram Raven. "The Bases of Social Power," *Group Dynamics*, ed. Darwin Cartwright. Evanston, I11.: Row, Peterson, 1960, pp. 607-

623(power).

Gabarro, John J., and John P. Kotter. "Managing Your Boss." *Harvard Business Review*, Vol. 57, No. 1 (January/February 1980), pp. 92-100. Copyright © 1980 by the President and Fellows of Harvard College; all rights reserved.

Hackman, J. Richard, and Greg R. Oldham. "Development of Job Diagnostic Surveys." *Journal of Applied Psychology*, Vol. 60, (1975), pp. 159-170.

Hogan, Eileen A. "One Model for Action Planning," Case UVA-OB-261R. Copyright © 1983 by the Darden Graduate Business School Foundation, Charlottesville, Virginia.

Kepner, Charles H., and Benjamin B. Tregoe. *The Rational Manager: A Systematic Approach to Problem Solving and Decision Making*. New York: McGraw-Hill, 1965, p. 55(deviations, want got gaps).

Kotter, John P., and Leonard A. Schlesinger. "Choosing Strategies for Change." *Harvard Business Review*, Vol. 57, No. 2(March/April 1980), pp. 106-114. Copyright © 1980 by the President and Fellows of Harvard College; all rights reserved(strategies for change).

Levine, Joshua. "*Dare e togliere*(give and take away)." *Forbes*, October 28, 1991, p. 115(Armani).

Tannenbaum, Robert, and Warren H. Schmidt. "How to Choose a Leadership Pattern." *Harvard Business Review*, Vol. 51, No. 3 (May/June 1973), pp. 162-173. Copyright © 1973 by the President and Fellows of Harvard College; all rights reserved.

Zierden, William E. "A Framework for Understanding Organizations," Darden School Case UVA-OB-187, copyright © 1982 by the Darden Graduate Business School Foundation, Charlottesville, Virginia(the basic organization model).

第5天 数量分析

"Cash Flow and the Time Value of Money," Case 9-177-012, copyright © 1976 by the President and Fellows of Harvard College; all rights reserved.

Frey, Sherwood C. "Assessment and Use of Probability Distributions," Case UVA-Q-294, copyright © 1983 by the Darden Graduate Business School Foundation, Charlottesville, Virginia.

——. "Probability Assessment with the Aid of Historical Data." Case UVA-Q-288, copyright © 1983 by the Darden Graduate Business School Foundation, Charlottesville, Virginia.

"An Introduction to Decision Analysis," Case 181-046, copyright © 1980 by the President and Fellows of Harvard College; all rights reserved.

"Notes on Decision Diagrams," Case 9-171-035, copyright © 1970 by the President and Fellows of Harvard College; all rights reserved.

Oksnlan, Warren, and Sherwood C. Frey. "Introduction to Analytical Probability Distributions," Case UVA-Q-205, copyright © 1980 by the Darden Graduate Business School Foundation, Charlottesville, Virginia.

Pfeifer, Phillip E. "Forecasting Using Data," Case UVA-QA-381, copyright © 1988 by the Darden Graduate Business School Foundation, Charlottesville, Virginia.

第6天 金融

Dreman, David. "Bye-bye to Beta." *Forbes*, March 30, 1992, p. 148(beta).

"Japanese Firms Pull Southland Corp. from Chapter 11." *Los Angeles Times*, March 6, 1991, p. D2(Ito-Yokado Group buys7-Eleven).

Ross, Stephen A. (Yale), and Randolph W. Westerfield (Wharton). *Corporate Finance. St. Louis: Times Mirror/Mosby College Publishing*, 1988.

The Value Line Survey. "Caterpillar Inc." May 15, 1992, p. 1346.

第7天 经营

Byrne, John A. "Business Fads: What's In-and Out." *Business Week*, January 20, 1986, p. 54 (CPM).

"Constructing and Using Process Control Charts," Case 9-686-118, copyright © 1986 by the President and Fellows of Harvard College; all rights reserved (SPC).

Davis, Edward W. "Material Requirements Planning," Case UVAOM-279, copyright © 1980 by the Darden Graduate Business School Foundation, Charlottesville, Virginia.

Freeland, James R. "Managing Inventories," Case UVA-OM-623, copyright © 1987 by the Darden Graduate Business School Foundation, Charlottesville, Virginia.

Landel, Robert D. *Managing Productivity Through People: An Operations Perspective*, Chapter 3. Englewood Cliffs, N. J.: Prentice-Hall, 1986; and Case UVA-OM-528, copyright © 1984 by the Darden Graduate Business School Foundation, Charlottesville, Virginia (queuing theory).

"A Note on Quality: The Views of Deming, Juran and Crosby," Case 9-687-011, copyright © 1986 by the President and Fellows of Harvard College; all rights reserved.

Savage, Sam L. *The ABC's of Optimization Using What's Best*! Oakland, Calif.: Holden-Day, Inc., 1986, p. I-17 (linear programming example).

Smitka, Michael J. *Competitive Ties: Subcontracting in the Japanese Automotive Industry*. New York: Columbia University Press, 1991, p. 145 (JIT in Japan).

第8天 经济学

Baldwin, William. "Creative Destruction." *Forbes*, July 13, 1987, p. 49 (Schumpeter).

Banks, Howard. "The World's Most Competitive Economy." Forbes, March 30, 1992, pp. 84,85(U. S. trade deficits and productivity).

Country Profiles 1991-1992, *United States and Lebanon.* The Economic Intelligence Unit, London(economic statistics).

Dornbusch, Rudiger(MIT/Chicago), and Stanley Fischer(MIT/Chicago). *Macroeconomics.* NewYork: McGraw-Hill, 1987.

Linden, Dana Wechsler. "Dreary Days in the Dismal Science." *Forbes*, January 21, 1991, p. 68(chapter lead).

McConnell, Campbell R. *Economics.* New York: McGraw-Hill, 1981, pp. 453-455 (elasticity).

Rosenblum, John. "Country Analysis and General Managers," Case 9-379-050, copyright © 1987 by the President and Fellows of Harvard College; all rights reserved.

Samuelson, Paul A. (MIT). *Economics*. NewYork: McGraw-Hill, 1980.

Sowell, Dr. Thomas. "Galbraith Strikes Again." *Forbes*, May 25, 1992, p. 140.

Stern, Richard L., "The Graying Wild Ones." *Forbes*, January 6, 1992, p. 40 (Harley-Davidson).

第9天 战略

Allan, Gerald B., and John S. Hammond Ⅲ. "Note on the Use of Experience Curves in Competitive Decision Making," Case 175-174, copyright © 1975 by the President and Fellows of Harvard College; all rights reserved.

Bartlett, Christopher A. "Global Competition and MNC Managers," Case 9-385-287, copyright © 1985 by the President and Fellows of Harvard College; all rights reserved.

Bourgeois, L. J. "Note on Portfolio Techniques for Corporate Strategic Planning," Case UVA-BP-292, copyright © 1988 by the Darden Graduate Business School

Foundation, Charlottesville, Virginia.

Germane, Gayton E. (Stanford). *The Executive Course.* Reading, Mass.: Addison-Wesley Publishing, 1987, pp. 367-370 (linkages).

Koselka, Rita. "Playing Poker with Craig McCaw," *Forbes*, July 3, 1995, p. 62 (game theory).

McCarthy, Michael J. "Quaker Oats to Sell Its Snapple Business," *Wall Street Journal*, March 28, 1997, p. 43 (Snapple).

Montana, Patrick, and Bruce Charnov. *Management.* New York: Barton's, 1987, p. 97 (Alice).

Paley, Norton. *Manager's Guide to Competitive Marketing Strategies.* New York: American Management Association, 1989, p. 6 (P&G Bounce).

Pascale, Richard T., and E. Tatum Christiansen. "Honda (A), (B)," Cases 9-384-049, 050, copyright © 1983 by the President and Fellows of Harvard College; all rights reserved (two versions of Honda).

Porter, Michael E. *Competitive Strategy: Techniques for Analyzing Industries and Competitors.* New York: The Free Press, 1980, pp. 39, 75-82 (signaling).

Quinn, James Brian. "Strategic Change: Logical Incrementalism." *Sloan Management Review*, MIT, Fall 1978, pp. 7-22.

Romm, Joseph, J. "The Gospel According to Sun Tzu." *Forbes*, December 9, 1991, p. 162.

"The World's Billionaires." *Forbes*, July 22, 1991, pp. 138-139 (Sony rivalry).

案例来源

Darden Graduate School of Business

Educational Materials Service

University of Virginia, Box 6550

Charlottesville, VA 22906-6550

www. darden. virginia. edu

Harvard Business School Case Services

Harvard Business Review

Publishing Division

Boston, MA 02163

www. hbsp. hapvard. edu

本人对其他作者允许我在本书中使用下列资料,深表感谢。

第1天 营销

Assael, Henry. *Consumer Behavior & Marketing Action*, 4th ed. Boston: PWS-Kent Publishing Company, 1992, p. 100.

Cullum, Leo. Cartoon, "Down in Accounting Flexing My Muscles."

Cullum, Leo. Cartoon, "I Have Credibility."

Newton, Derek A. *Sales Force Management—Text and Cases*. Copyright © 1990 by Richard D. Irwin, Inc., pp. 7-9.

第2天 商业道德

Cullum, Leo. Cartoon, "Out of My Depth."

Freeman, R. Edward, and Daniel R. Gilbert. *Corporate Strategy and the Search for Ethics*. Copyright © 1988, pp. 24-41. Adapted by permission of Prentice Hall, Englewood Cliffs, N. J.

第3天 会计

Cullum, Leo. Cartoon, "The Phoenicians Were the *First* Accountants." Cullum, Leo. Cartoon,

"New-from Accounting. "The New Yorber, March 18, 2002. Copyright © 2002 by The New Yorker Magazine, Inc.

第4天 组织行为

Clawson, James. "Organizational Structure," Darden School Case UVAOB-361, Figure 1-8, pp. 11-18. Copyright © 1988 by the Darden Graduate Business School Foundation, Charlottesville, Virginia.

Clawson, James. "Survey of Managerial Style," Darden School Case UVA-OB-358, Figure, p. 14. Copyright © 1988 by the Darden Graduate Business School Foundation, Charlottesville, Virginia.

Clawson, James. "Systems Theory and Organizational Analysis," Darden School Case UVA-OB-214, Figure 1, p. 9. Copyright © 1983 by the Darden Graduate Business School Foundation, Charlottesville, Virginia.

Cullum, Leo. Cartoon, "Ice Water In Your Veins."

Cullum, Leo. Cartoon, "Lovely Parting Gifts for You."

Gabarro, John J., and John P. Kotter. "Managing Your Boss." *Harvard Business Review* (January/February 1980), Exhibit, "Managing the Relationship with Your Boss," p. 99. Copyright © 1979 by the President and Fellows of Harvard College; all rights reserved. Reprinted by permission.

Greiner, Larry E. "Evolution and Revolution as Organizations Grow." *Harvard Business Review* (July/August 1972), Exhibit Ⅱ, "The Five Phases of Growth," p. 41. Copyright © 1972 by the President and Fellows of Harvard College; all rights reserved. Reprinted by permission.

"Why People Behave the Way They Do," Darden School Case UVA OB-183, Figure 5, p. 16. Copyright © 1986 by the Darden Graduate Business School Foundation, Charlottesville, Virginia.

Zierden, William E. "A Framework for Understanding Organizations," Darden School Case UVA-OB-183, Figure 5, p. 16. Copyright © 1986 by the Darden Graduate Business School Foundation, Charlottesville, Virginia.

Zierden, William E. "Introduction to Job Design," Darden School Case UVA-OB-91 R, Figure 1, p. 2. Copyright © 1975 by the Darden Graduate Business School Foundation, Charlottesville, Virginia.

第 5 天 数量分析

Cullum, Leo. Cartoon, "Meaningless Statistics."

Oksman, Warren, and Sherwood C. Frey. "Introduction to Analytical Probability Distributions," Case UVA-Q-205, pp. 5, 6, 14. Copyright © 1980 by the Darden Graduate Business School Foundation, Charlottesville, Virginia.

第 6 天 金融

"An Introduction to Debt Policy and Value," Case UVA-F-811, p. 1. Copyright © 1989 by the Darden Graduate Business School Foundation, Charlottesville, Virginia.

Cullum, Leo. Cartoon, "It's Not a Takeover."

Cullum, Leo. Cartoon, "Limited Partners."

第 7 天 经营

Cullum, Leo. Cartoon, "We're Stuck with 700,000 Bushels."

第 8 天 经济学

Cullum, Leo. Cartoon, "I Have No Idea What It Means."

第 9 天 战略

Ansoff, H. Igor. "Strategies for Diversification." *Harvard Business Review* (September/October 1957) , Exhibit I, "Product Market Strategies for Business Growth Alternatives," p. 114. Copyright © 1957 by the President and Fellows of Harvard College; all rights reserved. Reprinted by permission.

Porter, Michael E. *Competitive Strategy: Techniques for Analyzing Industries and Competitors*, Figure 2-1, p. 39. Reprinted with the permission of The Free Press, a Division of Simon & Schuster. Copyright © 1980, 1998 by The Free Press.

Porter, Michael E. *Competitive Advantage: Creating and Sustaining Superior Performance*, Figure 1-1, p. 5, Figure 1-2, p. 6. Reprinted with the permission of The Free Press, a Division of Simon & Schuster. Copyright © 1985, 1998 by Michael E. Porter.

Waterman, Robert H., Thomas J. Peters, and Julien R. Phillips. "Structure Is Not Organization." *Business Horizons*, June 1980, Figure, p. 18. Copyright © 1980 by the Foundation for the School of Business at Indiana University. Used with permission.

第10天　MBA 微型课程

Borden, Neil H., Jr. "Class Notes on Conducting International Business," Darden Graduate School of Business, Charlottesville, Virginia, used with permission.

中文版网友评论

@全书基本无废话，提纲契领，可谓浓缩的精华，推荐对企业管理感兴趣又没有时间研读大部头的人购买。

@书里通过具体事例把一些商业的名词和概念讲得浅显易懂，对于之前没接触过这方面的人来说，能开阔眼界、增加自己的知识储备，是挺有帮助的。

@MBA 的课程往往有两个极端：要么过于偏向理论，要么过于偏向案例。偏向理论之后容易让人迷惑，偏向案例容易使问题过于简化。《MBA 十日读》从理论出发，也有很多应用小例子，还给出了一些工具，在简短的篇幅里非常不错地抓住了 MBA 课程的精髓而不失之于浅薄，即便我已经读过比这个丰富得多的管理学课程，我依然觉得常读有启发，因为它在简练的行文中，保留了大量可以进一步学习的线索，更有技巧的是：忽略这些线索，也不妨碍理解本书，这种举重若轻的感觉，必须是高手才做得到。总之，读这本书既可供速成，也可以帮助我更深地思考。

@这本书值得花上一个月仔细阅读，内容涵盖面非常广，MBA 主要内容都有涉及，所以可以称之为 MBA 的概括，要想仔细学习的话，这本书算是一个指引。

@值得多读几次的好书。作者把 MBA 的东西分类归纳总结为 10 点，每个点为一天，就有了"十日读"。当你想了解 MBA 或者没有基础却又想学习 MBA 的情况下，阅读此书再决定是否深入学习或者去考 MBA 是非常有必要的。同时也因为本书的定位，所以，作者只是提纲挈领，有的东西说得不是很深入。但是作为入门引领书，绝对足够了。

@这本书的出版能说明一个问题，就是大家都很想知道 MBA 到底包含了些什么，这本书在解答这个问题方面，的确是本不错的著作，我当初也是抱着这种心态购买了这本书，看了这本书，再想想我见过的那些所谓 MBA 们，我实在是怀疑，他们真的有考试毕业吗？还有就是：框架扼要，内容简显，行文条理清晰。

英文原版专业人士评论

@阅读本书令我禁不住回味起一生中最痛苦艰难的两年在校时光的诸多细节。我本科是读哲学的，要是念商学院之前，我能先读到这本书就好了。

@《MBA 十日读》是本能温故知新的好书。总结了我所就读的美国常春藤大学商学院教授的内容。更为重要的是,我现在读这本书对商业概念的理解和体会,比自己在校的两年时间疯狂读书时要深刻的多。

@我虽然无法抛开手头工作花两年时间去全职念书,但我深知了解 MBA 知识可以更好地为客户服务。无论读者从事的工作规模大小,西尔比格的这本书很好地总结了读者应该掌握的重要知识点和技巧。本书让我掌握了专业人士必须具备的更多竞争优势。

@对我们这些需要经常出差的专业人士而言,上夜校苦读是行不通的。虽然我还有打算今后读个 MBA 学位,但到目前为止,我只花了很少的钱和时间就读完了这本书。我的收获是梳理了商业方面的基本概念,在和读过 MBA 的朋友们一起交流时,也不再感觉自己是个门外汉了。

@我毕业后就再也没有翻阅两年旋风般疯狂读书时积攒的课堂笔记、案例资料和课本,更甭提总结整理了。这本书很好地完成了这一使命,太棒了！本书精简了知识要点并配合案例补充,可以作为大家重温所学的范本。每年新毕业的 MBA 们都应该读读这本书。

@必须坦白,就算是顶尖商学院水平不错的同学,如果大家毕业后还能记住在校所学知识内容的 5%,也就不错了。这也正是本书价值之所在。西尔比格这本书通过强化内容和要点,总结了我们可能都已经忘记了的在校所学的内容,而这些恰恰是我们经常需要用到的。

@通常两年的 MBA 课程,学生们就像对着消防栓龙头喝水,难以招架。大家读这本书,会有如饮甘泉的感觉。读者可以按照自己的节奏消化体会,满足对知识的渴求。

@正如许多著名商学院在课程设置上让同学们大量接触案例课程的教学方式,本书亦通过密切联系理论和实践,用大家身边的实际案例分析解决问题,帮助读者真正掌握所学知识。本书可以作为商学院的入门读物,也可作为普及 MBA 教育的短期教材。